本成果得到山东省本科教学改革研究重点项目《基于"政校家社医"协同机制的高校心理育人模式改革研究与实践》（Z2024423）、山东政法学院宣传思想文化（思想政治）工作研究重点项目《"政校家社医"视角下新时代大学生心理健康教育体系研究》（LZYZ202401）的支持。

服刑人员心理矫治实务
案例、规范与优化

Practical Applications of Psychological Treatment for Inmates

Cases, Standards and Optimizations

蒋　琪◎著

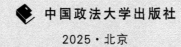

中国政法大学出版社

2025·北京

图书在版编目（CIP）数据

服刑人员心理矫治实务：案例、规范与优化 / 蒋琪著. -- 北京：中国政法大学出版社, 2025. 2. -- ISBN 978-7-5764-1607-7

Ⅰ. D916.7

中国国家版本馆 CIP 数据核字第 2024F7R581 号

书　名	服刑人员心理矫治实务：案例、规范与优化 FUXINGRENYUAN XINLI JIAOZHI SHIWU:ANLI GUIFAN YU YOUHUA
出版者	中国政法大学出版社
地　址	北京市海淀区西土城路 25 号
邮　箱	bianjishi07public@163.com
网　址	http://www.cuplpress.com (网络实名：中国政法大学出版社)
电　话	010-58908466(第七编辑部) 010-58908334(邮购部)
承　印	保定市中画美凯印刷有限公司
开　本	720mm×960mm　1/16
印　张	18.5
字　数	295 千字
版　次	2025 年 2 月第 1 版
印　次	2025 年 2 月第 1 次印刷
定　价	85.00 元

绪　论

一、背景和意义

服刑人员心理矫治是监狱改造罪犯的重中之重和必经之路。国外发达国家基本上已经建立了相对完整的服刑人员心理矫治体系，从服刑人员心理矫治的制度、程序、人员和原则，到心理矫治的方法、伦理规范、影响因素和法律保障等，内容丰富且资料繁多。20世纪80年代，我国将服刑人员心理矫治引入监狱系统，四十多年来，取得了丰硕的成果。但是，服刑人员心理矫治工作在国内仍不系统，也不规范，尤其存在文献资料少、缺乏总结、理论支撑不够等问题。本研究利用实地调查法，广泛收集资料，力求将规范、正确、鲜活的服刑人员心理矫治实务呈现给读者，以填补我国在这方面的空白。

2020年11月，中央全面依法治国工作会议将习近平法治思想明确为全面依法治国的指导思想，其中要求坚持依法行政、严格执法、培养德才兼备的高素质法治工作队伍。司法部《全面深化司法行政改革纲要（2018—2022年）》也指出要在更高起点上谋划和推进司法行政工作改革发展。服刑人员心理矫治工作一直存在专业性差、操作不规范、专业队伍匮乏等现象，尤其是全国心理咨询师等级考试取消后表现更为明显。本书将服刑人员心理矫治工作通过案例的形式进行呈现，并就规范化和优化等方面展开进一步探讨，便于广大干警学习，具有很强的实用性。因此，在当前全面依法治国、建设法治政府和政法队伍教育整顿的背景下，本书具有创新和示范意义。

二、创新点

（1）体例创新。服刑人员心理矫治实务类书籍在国内十分匮乏，有代表性的著作更为少见。本书采用国际上先进且规范的心理矫治案例体例进行编写，强调规范与操作，具有示范性。

（2）形式创新。服刑人员心理矫治案例中最为珍贵且十分难得的是，将矫治过程中的重要咨询对话片段在保密原则下进行了还原，并在必要之处加入了对咨访对话的客观分析，呈现给读者，以供探讨。

（3）内容创新。干警本身的心理状态对服刑人员的心理矫治起着决定性和关键性作用，这一点没有得到应有的重视。本书深入挖掘源头，从警察的心理健康和心理品质、高等教育中的心理健康教育体系和家庭中介经验角度等进行探讨。

三、应用价值

（1）为服刑人员心理矫治实务工作提供支持。当前，我国服刑人员心理矫治工作存在人员水平低、程序不规范、方法单一落后的问题，尤其在实务上缺乏指导。本书可以为广大干警提供实务参考和指导。

（2）补充教学研究案例库。本书一定程度上缓解了当前政法院校或法学专业缺少监狱学科的实践案例，偏理论轻实践的问题。

（3）内容丰富，资料珍贵。本书呈现了多种罪犯类型，内容翔实，涉及面广。同时，本书内容资料珍贵，获取难度大，在遵守政治要求和保密原则的基础上，拓展了读者眼界。

四、内容架构

本书的架构分为三部分。第一部分是心理矫治实务案例展示，收集、挑选来自多所刑罚执行机构的真实案例，进行加工整理，呈现典型问题，还原咨访对话，具有实用指导性。第二部分从基础、能力、技术、类型四个方面对服刑人员心理矫治规范进行探讨。第三部分关注心理矫治工作的优化和提升，分别从警察心理品质、高校专业化人才培养和中介学习经验三个角度进行阐述分析。

目 录

第一部分　服刑人员心理矫治实务案例

第二部分　服刑人员心理矫治规范

第三部分　服刑人员心理矫治工作的优化

服刑人员心理矫治实务案例

感叹年华蹉跎，学会情绪控制

来访者赵某，年轻的农村男性，因感到年华蹉跎而不适应监狱生活，导致情绪烦躁。通过摄入性会谈搜集资料，经过心理问题的诊断程序，初步诊断为一般心理问题。心理矫治工作者在和来访者商议后，根据其个性特征及问题的特点采用了合理情绪疗法。经过四次咨询，来访者的不合理信念得以修正，情绪、饮食、睡眠等问题亦有所缓解，工作效率基本恢复正常，咨询效果较为明显。

一、一般资料

基本情况：赵某，男，19 岁，未婚，初中文化。因打架斗殴入狱，被捕前辍学在家无所事事。父母经商，家庭经济条件较好。来访者为独生子女，父母长期在外经商，缺乏父母照顾，从小与爷爷奶奶生活在一起，有点我行我素。来访者情绪焦虑、烦躁，情绪不稳定，食欲减少，睡眠略受影响。出工劳动没有中断，但效率降低。

二、主诉问题与个人陈述

（1）主诉问题：认为服刑生活是浪费时间，感到年华蹉跎，常常唉声叹气，情绪烦躁。

（2）个人陈述：父母在外经商打工，缺乏较好的家庭教育，因此自己养成不好的行为习惯。时常与一些地痞社会青年待在一起，促成了冲动、暴躁的性格。经常性逃学，无所事事，夜不归宿，打架斗殴成为家常便饭。最终产生辍学的念头，辍学后没有找工作，整天游荡。进了监狱忽然觉得前途渺茫，于是前来求助。

三、心理矫治工作者观察及他人反映

心理矫治工作者的观察及他人（同犯、其他干警等）的反映：来访者身体和智力均发育正常，说话干脆利落，语言表达清晰到位，但性格执拗，应对模式单一，缺乏灵活变通。其渴求自由的愿望和被强制悔过的现状形成了强烈的反差。

四、重要咨询片段还原与分析

来访者："每当闲暇时，我就独自思忖，我的刑期还有近三年，一千多个日夜啊！我的青春年华就这样被无情地浪费了，这让我怎么熬过去？左思右想，心中苦闷焦虑，无心改造。"

心理矫治工作者："你能知道时间宝贵真是难能可贵，但是你以前的行为必须得到应有的惩罚和教育。你应该对以前的危害行为有一个彻底的认识。如果把你和受害者调换位置，你有什么感受？你有没有站在受害者的角度想过？"

【分析】

（1）心理矫治工作者肯定来访者对青春年华的反思、对时光流逝的痛惜，但仍然让来访者认识到这是其实施犯罪行为后必然要承担的代价，强调惩罚和教育的作用，有助于帮助来访者端正改造态度。

（2）通过反问，让来访者站在受害者的角度考虑问题、感同身受，促使其换位思考。

来访者："这都是年少冲动惹的祸，我承认对不起受害者，但我也因此失去了宝贵的人身自由。"

【分析】

稍微考虑到了受害者的感受，但来访者关注的重点仍是自身的利益。

心理矫治工作者："人身自由，对于社会人来说，是生活的必须。剥夺人

身自由的刑罚无疑会给你带来许多不便和痛苦。如果不是这样的话，任由你危害社会，没有丝毫的威慑，那还讲什么法治？"

【分析】

心理矫治工作者进一步强调了惩罚的作用和重要性，继续提示来访者应认识到认罪悔罪的重要性。心理矫治工作者做得到位且合理。

来访者："是的，我犯罪最主要的原因就是不懂法，现在走到这一步，也应该遭到应有的报应。但是，以前在社会上自由惯了，在这里很难安稳下来。"

【分析】

（1）认罪悔罪是一个过程，来访者需要时间和机会才能深入改变。

（2）来访者继而把问题延续到在狱内的适应问题上来。

心理矫治工作者："在服刑期间，你应当保持一个良好的心境。如果长期处在焦虑、苦闷、压抑的不良情绪中，你会好受吗？"

来访者："肯定是受不了的。这样改造下去，什么时候是个头？压抑的心境常常使我失去重获新生的勇气和信心。"

【分析】

来访者的倾诉中提及了负性心境的破坏效应，即影响了勇气和信心，这是两个层面的内容。心理矫治工作者可以继续和来访者讨论这种勇气和信心的缺乏具体体现在生活的哪些方面，可以详细描述。如此，一方面给予来访者继续倾诉的机会，另一方面心理矫治工作者可以借此分析其中的负性认知。

心理矫治工作者："所以，要改变这一切，你就得做出努力，由不适应监狱环境到逐步适应，驱散心头的乌云，抛弃苦闷和焦虑，尽力去培养良好的心境，树立积极的心态！"

【分析】

心理矫治工作者没有借机延伸。此处心理矫治工作者应反思共情是否到位。

来访者："我做梦都想调整好心情，但怎样才能做到这一点呢？"

心理矫治工作者："监狱虽然不是一个好地方，但是在这里学到的东西，或许你在外面一辈子也领悟不到。"

来访者："是的，这里确实是一个特殊的小社会，有形形色色的事物。"

心理矫治工作者："首先，既来之则安之，你只有认识到自己的罪过和应当接受的惩罚，这样才能冷静地接受这一现实。就像一个患者，当他得知自己患有重病时，就应当懂得，悲凉凄惶是无益的，只有建立面对现实的态度，以良好的心境配合治疗，才有治愈的希望。"

【分析】

心理矫治工作者再一次提出认罪悔罪的意义、惩罚的作用和重要性，通过重复、启发，让来访者有所领悟。

来访者："我会慢慢安稳下来，接受这个现实。"

【分析】

心理矫治工作者的不懈努力初步产生了作用。

心理矫治工作者："还要有切实的生活目标、改造目标。你也知道没有航向的船会有怎样的结果。如果你没有生活目标，就会浑浑噩噩地混刑期，度日如年。有了正确的改造目标，才会有奔头。当你一步步接近这一目标，并从中发现自己的优点和力量时，就会充满信心，心境也会随之改善。话说回来，现在觉得难熬，正是因为你没有明确的生活目标、改造目标。我说的对不对？"

【分析】

心理矫治工作者的此段陈述中包含了认知调整、具体化和耐心，即树立目标的重要性，对目标的正确看法的具体化阐述，以及耐心的讲解等，给人语重心长之感。因此，心理矫治工作者发自内心的语言往往是有力且具有说服性的。

来访者："是的，我从入狱至今，整天得过且过，只盼着时间快快地过，也从来没有什么改造目标，看来有改造目标挺重要的。"

【分析】

效果立即显现，来访者很快进行了反思，并接纳了心理矫治工作者的建议。

心理矫治工作者："对，早日出狱不是目标。目标应是具体的、有价值的且能付诸行动的事情。同时你要为之努力，去改变自己。"

【分析】

心理矫治工作者进一步语重心长，且很有智慧性地指出有效的目标应该是详细化、可操作的，达成目标应进行计划并付诸实践。给人的感受依然是情真意切、具有智慧。

来访者： "我明白了，下个阶段我会有目标地去改造，争取有一定的收获。"

【分析】

效果继续显现，来访者也表现出认同。

心理矫治工作者："这得靠你自己了。要从平常的事做起，要让服刑生活变得有光彩、有意义。比如，可以挤出一点时间学习书法、绘画、音乐，多运动等。更重要的是要发挥自己的特长和爱好，让每一天的生活都充实起来。"

【分析】

心理矫治工作者最后把责任和义务交到来访者手中，让其意识到自己才是自己人生的第一责任人。同时，心理矫治工作者额外补充了一些具体化的建议，如开发爱好和特长等，给人以坚定却不疏远、智慧且带有鼓励的感觉。

【后续咨询建议】

（1）认罪悔罪问题：关于惩罚的作用，心理矫治工作者在这一次咨询中已经做得比较到位，后续还可以深挖，让来访者更加深入地认识到自己的过错，真正做到认罪悔罪，接受惩罚。如此，才能从根源上缓解来访者的惋惜情绪，继而重新改变状态。

（2）成长经历和犯罪原因：来访者年龄较小，正是读书的年龄，其思维有幼稚化的特征，但也有一定深度。在后续咨询中，心理矫治工作者应帮助其认识到自身的犯罪原因，树立正确的认知。同时，由于其由老人带大，父母较少参与教育过程，这对其性格的养成有直接关系，此部分事实也应呈现给来访者。

斗殴加刑致困惑，认知调节可作为

服刑人员邓某，中年男性，因在入监队与他人发生冲突并打伤对方，面临加刑，因而情绪焦虑暴躁，睡眠困难，在劳动中生产效率下降。邓某始终认为对方有错在先自己才动手打人，因此内心有强烈不平衡和报复思想，需要对其进行心理矫治。通过摄入性会谈搜集资料，根据心理问题的诊断程序，诊断为一般心理问题。心理矫治工作者在和监区干警商议后，根据其个性特征及问题的特点采用了合理情绪疗法。经过三个阶段，邓某的不合理信念得以改变，情绪、睡眠等问题有所缓解，生产效率基本恢复正常，矫治效果较为明显。

一、一般资料

（1）基本情况：邓某，男，29岁，初中文化，已婚，育有一女。因故意伤害罪多次入狱，现与同犯发生冲突，将对方门牙打掉两颗。因被告知可能要加刑处理，其情绪表现为焦虑暴躁，出现睡眠困难，生产效率也随之下降。他始终认为是对方有错在先，因此很不服气。该犯的气质类型属于胆汁质，情绪非常不稳定，脾气非常暴躁，遇事易激惹。

（2）个人成长史：邓某在上小学之前，其父母的管教方式是较为粗暴的。因忙于工作，常把他寄养在外祖母家。外祖母因忙农活，对其照顾较少，常让他和年长三岁的表哥玩耍，但常受到表哥的威胁和欺负。初中时辍学回家务工，后来因思想散漫、害怕吃苦而被辞退，入狱前依靠父亲的退休工资生活。在日常生活中对妻子非常粗暴，有明显的家庭暴力。曾因故意伤害被拘留三次，判处有期徒刑两次。这一次是因故意伤害罪入狱改造。

二、主诉问题与个人陈述

（1）主诉问题：因打架问题面临加刑的可能，因此对改造有些失去信心，有些自我放弃，想要"破罐子破摔"，情绪暴躁，无心生产，睡眠极差。

（2）个人陈述：来到这里始终难以适应狱内生活，总感觉自己心情不好、脾气火爆，看谁都不顺眼，这种情绪终于在一次矛盾中爆发。当时，同监舍的一名服刑人员将水洒在了我的身上，我很生气。但我当时并没有冲动打人，反而是他非但没有道歉还态度蛮横不讲理。这让我恼羞成怒，冲上去想打他却被其他人拦住，可我仍旧没有压住心中的怒火，最终趁大家不注意冲上去与他扭打起来，直到干警过来才将我制止。

三、心理矫治工作者观察及他人反映

（1）心理矫治工作者观察：邓某身体和智力均发育正常，自认为在这次打架事件中是无辜的，认为对方有错在先。倾诉过程中情绪比较激动，尤其说到面临加刑时。提到当年因故意伤害而被判刑，亦是满腔悔恨。叙述过程几乎没有提到其妻子和女儿。无幻觉、妄想，自知力完整。

（2）他人（同犯、其他干警等）反映：目前邓某对各种监管制度和监规纪律不能较好地适应和主动服从，主要是不能控制自己的情绪，常常与别人发生冲突和矛盾。在处理冲突和矛盾时，常常使用暴力，人际关系紧张。

四、重要咨询片段还原与分析

来访者："唉，我现在一想到自己因为犯事儿而面临加刑就犯愁，本来刑期就好多年，这样一来，还不得把牢底坐穿？"

心理矫治工作者："你的意思是加刑之后就要坐穿牢底，看不到希望了对吗？"

【分析】

适当的重复和释义，可以体现心理矫治工作者的专注和关心。

来访者："可不是吗？要是在这里待上个五六年，那我还不憋疯了。"
心理矫治工作者："可是，现在最重要的一个问题是什么，你知道吗？"

【分析】

设问可以增强来访者的兴趣和期望。

来访者: "什么啊，我不知道。"

心理矫治工作者: "问题就是，现在是否加刑还不确定呢，而且根据我的经验，你这种情况应该不至于加刑，可能只会给你一些处分。"

【分析】

(1) 心理矫治工作者关注到了加刑问题的不确定性。

①心理矫治工作者可就这个不确定性与来访者展开讨论，引导其进行思考，发现自己对这个问题的负性不合理思维。

②"是否加刑还不确定呢"，这句话如果是来访者被引导后自己讲出来的，效果更佳。

(2) 心理矫治工作者后续措施。

①心理矫治工作者根据自己的经验判断，给出问题的答案，是不恰当的，即便是为了安慰来访者。

②心理矫治工作者应聚焦于来访者的焦虑情绪，而非问题具体的答案，在当下节点上，这超出了心理帮助的职能范围。

③如果心理矫治工作者给出的答案与后续现实结果不符，即如果真的加刑了，对来访者会是再次打击，具有一定的危险性，且心理矫治工作者无形中也给自己戴上了"责任"枷锁。

来访者: "虽然您这么说，但我知道您这是在安慰我。"

【分析】

来访者感受到了好意。同时，需要注意到，来访者往往在情绪和情感的感受上很敏感，这在心理咨询中很常见。

来访者: "唉，本来打架这件事就不是我的错，明明是他先惹我的，可到头来倒霉的还是我。"

心理矫治工作者: "你看，你终于说出了最真实的想法，其实说白了，你不就是觉着自己委屈吗?"

【分析】

（1）心理矫治工作者做到了共情。

（2）从人本主义的角度，心理矫治工作者还可以选择的问法之一是："你是否觉得自己有些委屈？"

（3）心理矫治工作者需反思是否有干警身份和角色的代入。

来访者： "警官你说的太对了，我就是觉得委屈。"

心理矫治工作者： "很好，你想想看。人家惹了你，的确是他的不对，可他又没动手打你，你完全可以向狱警反映或用语言反驳他，但是你却选择了用武力，你是不是感觉当时很解恨？"

【分析】

（1）心理矫治工作者可以借此时机切入更规范、更明确的法治教育，让来访者学习到底何种反应方式是符合法律和监狱规范的。

（2）心理矫治工作者做到了进一步共情。

来访者： "嗯，听你这么一说，好像是挺解恨的。"

心理矫治工作者： "虽然你解了恨，也出了气，可人家的门牙被你打掉了两颗啊，如果换作是你被打，难道你不想惩罚那个打你的人吗？"

【分析】

心理矫治工作者引导来访者换位思考、感同身受。

来访者： "当然想啊！"

心理矫治工作者： "所以说，你的行为给人家的肉体造成了伤害，不就应该接受处分吗？"

【分析】

心理矫治工作者通过引导来访者进行以上的共情体验和认知调节，无形中改变了来访者的认知和感受。

来访者："……嗯，警官你说的也在理儿。"

【后续咨询建议】

（1）认知训练：通过上述咨询过程可以看出，来访者的认知水平有待提升，认识问题存在片面性，这可能与学历较低有一定关系。后续咨询中，心理矫治工作者可以引导来访者多做认知训练，换位思考是一种有效方式。例如，心理矫治工作者可以引导来访者对其自身存在的"怕吃苦、自由散漫"问题进行反思并展开讨论，将"怕吃苦"与情绪的控制、心态的磨砺相关联，将"自由散漫"与刑罚执行的惩罚和规制相关联，达到认知提升的效果。而后，可扩展到其夫妻关系、家庭暴力和人际关系问题的解决上。

（2）入监适应问题：后续咨询中，心理矫治工作者还可关注基本资料中来访者的适应不良问题，挖掘其原因。

（3）睡眠问题：后续咨询中，心理矫治工作者还可关注来访者的睡眠问题。睡眠与情绪关系较大，可直接影响情绪状态。可区分入睡问题、睡眠质量问题、夜醒问题以及多梦问题等。

（4）个人成长问题：后续咨询中，心理矫治工作者还可从精神分析的角度，根据来访者需要，适度帮助来访者分析成长经历。来访者自小父母管教方式粗暴，存在从父母身上习得情绪泛滥的可能性。来访者缺乏一定的安全感，被寄养在农村，且受到表哥的威胁和欺负，心理矫治工作者可帮助其排查是否有心理创伤的可能性。

减刑失败引抵触，综合分析促反思

罪犯弥某，因与他人发生矛盾，将被害人捅成重伤而被关押。一周前因与其他犯人意见不合，产生摩擦，进而引发斗殴事件，被特管队关进禁闭室面壁思过，但效果不明显。弥某仍对改造抱有抵触情绪，改造进度缓慢。经过几次咨询和亲人开导，罪犯的不合理认识得以修正，主动接受改造，认真出工，工作效率基本恢复正常，矫治效果较为明显。

一、一般资料

（1）基本情况：弥某，男，46 岁，家中长子，有两个弟弟，中学文化。和妻子以干农活为生，育有一子。家庭条件一般。之前因一些琐事与邻居发生口角，遂引发斗殴，打斗过程中持刀将被害人捅成重伤，获刑接近十年。该犯自尊心强，好面子，不爱与人交流，因半夜或凌晨睡不着觉影响监舍其他人正常休息，曾与他人引发过口角，总不听劝阻，在监舍人际关系紧张。

（2）个人成长史：农村家庭，在三个兄弟中排行老大，初中因不好好读书，与社会不良青年交友，整天打架斗殴，出入游戏厅，被中途退学。父母早年离婚，兄弟三人在母亲拉扯下长大，生活艰苦，后经人介绍，他与当地一女子结婚，直到入狱前一直生活在当地。

二、主诉问题与个人陈述

（1）主诉问题：因最后一次减刑不顺，导致出狱时间延后，个人认为是监狱干警与其作对，故意为难自己，因此不服从管教。

（2）个人陈述：自己入狱以来改造表现良好，各个方面都听从监狱安排。自认为符合减刑条件，但结果却是不予减刑，使得自己不能及时与家人团聚，出狱释放变得遥遥无期。认为是监狱干警故意为难自己，故意不让自己减刑成功，因此常与监狱干警对着干，频频发生冲突，违反监规纪律，不按时出工，整日待在宿舍混时间。甚至不怕被关进严管队，将错误归为监狱，觉得自己明明表现良好，却不给减刑，遂拒绝改造，认为改造已毫无意义。

三、心理矫治工作者观察及他人反映

（1）心理矫治工作者观察：该罪犯孝顺母亲，认为"母亲的脚下即是天堂"，对母亲极为顺从。罪犯身体和智力均发育正常，说话干脆利落，语言表达清晰到位。但谈及减刑时，情绪比较激动，自尊心强，好面子，不轻易认错。一直认为是干警耽误自己出狱，是干警为难自己。自己不思悔改，觉得一切都是监狱的错误。

（2）他人（同犯、其他干警等）反映：弥某入狱初期表现良好，主动接受改造，工作较为积极，曾被评为改造积极分子。后因减刑失败，认为是干警故意为难自己，就与干警对着干，认为自己是被诬陷的"英雄"，自己所作所为都是"正义"的。好面子，觉得不认错就能在其他罪犯面前有威信，想让其他罪犯对自己保持崇拜。和监狱干警对着干，表现自己的与众不同，认为在其他罪犯面前不能落了面子，失了威风，怕如果现在服了软，日后在监区会抬不起头来。还因为琐事与他人人际关系紧张，时常发生口角，最后引发斗殴事件。

四、重要咨询片段还原与分析

心理矫治工作者："我从其他人那里了解到，你的表现比之前强了很多，是不是人际关系比之前好点了？"

【分析】

心理矫治工作者的肯定可以适当详细化，比如，哪些方面有进步？具体体现是什么？有哪些细节？如此，一方面，信息详细全面，更有说服力；另一方面，来访者可以感觉到被重视。

来访者："感觉其他人的目光不像从前那样了，也愿意和我交流了，不像从前那样疏远我了。"

心理矫治工作者： "是吧，你有好的改变，别人也会以好相向。遇到挫折，首先应该看看是不是自己的错误，不能一味从别人身上找错误。之前我听说你最近一次减刑失败了，你觉得是什么原因导致的？"

【分析】

（1）如上述，此处又有一次详细化肯定来访者表现改变的机会。心理矫治工作者在此处和来访者讨论关于自身改变、周围人态度好转的具体细节，是非常恰当和正当的。

（2）心理矫治工作者将主题转移到了上一次减刑失败上来，目的似乎是改变其认知。

来访者：（情绪较为激动）"我觉得自己没有做错什么，我都是按照监狱的要求去做的，那些做得不如我的人都可以减刑，为什么我不可以？如果这次减刑成功我就能更快离开监狱了，这是我最后一次减刑的机会了，我剩余的刑期不能再减了。"

【分析】

来访者的这段陈述，呈现出多个咨询过程中可以挖掘和深入的机会或咨询点：

（1）"情绪较为激动"。说明来访者对减刑非常重视，感受非常强烈，心理矫治工作者应看在眼里、记在心里。时机合适，可对其进行反馈；时机不合适，可将其列为预备处理目标，待后续处理。

（2）"那些做得不如我的人都可以减刑"。来访者主动提出比对，实际上也是自我暴露了破绽，人无完人，来访者一定有自己的短板。这给了心理矫治工作者大量的机会去寻找来访者平时做的不到位的地方、与减刑有差距的空间，予以反驳，以起到醒悟作用。

（3）"如果这次减刑成功我就能更快离开监狱了"。心理矫治工作者可由此和来访者探讨其想快速离开监狱的原因，按次序列出并一一讨论，如寻求家庭团聚：为什么如此看重家庭？夫妻关系如何？为了破镜重圆，来访者在服刑期间做了哪些有意义的事情？如果回归了家庭，将会如何表现？也可讨论当前服刑适应不良的原因：对刑罚判决的疑义？人际关系不良？参加劳动不适应？思想上有障碍？心理矫治工作者可借此机会将咨询面拓展开来。

（4）"这是我最后一次减刑的机会了"。心理矫治工作者可由此和来访者探讨：

①事实真的是否如来访者所说，是否存在认知错误，如果并非最后一次，可继而分析来访者认识事物和分析问题的思维方式和习惯。

②如果确实是最后一次机会，心理矫治工作者首先应引导来访者端正态度、正视事实；其次，帮助来访者分析没有把握住机会的原因；最后，帮助来访者立足当下、重拾信心。以上咨询点，心理矫治工作者可不必立即反应，做到心中有数即可，抓住合适的时机即可。

心理矫治工作者："你真的觉得自己没有做错吗？监狱对每一个犯人的减刑都是仔细考量的，根据平时表现、劳动生产、改造表现等酌定减刑，如果你真的觉得自己改造表现良好，监狱肯定不会错误地判断你的表现，你再仔细想想真的没有瑕疵吗？"

【分析】

心理矫治工作者针对来访者提出的疑义进行了直接的对质，同时将减刑政策的公正性进行了说明，比较有说服性。然后，心理矫治工作者继续用反问的方式质问来访者，有震慑力。

来访者：（小声嘀咕）"应该没有吧。"

心理矫治工作者：（拿出一叠照片）"你好好看看这些照片，你真的一点儿错误都没有？那这些照片上的人又是谁？"（照片上显示弥某在规定时间以外抽烟、私藏违禁物品等，且不止一两次）

【分析】

心理矫治工作者有备而来，收集了证据，与上述对质形成呼应，直接撕破来访者的面具，这对遏制来访者继续撒谎是很有好处的。心理矫治工作有理有据。

来访者：（惊讶）"这？我以为没人注意到呢，我都是趁着没人的时候偷偷干的，没想到被监控拍下了。"

心理矫治工作者："要想人不知，除非己莫为。减刑是给积极改造、改造表现良好的罪犯的奖励。如果表面一套，背后一套，肯定不会给你减刑的。如果你确实表现良好，监狱一定也能看得到。成功的人之所以成功，取决于做人的成功，失败的人之所以失败，在于做人的失败。认认真真做事，踏踏实实做人，才是取得成功的关键。不要整天以为自己做了错事无人知道，要知道在监狱，每个犯人都是透明的，监狱都是根据规章制度考察每一个人的。说白了就是要讲诚信、守道德。如果没有给你减刑，一定还是因为你自身有问题、有漏洞。"

【分析】

（1）心理矫治工作者的此番陈述，非常有教育意义。在心理咨询中，如果遇到来访者在思想、道德或行为上有明显的错误或偏差的时候，应选择对质、教育等矫治手段，尤其是面对罪犯或学生。心理矫治工作者把握得非常恰当。

（2）上述的4个咨询点，心理矫治工作者可借此机会进行适当的切入，使教育功能扩大。

来访者："唉，我知道了。"

心理矫治工作者："现在你还认为监狱干警在故意为难你吗，是不是还是你自己做的不够好？"

来访者："嗯，是我的原因。唉！"

心理矫治工作者："就算不能减刑也不要灰心，家里的老母亲还有你两个弟弟照顾。你不用担心，好好改造，在这里学好手艺，出去后找份好工作，再好好孝顺你的母亲。"

【分析】

（1）心理矫治工作者将咨询点聚焦到家庭上来，验证了上述对咨询点的预测分析。亲情牌对来访者很有效，这也与心理矫治工作者私下里下功夫做的功课有关。

（2）心理矫治工作者还运用了鼓励、设置目标愿景等技术。解除来访者的后顾之忧，鼓励其积极改造，将注意力放在孝顺母亲这个目标上。母亲形象本身就能够给来访者力量，母亲意象和愿景目标能让来访者充满期待和能量。

来访者："我一定好好改造，好好学手艺，母亲的脚下即是天堂，我出去了一定好好孝顺母亲。"

【后续咨询建议】

人际关系问题：来访者入狱的原因起源于人际冲突，从描述中，也可看出本次事件同样存在人际关系问题。因此，在后续咨询中，心理矫治工作者可聚焦人际关系问题。

来访者最初的犯罪原因和当前事件的起因有相似性，心理矫治工作者可引导其注意这个相似性，分析个中原委，体察其一贯的行为模式。同时，来访者在离异家庭中长大，心理矫治工作者可分析其人际关系是否受此因素影响。

来访者爱面子、自以为是，表现出自我中心。在处理和思考问题上也表现出缺乏全面性的特点。例如，夜里睡不着觉而影响到他人休息，自己有多次的违规行为被抓拍到却存在侥幸心理等，这都说明来访者缺乏思维的全面性和换位思考的能力，这也是影响其人际关系的原因所在。

儿子就业致焦虑，及时沟通转思路

来访罪犯梁某，入狱前是一名初中语文教师。近两周因担心自己的服刑人员身份影响马上要大学毕业儿子的就业，导致情绪焦虑，食欲下降，睡眠困难，劳动改造工作效率下降，前来求助。通过摄入性会谈搜集资料，根据心理问题的诊断程序，初步诊断为一般心理问题。心理矫治工作者在和求助者商议后，根据其个性特征及问题的特点采用了合理情绪疗法，经过4次咨询，来访者的思路得以转换，情绪、饮食、睡眠等问题得到缓解，工作效率基本恢复正常，咨询效果较为明显。

一、一般资料

（1）基本情况：梁某，男，48岁，已婚，曾是一名语文教师，大学文化。育有一子，大学四年级，面临毕业，妻子在一家公司工作。一年前因猥亵儿童罪被判处有期徒刑三年。近两周比较焦虑，怕自己的服刑会影响儿子的就业前途，担心其未来发展。表现为寝食难安，食欲下降，晚上睡不着觉，劳动改造时容易走神且效率低。

（2）个人成长史：梁某原生家庭中有一个哥哥，自小受父亲宠溺，学习成绩较好。在父母和哥哥的帮助下，以优异的成绩考入师范学院，大学毕业后，回到家乡，成为当地的一名语文老师。与妻子结婚后育有一子，生活和谐，工作稳定。

二、主诉问题与个人陈述

（1）主诉问题：儿子今年大四，即将毕业，其担心自己的犯罪行为会影响到孩子的就业问题，家中亲戚也帮不上忙，很是着急。妻子独自抚养孩子，家中经济压力大。

（2）个人陈述：儿子今年大四，从小乖巧伶俐，学习成绩很好，很少让人操心。在班里常受到老师夸奖，高考成绩优异。大学里儿子常拿到学校的奖学金，还有一些荣誉证书。现在儿子马上大四毕业了，前一段时间和儿子打亲情电话，得知他即将毕业面临工作分配及相关的考试，期间提到儿子就业不知道会不会受到我服刑情况的影响。但是儿子说即使受影响他也不怪我，让我放心。他想继续考研究生，但读研还会继续花钱，他担心加重家中负担，就想步入社会就业。最近一段时间，我经常吃不下饭，睡不着觉，做工也常常出错，经常走神。想到自己对家人造成的影响，就难受，越想越后悔。

三、心理矫治工作者观察及他人反映

（1）心理矫治工作者观察：梁某性格较为温和，容易交谈，素质较其他服刑人员好。因为读完了大学，又是老师，学历和见识较高。倾诉过程中情绪比较激动，尤其是说到儿子的未来，眼睛都红了。说到当年自己犯下的罪行，很是悔恨。

（2）他人（监狱干警、监狱犯人）反映：梁某所犯的是猥亵儿童罪，曾多次猥亵班里的女学生，法院判决有期徒刑三年。据了解，梁某文化水平较高，但案发时因为冲动，所以犯了罪，故对自己的行为感到后悔，也认罪服法，改造积极。来访者的妻子在当地一家公司做会计，收入并不高，其独自一人抚养孩子，承受着很大的精神和身体压力，来访者认为儿子应找一份体面光荣的工作，将来有出路。

四、重要咨询片段还原与分析

心理矫治工作者："服刑有一段时间了，你现在觉得怎么样?"

来访者："还可以吧，就是心里老是挂念家里的孩子。儿子忙着考虑毕业和工作问题，有可能会受到我服刑的影响，我心里很愁啊!"

心理矫治工作者："那你觉得儿子的问题怎么解决会更好呢?"

来访者："我想找个明白人看能否帮我儿子指点一下以后的路该怎么走，之前想麻烦您来着，您不是拒绝了嘛。"

心理矫治工作者："对，抱歉啊，我之前也说过了，我不适合。我更适合来直接解决你的问题。"

【分析】

（1）心理矫治工作者的处理具有专业性。心理咨询的任务和范围之一是解决当事人的心理问题，而非相关他人及来访者心理问题以外的其他问题。严格来讲，心理咨询只针对来访者本人所诉求解决的心理问题。至于来访者本人觉得应接受咨询的他人，应排除在咨询范围以外。因为，首先，这是来访者的诉求，并非他人本人的诉求，属于越俎代庖；其次，来访者的判断并非完全正确，并不一定符合事实，即他人本人在客观上并不一定需要心理咨询或符合咨询条件，这可能带有来访者本人的主观色彩。就如本案例中，父亲眼中的儿子需要帮助，但儿子本人可能并不觉得如此。因此，心理矫治工作者的拒绝是非常正确的。在心理咨询中，遇到这种情况，在适当情况下，心理矫治工作者可以告诉来访者：如果你觉得这个人有咨询需求，可以让他本人直接去寻求帮助。

（2）来访者想让心理矫治工作者与其子对谈的动机背后，似乎也隐藏着其本人想对儿子倾诉和表达的欲望。心理矫治工作者可以建议来访者找机会亲自和儿子去谈。

来访者："我也想跟他好好聊聊，看他到底怎么想的?"

心理矫治工作者："我记得你之前和家人打过亲情电话，也会见过，情况怎么样?"

来访者："和妻子聊得多，儿子因上学时间紧来的次数较少。儿子心态挺乐观，劝我别担心他了，他说他大不了不读研，找个稳定的工作干就行，这样能帮妈妈分担一些压力，还能照顾家里老人。"

心理矫治工作者："孩子的学习成绩怎么样？关于就业还是考研，他心里怎么想的？你清楚吗?"

【分析】

心理矫治工作者紧跟来访者的需求，既然来访者的心事在儿子身上，那就将焦点聚焦于儿子。通过提问，打开话题，给来访者机会来谈儿子的情况。同时，心理矫治工作者也能借此问题看一看来访者是否真的了解儿子的内心世界。

来访者："儿子成绩一直都很好，我要是不出事儿，他肯定就能顺顺利利地就业工作了，那该多好啊。但是现在我牵连他了，直接影响了他的就业和前途。要是能读研究生就更好了，以后挣钱也多，儿子说他考研究生很有把握，老师也说他潜力很大。唯一的遗憾就是家里面可能要负担重一点了，研究生的学费据说都一万多元一年。孩子很懂事，跟我说没事，他可以先找个小公司工作，能养活自己就行。实际上我也知道，儿子很不甘心这样，说白了都是因为我的犯罪导致的。"

【分析】

来访者表达了较多的关于儿子的信息，验证了心理矫治工作者思路的正确性。来访者澄清了他的担忧所在，便于心理矫治工作者明了。同时，可以看出，来访者对儿子的理解较为到位。

心理矫治工作者："你和儿子的沟通多吗？家里的经济情况对儿子读研影响很大吗？"

【分析】

心理矫治工作者仍然紧跟来访者的思路，对来访者的陈述及时地进行反应，步步深入，体现了心理矫治工作者的尊重、关注和倾听。来访者的大量陈述就是矫治效果的体现。

来访者："儿子从小就懂事，我从被抓之后也没怎么有空和他好好说过话，他也说理解我、原谅我，但我还是觉得愧对他。家里现在的收入就是我妻子的工资，存款也不多了，还赔给了被害人一部分。现在只能勉强供儿子上完大学，要是儿子读研究生，可能就得找亲戚借，我们从来没跟别人借过钱。"

心理矫治工作者："感觉你有好多话想和儿子说啊，有没有想过通过会见和儿子好好说说话、单独聊聊？如果能借到，压力就会小一点。你知道大学里可以申请助学贷款吗？"

【分析】

（1）心理矫治工作者感觉到来访者对儿子的情愫，因此直接建议其与儿子面谈，直抒胸臆。这应该是解决来访者焦虑的最有效的办法，因为其问题的根源就是对儿子的未来担忧。只不过限于主观上（有意识地或无意识地没有迈出这一步）或客观上（儿子时间少）的因素没有实现。心理矫治工作者的"推动"作用，无形中也促使了来访者直面了焦虑的源头，会直接影响来访者的改变。

（2）"如果能借到，压力就会小一点"。这也是心理矫治工作者的"反映"技术，通过简单的提示，既关照到来访者的担忧，同时无形中也提醒来访者是否可以克服面子问题，迈出一步去试着借一借，或许就能解决问题。

（3）心理矫治工作者给来访者提供资源，大学里的助学贷款对他们而言，的确是一个不错的选择。

来访者："你这么一说，我真的想和儿子好好沟通一下呢。家里的亲戚也没有很富裕的，基本上都过得差不多，只有我一个表弟做点小生意，兴许能帮上忙，但是也很久没联系了，也不知道人家会不会借。助学贷款我听说过，但不是很了解，借国家的钱上学，以后孩子不还得还嘛。"

【分析】

如果心理矫治工作者的责任、关注和倾听做得到位，再配合提供资源，来访者就会很快发生改变，心理矫治工作者的"推动"就会变得很容易。

（1）来访者立即就感受到了无意识的真实声音——想和儿子好好沟通一下。

（2）来访者立即调动了自身资源，聚焦到某个表弟身上，作为问题解决的可能选择。虽然不知道人家会不会借，但心理矫治工作者可以继续与其讨论去借与不借的利弊，以便来访者思路更加清晰化。

（3）来访者的确不是很了解助学贷款，心理矫治工作者接下来可以给其介绍。由此可见，助学贷款这个资源是有用的。在心理咨询中，心理矫治工作者应注重资源取向。

心理矫治工作者："我建议你回去申请一下亲情电话，可以的话，让孩子趁下次会见日来好好聊聊。还有我觉得借钱、贷款等是暂时欠钱，等以后孩子毕业，找到工作可以慢慢还。你想想，其实也用不了几年，总比被当下的困难阻碍着强吧。何况孩子的意愿是想考研究生，想有更好的发展，只是迫于经济压力和家庭情况不得不妥协。之前是你们两个人挣工资，但现在只有孩子妈妈上班，收入减少对孩子上学影响确实很大。如果孩子愿意贷款、借钱上研究生，以后自己还钱的话，也未尝不可。我的分析也不一定完全正确，你可以考虑一下?"

【分析】

心理矫治工作者语重心长地给出建议，通过摆事实、讲道理减少来访者的担忧。最后还留出空间给来访者思考和抉择，让其自由选择，显得很人性化。

来访者："我觉得有道理。这个事情我回去再好好考虑一下，也要和他妈妈商量商量。"

（求助者后续和妻子通了电话，想让儿子自己决定要不要贷款借钱读研。同时，来访者想通了许多事情，下决心和儿子好好沟通一番，已经确定了时间。）

【分析】

来访者决定把自主权交给儿子自己，让孩子自己决定深造与否。这是非常大的进步。这个进步的基础是来访者本人心理的清晰化、状态的稳定化，这是咨询效果的显现。

（在会见时，求助者心平气和地和儿子交流，儿子也说出了自己之前不想继续考研的原因——害怕增加家中的负担，进入社会工作可以缓解家里的困难。但是现在他心里有了自己的决定。）

【分析】

通过会见，促进了父子关系，让双方都放下了心里的石头，如释重负。这离不开心理矫治工作者的推动作用。

缺乏亲人关怀，给予有效共情

来访罪犯黄某，幼年父母离异，母亲再婚后被送到外公家生活。在外公家受到歧视，没有亲情的关爱，内心产生对家人的憎恨，进而产生了逆反心理。入狱以后，长时间没有亲人探视，表现出焦虑烦躁、情绪失控等症状，并伴有轻度的躯体不适反应。经摄入性谈话、心理测验、临床观察，诊断出来访者的情况属一般心理问题。其症状主要与个人家庭教育、成长经历和个性内向有密切的联系。在咨询过程中，采用了精神分析疗法。通过阶段性的心理咨询，来访者缓和了焦虑心理，增强了改造的信心，并恢复了正常的改造状态，咨询效果较为明显。

一、一般资料

（1）基本情况：黄某，男，28岁，初中文化，因绑架罪被判有期徒刑15年，已服刑5年，身体健康。自幼父母离异。

（2）个人成长史：来访者出生于农村，幼年因父母关系不合婚姻破裂之后，随外公生活。由于外公待其不好，来访者把责任归咎于父母，所以对二人都不认同。外公去世以后，回到母亲身边。继父对自己态度不好，随后与家人关系紧张，并且开始厌学逃学，初中毕业外出打工。因想获取钱财而绑架他人，获刑15年，进入监狱服刑至今，期间没有家人前来会见。

二、主诉问题与个人陈述

（1）主诉问题：来访者想要解决的问题包括：心情烦躁，对什么都提不起兴趣，无法融入他人，易怒，情绪容易失控等。

（2）个人陈述：自己生活得很不容易。父母离婚后，就没有过过一天好日子。不管是在外公家还是在继父家，每天都过得提心吊胆。既害怕人家看不起自己，又怕做错事而招致打骂。特别是回到母亲身边后，起初自己与母亲关系尚好，但由于上学打架、逃学与家人关系变得紧张，初中毕业以后干脆就混社会了。自己刑期很长，且入狱以后，家人从来没来看过我。为什么没有人来关心我呢？自己也不想如此烦恼，想从痛苦的阴影中解脱出来。

三、心理矫治工作者观察及他人反映

（1）心理矫治工作者观察：来访者有较为强烈的求助动机，讲话思路清晰，身体健康。但情绪不佳，有一定的痛苦感，也有焦虑、抑郁的表现。

（2）他人（同犯、其他干警等）反映：

①同组服刑人员：来访者不愿与组内任何人交流，更不愿谈及自己的犯罪情况。特别是遇到有人吵闹说笑的时候，他就常常生气，好几次险些打起来。

②包组干警：来访者经常为减刑考核分低而苦恼，另外，家人一直没有来会见过，也使其情绪非常消沉。

四、重要咨询片段还原与分析

来访者："我最近心情不太好，和同犯在一起不太融洽，总是会因为一些小事而大发脾气。比如，他们三三两两在那说笑，有时很大声，我听见就会烦，心想他们嘀嘀咕咕废话什么？其实我也知道他们并不是针对我，可就是老想发火，恨不得上去骂他们。我都想好了，只要他们有一个敢还嘴，我上去就揍他。我现在干活也不能专心，总是走神，安不下心来，晚上也翻来覆去休息不好。"

【分析】

（1）来访者的倾诉欲望很强，其中夹杂的情绪情感成分较多且较强烈，这为心理矫治工作者的咨询工作提供了大量的操作空间，如可引导其陈述相关事件的来龙去脉、可就其情绪情感表现进行共情、可就其认知模式进行优化等。

（2）来访者倾诉了其多个方面的问题：情绪情感问题、人际关系问题、注意力问题、睡眠问题。心理矫治工作者可以开展的工作空间很大，可一一

击破。但需注意，心理矫治工作者应先对这些问题进行一个大致的排序，并应留意这些问题背后的核心问题和原因。

心理矫治工作者："既然你主动来找我谈心，就怎么想怎么说，不要有什么顾虑。这样的情况有多久了？"

【分析】

（1）心理矫治工作者的反应实际上是对来访者倾诉的一种肯定和鼓励，同时也运用了"稳定"技术，即让来访者安心，将其顾虑打消。这对稳定来访者的情绪和引导其进一步陈述有很好的作用。

（2）"这样的情况有多久了"。这是带有诊断目的的问题，通过对问题持续时间的把握，来判断问题的严重性。心理诊断是非常重要的基础性问题，这也是国内心理咨询相对薄弱和容易忽视的问题。

来访者："不是太久，过年的时候，看到别的同犯家人来探视，有的亲属送钱，有的送方便面、火腿肠等食物和生活用品，心里就不舒服了。"

【分析】

来访者对原因诉说得较为直接，聚焦到亲人探视上来。心理矫治工作者可以从心理不适推测出来访者的问题可能与探视有关，因此，可顺理成章地引导其详细诉说。

心理矫治工作者："对别人的烦躁情绪，以前出现过吗？"

【分析】

心理矫治工作者并没有"接茬"，没有将注意力聚焦在探亲方面，转而关注来访者类似的情绪体验。一种可能性是心理矫治工作者忽视了共情工作，另一种可能性是心理矫治工作者有其他处理思路。

来访者："那是很早以前的事了。那时我刚从外公家回来住，开始和母亲的关系还算可以。但是上了初中以后，发生了许多事，而后这种情绪就经常出现了。"

【分析】

到此为止，可以看出，来访者的成长经历应是此案非常重要的方面，来访者倾诉的内容多与过往经历有关，提到了家庭中的外公、母亲等重要人物。心理矫治工作者此时可考虑如下问题：其人际关系问题与成长经历的关系。家庭环境、亲子关系等对其人格和犯罪行为的影响。

心理矫治工作者： "能把这些事请说给我听听吗？"

来访者： "我小的时候很不容易。很小父母就离婚了，后来母亲再婚，把我送到外公家寄养。外公有孙子、孙女，对我也不怎么上心，我就像没有家一样，吃不好穿不好，还得看他们脸色，表弟表妹一不开心就找我的事。那时，我挺怪外公的，也怪我母亲。我母亲为什么不管我，还不如不生我，那我也就不会过得这么苦。她把我扔在那个家里，她知道我是怎么过的吗？"

心理矫治工作者： "请平静一下你的心情（递过一张面巾纸）。那后来呢？"

【分析】

（1）面对来访者的开放，心理矫治工作者在此处应予以共情，一方面表达出真实情感，另一方面可体现出对来访者的关注和倾听。如果考虑到来访者还没有完全讲述完，简单的共情也是必要的。

（2）递纸巾在一定程度上能够弥补言语上的共情。应重视心理咨询中非言语信息的重要性，如递纸巾、水杯、身体前倾、点头等，这些是咨询中常被忽略的细节。由此，也需重视咨询室的布置、摆设等问题。

来访者： "那真不是人住的地方。我每天都提心吊胆，就怕做错事挨打。即使这样，也总避免不了挨打。我恨外公，曾经想杀了他，具体怎么杀、怎么跑，我都想好了，但是后来却犹豫了。再后来，我亲眼看到外公病得不行的时候，又有些原谅他了。"

【分析】

（1）来访者的故事为咨询室提供了很多操作空间，尤其是共情空间。虽然来访者儿时想杀死外公的犯罪心理是不合理的，但是心理矫治工作者可借此共情其强烈的情感体验，因为这样的想法发生在一个青少年身上，其背后一定累积了大量的负性情感体验，针对负性情绪进行共情对来访者而言也会是很好的抚慰和疗愈。

（2）心理矫治工作者可适时地就犯罪心理和来访者展开讨论，包括形成原因、形成机制、对其成年后的杀人犯罪行为的影响、当前犯罪心理的状态等。

（3）挖掘优点和鼓励来访者。

①当来访者见到外公病危时的痛苦而表现出怜悯之心时，这是其内心善良的运作，心理矫治工作者应挖掘这一点，让来访者意识到自我的良性资源。

②在此基础上，心理矫治工作者还可鼓励其认知改变，如儿时对外公的恨，并不一定是理性的，毕竟儿童的思维并不成熟，看待事物并不全面和深刻。比如，外公的暴戾是否与家里孩子多操心多有关？打骂是不是外公爱的表现？是否与外公一贯的性格有关？寄人篱下的感觉是否与父母不在身边有直接关系？

心理矫治工作者："噢，那后来呢？"

【分析】

此处，心理矫治工作者的反应近于空白，共情缺失。

来访者："我妈把我接回了继父家，其实这个家对我来说，和以前没两样。开始还好，但是上了初中以后，我经常和同学打架，不愿意待在家里，我妈说了我也不听，再后来就出去打工了。我妈是对我好过，可我总觉得自己如今混成这个样子与她有很大关系。而且我入狱以后，她一次也没有来看过我，所以我现在并不挂念她。"

【分析】

（1）可以看出，来访者成长中父母角色的缺失对其影响很大。来访者主动提出母亲与其犯罪有很大关系，这应是接下来非常重要的咨询内容，如来到新家后的生活及与家人的关系、母亲不来探望的可能原因、母子关系如何影响自己的犯罪行为等，心理矫治工作者应做好几次甚至多次咨询的准备。

（2）心理矫治工作者应多一个角度去看待此类来访者及其犯罪原因，即早年成长经历、家庭环境和亲子关系的影响因素，大量的研究显示这些因素与个体的性格、行为习惯、心理功能等有关，也是其犯罪行为的重要影响因素。如果心理矫治工作者能够知晓这一点，就能理解他们的"不幸"，就更容易找到犯罪原因，也更容易去共情，咨询效果也会大幅提升。

心理矫治工作者： "听了你的故事，感觉你确实很不容易，一路的成长比较坎坷。家人确实也应该来看看你。让我比较欣慰的是你能够去思考自己的犯罪原因，能够从家庭教育的角度去考虑，这很好。那你现在对家人的看法，有什么改变吗？"

【分析】

心理矫治工作者在此处的反应较为合理：

（1）心理矫治工作者及时地给予了共情，对来访者诉说的个人情况进行了反馈，这对来访者是很好的安慰。

（2）心理矫治工作者肯定和鼓励了来访者对自身犯罪行为的思考。如果时间充足，还可以详细展开，引导其进一步思考。

来访者： "原先的那种恨已经消磨的差不多了。但是，他们到现在还是不闻不问，我真的失落极了。再怎么样，我也是他们的孩子，怎么能这样呢？"

【分析】

来访者袒露了心声，说出了自己的苦恼和失落。一方面，这是咨询关系良好的体现，让来访者卸下了防御。另一方面，心理矫治工作者应看到来访者的"示弱"也是一种求助，是向心理矫治工作者寻求安慰的信号。

心理矫治工作者："是的，刚才我讲了，按理说家人应该来看看你。但是，会不会有别的什么原因也说不定呢？现在你怎么看待自己的服刑生活呢？"

【分析】

心理矫治工作者重复共情以后，帮助来访者转换思路，提到其他原因的可能性，一方面提示来访者换位思考、多角度考虑问题，事实上其家人确实存在受某种原因影响的可能性；另一方面这也可作为安慰来访者的策略。

来访者："我真的后怕极了。犯罪的时候还觉得挺刺激的，可等到判了以后，就清醒了。现在挣分太难了，我的刑期这么长，挺紧张的，就害怕出什么事，怕影响改造。"

【分析】

来访者继续讲出了自己对服刑改造方面的担心，可以看出，他对改造表现还是很看重的，反映出其服刑态度的端正性。心理矫治工作者应明了这一点，并可适时将话题聚焦到其平时的改造上来，帮助其分析这种担心的合理性、改造中的漏洞，鼓励其积极表现，做出有针对性的教育引导。

心理矫治工作者："好，我清楚你的担心了。通过交流，我们开诚布公地谈了许多事。你讲了很多自己的经历和亲身感受，感谢你的信任。今天时间差不多了，我们下次再谈。"

【分析】

（1）对时间的良好掌控是心理矫治工作者应具有的能力。心理矫治工作者在时间节点上，简单地回应了来访者的担心，没有在此处过多地展开分析和拖延时间，很巧妙地将此问题留给了下一次咨询。

（2）心理矫治工作者对上述咨询过程进行了简单的总结，肯定了来访者的真诚分享，做到了有头有尾。

来访者： "好的，我现在心情比以前轻松了许多。"

【咨询评价】

心理矫治工作者了解到来访者内心受成长经历的影响和服刑生活的刺激，对自我情绪难以控制。使用了共情、内容反应等心理技术，通过归纳、举例，循循善诱，步步引导，使其初步明白了情绪失控和个人成长、家庭关系以及当前生存环境有密切关系，为下一步咨询打下了基础。

负性想法引低落，正向思维促改变

来访罪犯王某，女，30岁，通过摄入谈话法、观察法、心理测验法等取得临床资料，按照区分正常与异常三原则判断，来访者有自知力，无幻觉妄想等精神症状，排除了精神病，因其心理冲突与现实有关，具有道德性质，属于冲突常形，结合病程和严重程度，可排除神经症。根据对接受刺激的反应强烈程度，有时出现短暂情绪失控，有泛化现象，结合心理问题产生的病程标准，诊断为一般心理问题。心理矫治工作者通过无条件关注、理解、共情等咨询技能通过多次咨询，帮助求助者重建了认知，消除了低落消极情绪。让来访者认识到只有静下心来，认真接受改造，重新构造自己的人格，才是正确的人生之路。

一、一般资料

（1）基本情况：王某，30岁，未婚，城镇长大，因吸毒贩毒被判有期徒刑10年，已服刑3年。

（2）个人成长史：该犯为独生女，身体健康，父母健在。在当地上学，成绩一般。小学毕业以后打零工，后一直无业直到被逮捕入狱。被捕前的几年时间里因常吸食冰毒，会出现精神恍惚甚至幻觉，但无精神病性症状，逻辑思维正常，人格稳定。

二、主诉问题

主诉问题：近期因违规受罚后，不能够正确认识，再加上家人没有及时探望，情绪低落，精神萎靡不振，思想不集中，整天心事重重。对未来感到迷茫，觉得没有希望。

三、心理矫正工作者观察及他人反映

（1）心理矫治工作者观察：该犯情绪低落，信心不足，对自己比较失望，愧疚感比较强。其自知能力完整，无逻辑思维混乱。

（2）分监区警察反映：情绪低落不稳定，不愿与他犯交流，基本能够进行正常的学习和劳动，但出工效率不高。有时不遵守监规纪律，虽然能与同犯来往，但有时也会出现与同伴发生争执的现象。

（3）小组服刑人员反映：心眼小，犯群关系紧张。

四、重要咨询片段还原与分析

心理矫治工作者： "你觉得是什么原因让你一直处于这样的情绪中？"

来访者： "一方面是我的违规行为导致了扣分处理，处罚得有些重，我觉得不能接受。另一方面是家人几个月没有来看过我了，我担心是不是因为他们知道了我受到处分这件事而生气不来的。"

【分析】

（1）服刑人员来访者往往会带有对处罚事实的疑问，这是常常会遇到的问题，因为来访者带有自我中心和侥幸心理，心理矫治工作者对此应有所预判且积累经验。

（2）可以看出，来访者对家人的支持和家人对自己的态度是很看重的，这可以作为帮助其改造的有利因素，心理矫治工作者可以将其转化为动力因素。

（3）心理矫治工作者应看到来访者的认知漏洞和负性思维，为接下来的处理做计划。

心理矫治工作者： "根据我的经验，这些是改造过程中很多服刑人员都会遇到的事情，我们称之为诱发事件，但我觉得这些似乎并不是问题的真正原因。"

【分析】

（1）心理矫治工作者对此问题是有经验的，且直接对来访者进行了反馈。

（2）心理矫治工作者采取了认知取向的处理方式，因为提到了"诱发事件"，这应该是以 ABC 理论为基础的合理情绪疗法，即 A 是诱发事件，B 是对 A 的认知，C 是心理结果。引发心理结果的原因并不是直接的 A，而是起调控作用的 B。心理矫治工作者采取了引起来访者兴趣的方式展开此话题。

来访者："不是真正的原因，那是什么呢？"

【分析】

心理矫治工作者的超出预期策略起了作用，引起了来访者的兴趣和思考。所谓超出预期，即超出个体的正常认知范围，或者其内容是个体所未接触到的，这样更能够引起个体的兴趣和关注。

心理矫治工作者："真正原因是你对这些事情的看法。人们对一些事情的看法有些是合理的，有些是不合理的，不同的看法会导致不同的情绪体验。如果你能认识到自己对一些事情的看法是由于自己不合理的想法所造成的，或许你就能合理地宣泄自己，正确认识事情的原委，进而控制住自己的不良情绪，让自己的身心处在融洽与平和的状态了。"

【分析】

心理矫治工作者进行了较为理论化的解释，也应回到来访者问题本身进行融入，即用来访者听得懂的语言。从下文看，心理矫治工作者是如此处理的。

来访者：……（疑惑）？
心理矫治工作者："你家人多长时间来看望你一次？"
来访者："有时一个月一次，有时两个月一次。"
心理矫治工作者："同在监区服刑的其他罪犯，如果家人两三个月没来，她们就会产生抵触和低落情绪吗？"

【分析】

用与其他同犯进行比较的方法促使来访者思考自己认知上的不合理性、

觉察自己的特殊性。

　　来访者："一般没有。"

　　心理矫治工作者："这不应该是你情绪低落的关键，而是你自己把违规受到罚分处理这件事，与家人不会见放在了一起，作为自己考虑问题的基础，才造成你现在的状况。"

【分析】

　　心理矫治工作者再次延伸了 ABC 理论。但可以更加清晰地帮助来访者将此次事件的 ABC 进行分解和匹配，这样会更加明晰。

　　来访者："应该是这样吧。"

　　心理矫治工作者："你的违规事实是否确凿？"

　　来访者："是的。"

　　心理矫治工作者："干警根据你的违规事实对你作出的处罚，你感觉是否合理呢？"

　　来访者："个人感觉罚得有些重了，会影响到自己的减刑。"

　　心理矫治工作者："从这一点可以说明，你没有正确对待和认识到自己的违规行为给你个人以及监区带来的危害，你只是从自己个人利益的角度来考虑问题，并没有把自己的违规行为本身作为问题来对待。如果干警对你从轻或减轻处罚，那么，其他罪犯也会效仿，如此，计分考核管理细则便成为一纸空文。更何况，处罚是有理有据的，不会是随意的。"

【分析】

　　心理矫治工作者引导来访者从两个方面进行反思：一是跳出自我中心，应看到违规行为给集体带来的损害；二是强调处罚的公正性和合理性。

　　来访者："要从这些角度来说，可能是自己太自私了吧。"

　　心理矫治工作者："也许你是有些自我中心了。但这也说明你非常重视你自己的改造，害怕自己在改造过程中出现什么问题，怕的越多说明你在意的越多，这些应该成为你积极改造的动力与方向。你从本质上很希望自己能够顺利改造，但也应该学会在不顺的时候怎样正确对待这些问题。这从另一个角度也说明了你遵规守纪的意识还不强，否则就不会违规。"

【分析】

（1）心理矫治工作者采取了积极取向的咨询方式，即挖掘来访者的闪光点。肯定来访者对违规的在意是一种向好的表现、对自己和改造负责任的心态，这确实是很好的动力源泉。

（2）态度鲜明。心理矫治工作者在肯定的同时，也直接指出其问题，即仍然存在意识漏洞，这也是出问题的原因。心理矫治工作者的实事求是和一针见血，往往更能够取得来访者的认同和尊重。

来访者："你说的很对，我也许是太在意这些了，从根本上说也是自己遵规守纪意识不强，才因违反监规狱纪受到了处罚。我以后要认真遵守监规狱纪，服从管理，接受改造，积极参加劳动，从细节入手，从小事入手，保证以后不再违规，争取获得改造的好成绩。"

【分析】

来访者的心声说明了心理矫治工作者处理得当，具有有效性，确实激发了来访者的思考和认知改变。

心理矫治工作者："那对家人没有来会见这样的问题，你现在怎样看待？"

【分析】

引导来访者将咨询效果进行迁移，迁移到对家人不来探访这件事情上来。

来访者："我不清楚是我又想多了，还是家里有别的事情。"
心理矫治工作者："经过了解，你家里没有什么事情，因农作物种植品类更改为经济作物，他们都在学习知识，因此都比较忙，所以没来看望你，等忙完后就会来的。"

【分析】

与社会心理咨询不同，服刑人员的情况往往可以提前了解到。心理矫治工作者此处所做的预备工作，打消了来访者的顾虑，给来访者吃了定心丸。同时，来访者也会感到受重视，即心理矫治工作者特意去了解自己的相关情况，做到有备而来，这本身就是对来访者的鼓励和尊重，这种价值感会给来访者以力量。因此，心理矫治工作者的充分准备，往往能起到意想不到的效果。

来访者：（脸上出现微笑）"家里没事就好。"

心理矫治工作者："你在不知情的情况下，把自己的违规行为与家人不会见两个不相干的事情融合在了一起，产生了这样的不良情绪。"

【分析】

心理矫治工作者再一次作出解释，以夯实来访者认知改变的效果。

【后续咨询建议】

（1）心理矫治工作者可将来访者的扣分处罚事件进行 ABC 的详细分解，以便清晰易懂：A 是来访者受到扣分处罚，C 是导致了心情低落、抵触，B 是来访者认为处罚过重。心理矫治工作者可帮助其进行 B 的调整：一是处罚是合规合理的；二是处罚是一视同仁，不会有特殊性和针对性；三是找自身的原因，一定是自己做错了，否则不会受到处罚。如此，更加清晰明了。

（2）关于未来。来访者在日常表现中有前途渺茫、没有希望的感受，这当然与期盼家人探望有直接关系。但是，心理矫治工作者也可进一步与其探讨，倾听来访者对未来服刑生活的规划，帮助其找到目标并建立长远打算。

（3）吸毒引起的精神恍惚。来访者入狱前有吸毒经历，且之前出现过精神症状。鉴于此，虽然基本资料里没有提到入狱后的情况（很可能没有再出现过精神症状），但心理矫治工作者为了安全起见，可以再次确认一下来访者当前或者一直以来的情况，判断其是否需要接受治疗，以免遗漏信息。

人际关系淡漠，教育引导助改变

杨某，入监后表现为性格孤僻、多疑，怀疑别人在其水壶内放置异物，暗害自己，久而久之与他犯隔阂较深。平时又不善于交流，沉默寡言，造成与同犯之间关系极差，对改造、对前途感到渺茫。个别教育时，该犯自我防范心理较重，不能对干警敞开心扉。通过摄入性会谈搜集资料，根据心理问题的诊断程序，诊断为一般心理问题。心理矫治工作者在和来访者商议后，根据其个性特征及问题的特点采用了认知疗法。经过咨询，来访者的认知有所改善，工作效率基本恢复正常，咨询效果较为明显。

一、一般资料

基本情况：杨某，男，47岁，农民，已婚，育有一儿两女。自幼因家庭条件较差，没上过学，文盲。先因盗窃罪入狱，后在服刑期间逃狱未遂，被判无期徒刑。已服刑15年，一个月前转入现监区。年轻时因好吃懒做，夫妻关系一直较差，感情淡漠。该犯入狱服刑后，女方提出分开，遂离婚。

二、主诉问题与个人陈述

（1）主诉问题：长期服刑且刚从其他监区调入，对新环境没有完全适应，与周围罪犯关系处理不佳，情绪较差。

（2）个人陈述：自己有三个孩子，大闺女自己经营超市，二闺女跟着别人合伙做小本生意，儿子在工厂打工。前段时间孩子来看望过自己，平时对自己也不错。家里有老母亲，孩子们照顾着。平时总是闷闷不乐，不和别人沟通，觉得在这里没有什么意思，提不起兴趣，总一个人闷着。

三、心理矫治工作者观察及他人反映

（1）心理矫治工作者观察：来访者衣着整洁，身材魁梧，脸部表情不丰富，稍显愁眉苦脸。简单交谈中，可以看出其认知正常。

（2）他人（同犯、其他干警等）反映：转入监区后会因小事与他犯发生争吵，与周围罪犯的关系一直处理不好，对他犯不理不睬，保持孤立的态度，交流越来越少，变得沉默寡言。疑心较重，有时会认为别人会害他，会怀疑自己的水壶中会不会被别人下药。性格孤僻，沟通能力差，不愿与他人交流。

四、重要咨询片段还原与分析

心理矫治工作者："这段时间感觉怎么样啊，和周围人关系好点了没有啊。"

来访者："上次咨询以后，我自己努力去与其他同犯进行了交往，发现不像以前想象的那么难以接触，大多数同犯的态度还是比较和蔼的。虽然没有和他们一起打牌，但有几次他们邀请了我，和以前的感觉不太一样了。这次来主要是想问问，为什么以前总感觉他们对自己不友好，这次回去后感觉不一样了呢？"

【分析】

（1）咨询的效果显现，来访者发生了改变，付诸行动，主动改善人际关系，并取得了初步效果。相应地，对人际关系的认知也有了新的触动，"逻辑冰山"开始松动，因此，也对心理矫治工作者提出了新的问题。

（2）心理矫治工作者应积极肯定来访者取得的成绩，鼓励其继续探索和思考，并引导来访者走向正确道路。

心理矫治工作者："以往由于自身对事物的认知存在问题，加之个人的人生观、世界观没有得到良好的引导和教育。长期的服刑经历造成了心灵的创伤，看待周围的事物都是灰蒙蒙的，认为周围的罪犯没有几个好人，变得性格孤僻、多疑。始终无法从自我约束的圈子里跳出来，对人对事的态度，也引起了周围人的反感，所以显得格格不入吧。"

【分析】

（1）心理矫治工作者对来访者的问题进行了解释和说明，内容详细、得体，有针对性，也有启发性，展现了良好的专业水平。

（2）从提升的角度，心理矫治工作者的解释和说明还可以更加符合来访者的个性特征，即更具有个性化特点，以摆脱广而泛之的说教意味。比如：

①"以往……引导和教育"。可说明来访者在认识事物上存在哪些具体问题？其人生观、世界观有哪些不足？如果能结合事例尤其是来访者对待人际关系这个主诉事件进行解释，矫治效果会更好。

②"长期的服刑造成了心灵的创伤"。这句话中带有心理矫治工作者的共情，这是值得肯定的。但共情的深度还可以再加强，即回到来访者本人，如具体说明一下带来了哪些具体的创伤，将第三人称换为第二人称，效果可能会更好。

③"看待周围的事物……孤僻、多疑"。心理矫治工作者的这个判断是需要建立在来访者日常生活的证据基础上的，来访者心里最清楚。因此，心理矫治工作者可以举例说明加以支持此观点。否则，显得说服力不够。同时，如果是在没有十足把握下作判断，也会有信息不对称的风险。

④"始终……格格不入"。其中的"引起了周围人的反感"，在来访者基本情况中已有说明，符合事实、信息准确，此处的判断比③有力度。

（3）总体上，心理矫治工作者的解释说明较为到位，能够帮助来访者厘清思路，达到调整认知的作用。

来访者："原来是这样，我懂了老师！"

心理矫治工作者："通过一段时间的交往，相信你能够逐渐找到解开心灵束缚的钥匙。只要坚持去做，就能够逐渐走出误区，毕竟这个世界还是好人多，世界充满了爱。"

【分析】

（1）心理矫治工作者进一步与来访者展开愿景，积极暗示，将来访者的心态指向未来。

（2）心理矫治工作者导入正确的人生观、价值观，引导来访者进行思考。

来访者："嗯，这段时间确实感觉好多了。"

心理矫治工作者："你要摆脱自我约束，加强与他犯的交流，日常改造中要多参与监区组织的活动，即使不想参加，但只要能够做到的就一定要去。不要怕被别人笑话，要积极参与，只有这样才能够逐渐扭转他犯对你的看法，才能被更多人接受，进而步入正常的改造生活。"

【分析】

（1）心理矫治工作者结合改造生活，为来访者提出更加细致的"实施方案"。除了人际沟通，心理矫治工作者帮助其聚焦到"活动"上，这是很好的一个载体，反映了心理矫治工作者对"人际关系"较为深刻的认识。人际关系背后有很多载体，活动就是很重要的一种，活动还是一种联结和桥梁。鼓励来访者参与活动，比单线加强人际沟通更有意义和可操作性。

（2）心理矫治工作者鼓励来访者去展示自己，被更多人看到，增加个人人格魅力和价值，这也是非常好的人际技巧。心理矫治工作者的建议做到了详细化，具有建设性。

来访者："嗯，我会的，其实我在入监之前也是外向的，只是环境不适应，有点自暴自弃。"

【分析】

（1）可以看出，来访者的态度在积极地改变，配合度显著提升。

（2）任何人都有内向和外向的成分，来访者自己发掘了服刑前自己性格上的闪光点，这种自我资源的自发调动，预示着人格能量的良性循环。这是咨询效果的体现，与心理矫治工作者的努力密切相关。

心理矫治工作者："嗯，知错能改善莫大焉。平时也要热情，可以试着与一些不太熟悉的人打招呼等，看看效果如何。不要因为一些小事情就和别人吵闹，要站在他人的立场上去看待和处理问题，多去体会别人的反应和感受。有些心得和体会可以记下来，以便查看，如果能给我看看更好。"

【分析】

（1）心理矫治工作者乘胜追击，继续给出"对人要热情""与陌生人主动打招呼"等技术指导，并用"看看效果如何"的委婉语气进行建议。显示了心理矫治工作者良好的职业水准。

（2）心理矫治工作者继续深入人际关系问题的核心方面——共情上来，人与人之间的信息错位大多是缘于相互理解不到位、信息不对称，如果双方都能积极体会对方的感受，就能理解对方的反应和行为，摩擦自然就会较少。心理矫治工作者将其放到最后进行建议，展示了良好的咨询策略。同时，还让来访者记录平时的心得体会，这对来访者而言，是很好的练习方式。记录是对不习惯体悟和觉察的个体而言非常好的练习方式。

……

心理矫治工作者："最近感觉怎么样啊？"

来访者："好多了，现在越来越多的人来找我聊天，谈谈心，平常在车间工作也不觉得那么累了。"

【分析】

经过一段时间的练习，来访者在实践中得到了反馈。这个过程中，推测来访者在很大程度上将实践经验和认知调整进行了结合，因此才会进步迅速。

心理矫治工作者："那很好！"

来访者："感觉现在的生活比较轻松，与周围人的关系逐渐融洽。想想以前的生活感觉索然无味，非常感谢您的教育，能够让我逐渐走出自闭误区，感受到了正常生活的美好。"

【分析】

来访者给出了积极和正面的评价，并和过往进行了反思和对比。

心理矫治工作者："我也看出来了，你现在和刚开始的时候判若两人。

以前说话的时候眼神迷茫，感觉无精打采。现在充满了活力，也学会了倾听。"

【分析】

（1）心理矫治工作者对来访者的陈述给予及时反馈，这也是一种反应技术，体现了心理矫治工作者的尊重、关注与倾听。心理矫治工作者通过分析来访者时间线上过去与现在的对比、表情眼神等非言语表达的变化、认真倾听的开放态度等，多角度、多方面地给予了镜映。

（2）所谓镜映，就是一方通过真诚客观的反馈，让另一方得到真实信息的反馈，以作为充分了解自己的信息来源，更好地了解自己。在心理咨询中，心理矫治工作者的镜映非常重要，镜映是来访者的镜子，是来访者发现自身问题和实现自我成长的参照物，心理矫治工作者应做到客观、真实、中立，以保障镜映信息的准确性。

来访者："嗯，谢谢，这主要是您的功劳，要是没有您的正确引导，我现在不知道变成什么样子了呢，真是给您添麻烦了。"

【分析】

（1）来访者的正向反馈既是对心理矫治工作者的肯定，也是心理矫治工作者持续发展的动力，因此，咨访关系是相辅相成的。好的心理咨询，应该是咨访两端都能够获益的。

（2）从这个角度出发，心理矫治工作者更应该对来访者负责任、尽力量，赠人玫瑰，手留余香。

（3）在心理矫治工作者的职业发展中，应有意识地挖掘和积累此种经验，以增强自信和自我意识。在督导中，更应该展现和强化。这对解决职业生涯中的阻碍和职业倦怠，都有益处。

心理矫治工作者："回去之后不能放松自身的学习，要学会更好地生活、更好地对待他人，要学会正确处理问题的方法，善待周围的人和事物，这样你的生活才会充满乐趣，你的家人也能够更放心。"

【分析】

心理矫治工作者的叮嘱抑或要求，不仅起到强调和总结作用，也会起到夯实咨询效果的作用。

来访者："嗯，想想之前我真是太自私了，让他们操了太多心。"

【分析】

咨询效果推广到家庭、亲情上去，引发来访者思考。

心理矫治工作者："以后好好改造，如果遇到什么困难，可以再找我，咱们共同探讨。"
来访者："我一定会好好改造的，请放心。"

【后续咨询建议】

（1）共情的深度：心理矫治工作者在咨询过程中的多个方面都做得比较到位，在涉及共情角度的时候，有个别地方还可以加强加深。共情应做到全面、细致，必要的时候应及时反映以示对方。本案例中心理矫治工作者具备共情能力，稍加注意即可。

（2）利用家庭亲情的有利因素：来访者的家庭资源充分、家庭支持较好。其下有三个子女，上有健在老人，这给亲情帮教提供了空间。子女较为孝顺，且帮助照顾老人，解决了来访者的后顾之忧，这是来访者较为感激的地方。心理矫治工作者和带教干警都需明了的是：①来自家庭的社会支持可以弥补其服刑中人际支持的缺乏；②家庭支持可以为服刑改造提供动力。

（3）被害妄想：资料中提到来访者出现过被害妄想的表现，虽然可能是极少现象，但这也应引起心理矫治工作者的注意。被害妄想是一种关系妄想，与其人际关系的主诉问题联系紧密，在后续咨询中，可以有以下思路：①搞清楚来访者出现被害妄想的来龙去脉，找出原因，如果有合理的客观原因、理由充分，来访者的担心在正常范围内，那心理矫治工作者应表示理解，并从"担心"开始展开工作，正常咨询。②如果事件的原因不足以支持其担心表现，应考虑更为严重的心理问题或心理疾病。关于被害妄想，进行与之相关的心理诊断非常关键。

纠结父子关系，共情解决问题

监狱是一个特殊的场所，有着严重的封闭性，长期的关押，以及家庭问题、环境影响等各个方面的因素，会导致罪犯产生心理问题。王某一直认为狱友同自己不一样，认为狱友比自己低一等，对他们十分厌恶，并且影响了正常的改造生活，这让他感到十分困扰。其实造成这样后果的真正原因并不是他和狱友的关系，而是他的家庭环境、家庭关系问题给他带来的严重困扰而造成的。

一、一般资料

基本情况：王某，男，28岁，八年前父母离异。父母离异之前家庭条件不错，离异之后与父亲关系严重恶化，家庭条件发生变化。无精神病性问题，精神状态正常。

二、个人陈述

个人陈述：每天都不想起床出工，什么都不想干。干警找他谈话总是无法集中注意力，他认为自己不能融入这个群体，狱友们对他也不友善，这严重影响了他的正常改造生活。他自己是因为非法集资进来的，他认为自己同监区里的强奸犯、杀人犯有着本质上的区别，对他们十分厌恶，不愿与他们交流以免自己被污染。

三、心理矫治工作者观察及他人反映

心理矫治工作者观察与他人（同犯、其他干警等）反映：属于一般心理问题。与其他犯人关系恶化严重，消极改造，夜晚睡觉困难，为人自闭，不喜欢与人交流，消极怠工。

四、重要咨询片段还原与分析

心理矫治工作者："最近感觉怎么样？"

来访者："没有什么好转，还是不太想和别人交流，食欲和睡眠也都一般。"

心理矫治工作者："听说你的父母离异了，上次你也说到和父亲的关系很差，你觉得这件事对你有影响吗？"

来访者："很差，他离婚后和另外一个女人结婚了，那个女人比他小16岁，肯定是图他的财产。我父亲一直在联系我，但是我不想接受任何联系，我不想对不起我的母亲，我夹在中间很难受，我不希望现在的生活被他打扰。我现在担心的是他被那个女人骗了以后，没钱了再来找我，我到底应不应该管？我不想对不起我的母亲，但是他毕竟是我的父亲。我想和他斩断一切联系，但是他一直锲而不舍地在找我，这让我感到很矛盾。其实他们的离婚对我产生了很大的影响，虽然那时我已经20岁了。"

【分析】

（1）来访者详细诉说了自己对于父亲态度的纠结，这给心理矫治工作者提供了很多信息。根据这些信息，心理矫治工作者接下来应厘清：来访者纠结的真正原因到底是什么？是自己内心深处的确不想和父亲再有瓜葛，还是内心想联系父亲但怕母亲不同意而迫于无奈？来访者的纠结、两难和摇摆不定往往是源于没有听到自己内心真实的声音。心理矫治工作者的引导很关键。

（2）如果是源于来访者自己内心的真实声音，心理矫治工作者接下来可以做的工作包括：

①帮助其确认这个声音的坚定性，有助于更好地了解自己，解决此次的纠结，同时避免以后可能出现再次纠结。

②探讨与父亲的关系。首先应和来访者商量这个话题的展开意愿，如果顺利，可以继续深入探讨。这样做的好处是：一方面对解决父亲离婚对其一直以来的影响有助益；另一方面，如来访者提到的"毕竟是自己的父亲"，将关系探讨得深入和清晰一些，可以避免未来可能出现的后悔情绪。

（3）如果是源于迁就母亲，心理矫治工作者接下来可以做的工作包括：

①更有必要引导来访者去分别探讨其父子关系和母子关系，将这两个关系进行梳理，有助于其作出选择。一般而言，厘清关系后，其独立作出选择的可能性会大幅增加。

②如果仍纠结，则可进行假设：如果必须服从母亲，那就需要在如何面对父亲的问题上去做心理建设，如如何补偿？如何不后悔？等等。如果最终选择接纳父亲，那就需要在如何面对母亲的问题上去做心理建设，如如何在母亲面前变得"独立"？如何让母亲看到其对自己的"控制"，等等。

心理矫治工作者："我很能体会你现在的心情，你的父亲一直联系你，但是碍于母亲，你不再想和你父亲有联系，可他毕竟是你的父亲，因此你内心很纠结、很烦恼对吗？"

【分析】

心理矫治工作者对来访者的纠结进行了直接回应，用简短的语言总结了其描述后，心理矫治工作者进行了较为到位的共情。来访者的纠结除了其自身思想原因，还需要被他人理解自己的纠结和痛苦。心理矫治工作者的感同身受无疑能给来访者以支持。

来访者："就是这样，我也不知道自己应该怎么办了。"

心理矫治工作者："虽然我很理解你的纠结，但是我觉得这个问题最终还是需要你自己通过努力后作出决定。你的纠结来源于父母，那我建议你不妨深入地考虑一下和他们的关系，思考一下到底是什么原因让你这么纠结，我可以和你一起努力。"

【分析】

（1）心理矫治工作者在共情到位后，将来访者拉回到清醒位置，提醒其应独立面对问题，这也是促使其深入思考问题的基础。

（2）同时，心理矫治工作者并不是将来访者完全"抛弃"掉，在鼓励其自我独立后，引导来访者去思考问题的关键——自己和父母的关系问题。并承诺会去陪伴，再次给来访者以温暖。

（3）心理矫治工作者此处的简单回应，展示了其成熟的咨询技巧，既要求来访者"独立"，又不失温暖的陪伴，让来访者感受到力量去前行。

来访者："谢谢您！您提醒了我，我好像确实需要理顺一下父母和我之间的关系，看一看他们在我心中的真实位置。给我点时间好吗？"

······

（几天后）

心理矫治工作者："造成问题的原因并不是你与狱友的关系不好，而是由于你内心对家庭问题的烦恼而造成的，你对家庭有着强烈的责任感，你既不想对不起你的母亲，也割舍不下父亲的爱。"

【分析】

心理矫治工作者对前述问题进行了重复，能够将话题有效聚焦在核心问题上。

来访者："对，现在我心里比较清楚了，经过思考我已经想明白了。我要彻底放弃他，不再去想他。昨天晚上我在日记里也下定了决定，我需要新的生活。我的父母也需要新的生活，虽然他是我的父亲，但是我和他都有追求自己想要的生活的权利。我想解决这个问题就必须要做出割舍，如果一直在矛盾中徘徊，我的问题将会更加严重。我会好好改造争取能够早日出狱，与母亲以及女朋友过上新的幸福生活。"

【分析】

来访者与父母关系的探讨（不管是其自我的探讨还是与心理矫治工作者一起的探讨）虽然没有体现在咨询过程中，但是这里可以看到，来访者已经作出了明确的选择。而且这个选择与未来的生活也建立起了联系，即对出狱后与母亲和女朋友一起生活的展望，这也说明来访者的确解决了这个问题，因为这个未来里包含着对当前选择的不动摇。

心理矫治工作者："很高兴你能有这样的决定！"

【后续咨询建议】

对他犯的歧视：在狱内，性犯罪的罪犯与其他类型罪犯相比，的确会承受一些异样的看法。但是对王某而言，其对他犯的歧视，似乎还可以从家庭因素探讨原因。王某父母的婚变似乎与父亲的出轨有关，王某并不能接受甚至憎恨父亲后来选择的那个女人，这里涉及的伦理上、道德上的冲击深深地影响了王某。而性犯罪的罪犯最为人所不齿的恰恰就是伦理和道德上的犯规，这与王某内心深处的反感是相呼应的。在后续咨询中，心理矫治工作者可以从这个角度和王某展开探讨，帮助王某分析与同犯的关系，既能帮助其拓展思路，又能进一步发挥共情的作用。

老板服刑不适应，教育领悟显效果

来访罪犯周某，曾是某集团老板，因地沟油案件被判死刑缓期二年执行，剥夺政治权利终身，被没收公司以及个人财产。被判刑后从曾经的老板变为阶下囚，从亿万富翁变得一无所有，而且判刑时他已经48岁，接下来的人生很可能都在监狱中度过。和家人会面时多次哭到休克。后经过心理矫治工作者的帮助情况有所缓解。

一、一般资料

（1）基本情况：周某，男，汉族，50岁，已婚，初中毕业。前私人企业负责人，已服刑半年。所办企业存在生产地沟油等犯罪行为，被判处死缓。

（2）个人成长史：周某生在农村，兄弟三人中排行老大，年轻时做过各种职业，属于吃苦耐劳之人。初中毕业后进入社会，后与兄弟共同投资创建食用油厂。5年前先后从全国各地大量收购"泔水油"、白土等原料，生产"地沟油"。而且存在违反增值税专用发票管理规定，委托让他人虚开增值税专用发票用于抵扣税款的行为。后被判处死刑，缓期二年执行，剥夺政治权利终身，并处没收公司及个人全部财产。

二、主诉问题

主诉问题：财产被没收，觉得非常不甘心，认为被判刑罚太重，主动改造的意愿不强。同时担忧家人的生活。

三、心理矫治工作者观察及他人反映

（1）心理矫治工作者观察：来访者身体健康，语言表达清晰，但情绪低落，认为自己被判得很冤枉。倾诉过程中情绪比较激动，提到自己的下半辈子和家人情况时就会沮丧且哭泣。

（2）他人（同犯、其他干警等）反映：和同犯交流不多，唉声叹气。有抑郁低落情绪，饮食和睡眠情况一般，活动不多。

四、重要咨询片段还原与分析

来访者："生产销售有毒有害食品罪能判到死缓吗？而且我都接近五十岁了，你说我还有出去的可能性吗？这辈子是不是都得待在这里了？而且我一手建造起来的油厂全完了，我不舍得。"

【分析】

（1）来访者对自己罪行的认知不够深入，认罪悔罪程度需要加强，心理矫治工作者可在咨询过程中进行引导启发，同时也应告知带教干警加强教育。此问题涉及改造工作效果，因此可以突破保密原则。

（2）来访者对自我的关注度较高，会考虑自己的未来和过去，对自己曾经的"努力"很看重。一方面，这说明来访者的认知存在狭隘性，只看到自己，没有想到自身行为带来的危害；另一方面，这种自我关注或自我怜悯，可以作为帮助其改造的有利因素去挖掘。

心理矫治工作者："我能理解你现在的心情，但是判罚是有法律依据的，不会失之偏颇。你的犯罪事实的确给社会带来了危害，肯定应受到处罚。无论如何生活还是要继续，快乐地过一天总好过伤心地过一天，你在这里应该好好改造，有什么心里话可以尽管告诉我。看起来，你还没有完全适应现在的环境。"

【分析】

（1）心理矫治工作者首先给予共情，让来访者具有稳定感。接着，心理矫治工作者正面回应了来访者对犯罪行为的认知偏颇，直接明确法律判罚的公正性和其犯罪行为的危害性。这是很有必要的，这种"质对"来得很及时。对来访者的原则性的认知偏差，应该第一时间去纠正，心理矫治工作者也应敢于去纠正，不能只考虑到咨询关系。心理矫治工作者的这种"正义"，反而会引领"端正"的咨访关系。

（2）紧接着，心理矫治工作者敏锐地发现了来访者的关键问题——适应不良，并将其抛给来访者，让其思考。这是必要的应对，来访者当前缺乏的恰恰是认知上的启发，明确澄清适应问题是有益处的。

来访者："应该是吧……"

【分析】

引发了来访者的思考。

心理矫治工作者："听起来你很看重自己公司发展的历程，能讲讲吗?"

【分析】

心理矫治工作者给了来访者思考空间后，将话题转到其所看重的事业过往上来，没有直接与其讨论认知漏洞，一方面给其留有继续思考的余地，另一方面也可能是转向另一问题引导情绪的策略。

来访者："我的公司就像我的孩子一样，慢慢地成长起来。我家里有兄弟三人，小时候家庭条件比较困难，所以初中毕业我就去打工来减轻家里的负担。偶然的机会接触了食用油这个行业，一开始就那么一个厂房，是一个小厂子，我苦苦奋斗了很多年才把一个个厂房建起来。为了使其正常运行，我东奔西跑，付出了很多，也没贷款，也没欠谁的钱。但怎么也没想到会出现这种事情，也是命运捉弄人啊。"

【分析】

心理矫治工作者可明了：

（1）来访者和大多数创业者一样，在创业初期饱经磨难，兢兢业业，用自己的努力将事业一点点做大，成功都是不容易的。这也是来访者怜悯自己和痛惜事业的原因所在。从这一点，心理矫治工作者反而可以挖掘这个励志故事，帮助来访者寻找"资源"，即来访者身上曾经有的努力上进、能力、毅力等，将其激发出来，作为改造的积极因素。

（2）来访者仍然对自己的犯罪行为进行外部归因，即归结为"命运"，没有也不想看到自身因素，这也是很多服刑人员的共有特点。这应是心理矫治工作者接下来要解决的重要问题。

心理矫治工作者："嗯，的确，你的厂子慢慢壮大成为一个集团不容易。但是你做事业最初目的是什么？"

【分析】

关于事业的初心，这是一个非常好的问题，有利于帮助来访者正本清源，这恐怕也是所有人应该思考的问题，正如习近平总书记所讲的"不忘初心"。

来访者："当然是为了改善生活，赚钱啊。"

【分析】

这恐怕是所有来自底层的创业者最朴素的创业目标。但是，如果创业者是一个有责任、有担当的人，那么随着事业规模的扩大，他应当会考虑到社会责任，而非停留在最初的目标上。这也恰恰证明了来访者缺乏对这个问题的思考，或者进行过思考但没有考虑到位。立足点决定了来访者的格局，这也是他后来犯罪的原因，即缺少理想信念的支持。

心理矫治工作者："嗯，那你的钱可是赚了不少吧。最初的目的不是达到了吗？"

来访者："我的资产都被国家没收了。"

心理矫治工作者："你不是还有家人吗？"

【分析】

心理矫治工作者仍然是资源取向，帮助来访者找到积极的资源，家人往往是服刑人员最看重的部分。

来访者："对。虽然我进来了，但他们还能正常生活。"

……

心理矫治工作者："之前的三鹿奶粉案你知道吗？"

来访者："知道，喝了那些奶粉的婴儿成了大头娃娃，会影响发育，是一辈子的事。"

心理矫治工作者："是啊，这事情一出来，很多人对奶粉都小心翼翼，不敢乱买，也生怕出问题。这对咱们国家的公信力产生了多大的影响啊。因此，你也要考虑到，你现在的判罚是与造成的巨大社会危害有直接关系的。"

【分析】

心理矫治工作者通过举类似案件的例子、摆事实讲道理，让来访者深入思考自己的行为。

来访者："我可不是那种黑心商家，这都是下面车间的人搞的鬼，我都不知道，我怎么能干这种事情呢？"

【分析】

很多服刑人员都存在狡猾的一面，尤其是新入监服刑人员，为了逃避责任和减轻劳作，会使出各种花招。在这里，来访者假装糊涂。

心理矫治工作者："你作为企业的负责人，能不知道实际情况？如果你的态度不端正，就不会开启真正的改造，也不会有任何机会。你创业的时候经过受磨难，但你有没有想过，你制造的地沟油给别人的健康带来了危害，扰乱了经济秩序，这何尝不是在制造"磨难"？你是领导者，就应该第一个负责任！"

【分析】

和国外的服刑人员心理咨询不同，国内的心理矫治工作者往往也是监狱干警，具有双重身份。因此，其身上还担负着教育功能，且有时候不得不将其放在第一位。如果遇到服刑人员态度、价值取向有问题时，应首先发挥教育功能，咨访关系应稍作让步。在国外，心理矫治工作者往往是单纯身份，不具有矫正官的角色。

此处，心理矫治工作者的反应非常到位，其严厉的态度和义正词严的说教，会起到震慑和启发作用。

来访者：……

心理矫治工作者："我们国家规定了很多的减刑假释政策，你应该多去学习。总而言之，如果改造表现得好就可以获得减刑。"

【分析】

心理矫治工作者紧接着进行了法律和政策科普，用摆事实讲道理的方式循循善诱，一方面缓和了刚才的严肃气氛，另一方面也遵从实际道出了光明的方向。

来访者："好的，我会去学习的。"

【后续咨询建议】

借助亲情力量引导并助其改造：可以看出，来访者的社会责任和担当意识并不强，这也是其犯罪的原因之一。来访者在自述中提及担忧家人的生活，这是责任心的表现，此处可以挖掘资源并放大。后续可借力打力，对其进行责任教育，并引领到对犯罪行为的认知上来。

刑期过长无希望，积极导向有目标

来访罪犯王某，因抢劫罪被判处无期徒刑，因刑期长引发了一般心理问题。来访者把入监服刑看作"这一辈子都没指望了"，从而引发了情绪和行为症状，心理矫治工作者运用合理情绪疗法对其进行咨询，取得了显著的咨询效果，实现了咨询目标，促进了来访者心理健康发展。

一、一般资料

（1）基本情况：王某，男，现年21岁，中专文化，未婚。父母健在，家庭经济状况一般。因多次抢劫和故意伤害，于一年前被判处无期徒刑。

（2）个人成长史：中专毕业后，王某伙同他人干起了抢劫的勾当，起初还会害怕，下手会犹豫，后来看到钱来得容易，就一发不可收拾。后来因多次抢劫而被举报，被判处无期徒刑。进入监狱改造后，因罪重刑长，心理压力巨大，认为这一辈子都没指望了，对劳动改造持有消极态度。常表现出强烈的反改、抗改行为，出工不出力，情绪不稳定，经常与他犯发生矛盾。

二、主诉问题与个人陈述

（1）主诉问题：由于来访者的刑期长、压力大，导致情绪低落，缺乏改造信心，不能正常投入改造生活。

（2）个人陈述：从小到大就没吃过什么苦头，中专毕业后进入社会，由于上学时没学到什么实用技术，因此也不愿意外出打工。当来到监狱服刑时，想到自己刑期那么长，就很失落。看到改造表现好的服刑人员，大部分都有过硬的技术，而自己在技术上又没有什么突出的地方，觉得改造前景一片渺茫。认为即使熬到出狱，自己也可能会变成一个废人。对自己已经没什么指望了，更是觉得改造与否对自己没有什么意义，不知什么时候才能熬出去。

三、心理矫治工作者观察及他人反映

（1）心理矫治工作者观察：着装比较整洁，一副玩世不恭的样子。认识清晰，叙述有条理，有自知力。谈到"未来没有希望，感觉一辈子都完了"，就垂头丧气。

（2）同犯反映：平时勉强能够遵规守纪，生活自理能力差，不能够安守本分，不太关心他人的事情，有恃强霸道的表现。最近一个多月，不爱说话，情绪比较差，易感情用事，急躁。

（3）干警反映：曾要求调换过岗位，不能踏实改造。后来安排给他工作任务，均不积极完成，小组长找他干活，也不听从指挥。同犯们说他几句，他更是敢大打出手，他一直认为这一辈子都没指望了，近来其因违规被扣分的情况也越来越多。

四、重要咨询片段还原与分析

心理矫治工作者："你对自己所犯的罪行有反省吗?"
来访者："我认罪，算我倒霉呗。"

【分析】

来访者显然对自己的罪行还没有正确的认识，对心理矫治工作者的回答存在敷衍和抗拒的态度。

心理矫治工作者："那么你认为是你倒霉，还是被你们抢劫的被害人更倒霉一些?"

【分析】

心理矫治工作者的反问很有针对性，用比较法刺激来访者换位思考，去考虑被害人的感受。

来访者：……

【分析】

　　来访者的无声是"阻抗"的表现。沟通过程中出现的对沟通起阻碍作用的所有表现，均可视为阻抗的存在，如无声、迟到、答非所问、态度恶劣等。当事人就此问题出现阻抗，一方面说明了其对自己的罪行问题的确认识不够，这应是下一步改造的重点工作；另一方面也反映出来访者和心理矫治工作者的关系存在距离，心理矫治工作者可以试着从关系入手，从心里走近，然后进一步引导教育。

　　……

　　心理矫治工作者："你有什么需要帮助的地方吗？"

　　来访者："我感觉刑期太长了，看不到希望，这一辈子算是完了。"

　　心理矫治工作者："能具体说说看吗？"

　　来访者："我从小到大没干过现在的体力活，在学校里也没学到什么技能，更没有什么特长，像我这么长的刑期，什么都不会，说句难听的，还不得在监狱里等死吗？"

【分析】

　　心理矫治工作者应当看到，来访者这段话可能表达了两层含义：

　　（1）对服刑改造生活无规划。"没有干过体力活"背后的含义是，没有通过自己的努力付出或艰苦奋斗过，相应地，也就没有体验过艰辛过后获得成果的喜悦。其所犯的抢劫罪，恰恰代表的是不劳而获。由此出发，来访者对应通过服刑改造中的努力付出、脱胎换骨等去换取人身自由的历程也是没有思考和规划过的。因此，就会有迷茫感，会被漫长的刑期所困惑而不知所措。

　　（2）缺乏信心。因为自己没有什么技能和特长，也便没有用武之地，不知道自己能够做什么，看不到脚踏实地、一步一步去做的可行性。没有经历过、没有成功过，因此自我效能感就会降低。接下来，心理矫治工作者可以从这两个角度去做工作。

　　心理矫治工作者："你以前做过什么工作？"

【分析】

心理矫治工作者很敏锐地觉察到来访者的特点，将话题聚焦到来访者的以往经历上来，想确认其在原来的工作中是否有通过自己的努力而获得成绩的过程。

来访者："以前没有什么正式工作，游手好闲吧，靠家里给生活费，后来不就抢劫了嘛。我刑期那么长，而且入监快一年了，一次刑没有减过，也不知道自己能干点什么。"

【分析】

到此为止，心理矫治工作者可以基本确定来访者是缺乏上述经历和体验的。这恰恰是来访者应补上的"有劳才有获"这一课，因此，需要通过服刑这一课来弥补。不劳而获和投机取巧是来访者的思维常态。

心理矫治工作者："我可以理解为你是希望能够有优异的改造成绩，早一天回归社会吗?"

【分析】

心理矫治工作者进行了试探性的解读，其实这个解读可以有两个方向：

(1) 积极方向，即以上心理矫治工作者的回馈，这是典型的人本主义和积极取向的解读。它看到了来访者的目标追求和美好愿景，将来访者放到一个积极努力的位置上，且这是一种积极暗示。

(2) 消极方向，即解读为来访者的过往是糟糕的，缺乏付出体验和成功经验，现在所希望的减刑也是带有侥幸心理的。心理矫治工作者选择的是前者。

来访者："可以。"

【分析】

一种可能性是来访者内心深处真的想通过努力早日出狱（虽然可能缺乏

行动和细节）；另一种可能就是受到了上述心理矫治工作者的暗示和无声的鼓励。无论如何，心理矫治工作者选择积极方向的解读是非常好的办法。

心理矫治工作者："那么你认为好的改造表现是什么样子的？"

【分析】

心理矫治工作者继续扩大咨询效果，积极引导来访者对好的改造成绩进行想象和思考，这就是"具体化"技术。通过来访者的思考，细节清晰化后，后期的实际行动也会变得容易。同时，这对来访者的不劳而获思维和缺乏实际付出而获得良性体验的特点，具有针对性的克服作用。

来访者："至少应该像我组长现在这个样子吧，有一定的特长和技能，减刑幅度也比较大，如果我能像他一样，我想就能看到希望了。"

【分析】

（1）来访者通过思考，将问题的解决办法具体化到了某个同犯身上，他看到了对方的特长和技能，了解他的生活细节，这有助于其进行模仿。行为主义治疗方法中有一种叫作模仿法，即个体通过模仿榜样的行为，最终习得这种行为。

（2）心理矫治工作者应鼓励来访者的领悟，同时，鉴于模仿学习法需要一定的指导和步骤，心理矫治工作者是需要进行一定解释的。这种解释不一定非要在意识层面明确，旁敲侧击也可以，例如："你既然想像他一样，那就需要多向人家学习，多去交流、请教和观察。你需要看看人家是如何表现特长和技能的，你跟着去学、跟着去做，在做中找差距，不到位的地方需要多思考、多请教，直到达到人家的水平。"这里面暗含了模仿学习的技巧，即对注意、保持、复制和动机等过程和因素的把握。

心理矫治工作者："你只要好好改造，也是可以提前出狱的。"
来访者："我判的刑期那么长，从开始到现在一次刑也没减过，还要小心被扣分，什么时候才是个头呢？一想到我的刑期，我就头大。"
心理矫治工作者："你有没有想过，如果你能够把刑期看作"学期"，像一个小学生一样，从自己的不足出发，去学习、掌握一技之长。抓紧学习技术知识，任劳任怨，服从管理，一点一点地去积累。时间长了，肯定会取得较好的改造成绩，如果获得减刑，仍然可以提前回归社会。"

【分析】

心理矫治工作者循循善诱，为来访者想办法，这种详细而耐心的解答，一方面会拉近与来访者的关系，增强信任感；另一方面心理矫治工作者的这种认真思考，也会带动来访者去主动思考和学会思考。上述分析中我们对来访者有过"无规划"的判断，如果存在，此处心理矫治工作者也就解决了这个问题。

来访者："听起来有道理!"

心理矫治工作者："没有特长只能算是起步较晚，但是可以努力学习技能，如果不积极学习，改造成绩会更加不理想。如果能够掌握一门实用技能，相信改造质量会获得提高，也将收获优异的成绩，这样才能获得更多的减刑。学习东西任何时候都不算晚。阳光总在风雨后，出监后一样可以继续实现梦想，活出精彩。"

【分析】

心理矫治工作者进一步鼓励来访者，给来访者以信心，使其相信努力的可能性。同时，心理矫治工作者给来访者设置希望，将眼光放长远，看到减刑的可能，看到未来的美好生活。上述分析中我们对来访者有过"无信心"的判断，如果存在，此处心理矫治工作者也恰恰解决了这个问题。

来访者："经您这么一说，我好像想通了，我要把刑期变学期，掌握一技之长，我相信阳光总在风雨后。因为我犯罪入狱，父母也没少操心，我犯了这么大的错，他们仍然没有对我失去信心，反而是我自己没有信心面对未来，我这样是太不应该了。我不应该辜负他们对我的希望和支持，我要让他们放心，我会早一天回去孝敬他们的。"

【分析】

人本主义和积极心理学认为，个体都有变好和变优秀的需要和潜能，只要用积极的方法去引导和暗示，激发其人格中的力量，用积极的眼光去看待他，个体自己就会发生变化。上述中心理矫治工作者的积极解读，就是很好的说明，也恰恰是这种积极解读，给了来访者向好的动力。

心理矫治工作者："你能有这样的想法，我想我的任务也就完成了。"

来访者："这么一来，我的改造还是有希望的，跟您这么一谈，心情也舒畅多了，谢谢您。"

心理矫治工作者："这是我应该做的，希望通过这次谈话，你能重拾人生的自信，找到人生的坐标，我很欣慰。请记住任何问题总会有解决办法的，祝你今后的改造一路顺畅，早获新生。"

【后续咨询建议】

来访者比较年轻且学历较低，因此认知水平较低，分析和解决问题的能力也有限。改造生活并不是一帆风顺的，来访者肯定还会遇到诸多问题。心理矫治工作者可以建议带教干警多引导、多启发、多鼓励来访者。后续咨询中也可以适当布置认知作业，帮助其提升思维水平。

为感情误入歧途，有理有节智慧应对

陈某因误入情感沟通服务的不良非法组织，在干警与其谈话期间，该犯情绪激动，强词夺理，昂首强争，排斥逆反心理溢于言表。经过心理矫治工作者有理有据、坚持不懈的谈话教育，该犯的不合理信念得以转变，逐渐摒弃了不合法、不合理的想法。

一、一般资料

（1）基本情况：陈某，女，46岁，小学文化程度，因误入情感沟通服务的不良非法组织被判处有期徒刑5年。

（2）个人成长史：该犯自幼丧母，跟随父亲长大。由于成长环境的影响，养成了自负且争强好胜的性格。婚后生活中虽然备受丈夫体贴、疼爱，但她却总认为老实的丈夫配不上自己，经常对丈夫发脾气，导致家无宁日。当朋友介绍情感沟通服务非法组织后，便抱着改改脾气、改善夫妻关系的初衷加入了进去。先后耗资数万元，进行非法传播，造成了社会不良影响。

二、主要问题与个人陈述

（1）主要问题：不合理信念严重，拒绝与干警交流，不承认罪犯身份，拒穿囚服，在罪犯群体中造成了不良影响。

（2）个人陈述：我没有犯罪，但是却把我给抓起来了，我不是一名罪犯！我自从开始学习后，就按"隐忍和忍耐"的要求去做，再也不对丈夫发脾气，对丈夫的饮食起居也很关心，但他却不领情。入狱以后，丈夫也很少来看望我，我真的不明白我哪里做错了。

三、心理矫治工作者观察及他人反映

（1）心理矫治工作者观察：来访者身体和智力均发育正常，说话干脆利落，颇有主见。入狱之后，丈夫也不怎么来看她，再加上她自视甚高，不易相处，和同犯关系也一般。但经过对其生活经历及性格特征进行认真了解、分析后，认为该犯是一个有头脑、有能力，有自己想法的人。

（2）他人（同犯、其他干警等）反映：陈某是一个很有想法的人。她性格刚强，不爱听他人意见，认为自己有思想、有能力，所以自视甚高，很不容易相处。

四、重要咨询片段还原与分析

心理矫治工作者："进入这个非法组织学习之后，你和丈夫的关系改善了吗？"

来访者："他的表现和之前判若两人，之前无论我怎么任性发脾气，他都能包容、原谅。但入组学习之后，他反而不能容忍我了。"

心理矫治工作者："你想过为什么吗？你不是为了改善关系而学的吗？按说关系应该更好才对。据我了解，你丈夫觉得你像变了一个人，变得自私自利，家里什么都不管了，只想着你自己那些事。"

【分析】

被洗脑的罪犯是比较特殊的群体，他们有一套歪理邪说在背后支撑，对事物有一定的解释力，但却是歪曲的。对其进行改造，需要知己知彼，提前做功课、做工作。心理矫治工作者在一开始问到其夫妻关系改善与否时，即是有备而来。此处对其丈夫的想法的表述，也说明心理矫治工作者已经提前掌握了信息，做到了有备无患。

来访者："可我都是按照学习中要求的'隐忍和忍耐'去做的啊！生活中不再对丈夫发脾气，对丈夫的饮食起居也很关心。我可是好学生啊，应该是时间还不够。"

【分析】

此类罪犯的共性往往是学识浅、认知水平低，性情善良却容易被骗。此处其陈述体现了这个特点，即处处均按照歪理邪说去做，没有自己的世界观和价值观。

心理矫治工作者： "'隐忍和忍耐'不是你们的独家发明，更不是'最本源的物质'，而是我们中华传统文化中美德的重要组成部分，它是社会道德和人的精神层面所追求的目标。你们打着'隐忍和忍耐'的招牌，无非是想以此蒙蔽那些想做好人、想提高自己道德修养的善良的人们。你对你的丈夫百般关爱时所思所想，是真的发自肺腑的关心还是另有所图？"

【分析】

（1）心理矫治工作者的陈述有理、有利、有节。此类罪犯往往信服有完整性、体系性甚至看似完美的理论，这样便可放心地把自己交付出去（这正是自我内在空虚的表现）。因此，在矫治工作中，心理矫治工作者应当具备完整的思维闭环去质对歪理邪说，做到有理、有利、有节，这就需要心理矫治工作者下功夫思考和钻研，坚定习近平新时代中国特色社会主义、马克思主义和唯物主义等一系列信仰，做到知己知彼，百战不殆。

（2）心理矫治工作者将话题又转向夫妻关系，转向服刑人员对丈夫态度变化的真实原因。这个问题问得非常好，直击要害，让服刑人员扪心自问。可以看出，心理矫治工作者对此类服刑人员的改造非常有经验。

来访者： "当然是不能'失德'了，要守住自己的德才能有修为啊。"

【分析】

服刑人员仍然用歪理邪说的专业词汇做回答。一方面她并没有意识到这是一种自私，不是出于真正的爱才会去关心丈夫；另一方面，可以看到，一旦个体的信念体系沦陷、被歪理邪说占据后，是多么的可怕，会变得"忠实"于歪理邪说却丢失了自己。

心理矫治工作者： "这就是你们所倡导的做好人？做事情表面看似处处为他人着想，但起心动念都是为了自己，这是自私自利的真实体现啊。你不是真的对他好，你是为了你自己，你意识到了吗！"

【分析】

（1）心理矫治工作者再一次展示了专业性和经验性。同时，这种有理有据的说辞如果能配合坚定坚决的态度和流畅流利的表达，其威力将会更加强大。相信这位心理矫治工作者也是这样去做的。

（2）心理矫治工作者接着进一步质对，用了带有三个"你"的问句去质问，直击心灵。咨询过程中，有些工作的作用不一定会立即生效，需要一定的时间才能表现出来。虽然不要求服刑人员立刻从歪理邪说中走出来，但是相信这种有气势的排比质问，会发生作用的。

（3）夫妻关系是该个案的一个关键点。该个案的起因是夫妻关系，服刑人员嫌弃丈夫、认为丈夫达不到自己的要求，说明夫妻的互动和沟通出了问题，本应从亲密关系和沟通上去寻找解决办法，但当事人的方向偏了，找错了办法。后续咨询或工作中，心理矫治工作者可以从夫妻关系的处理入手尝试去突破，如亲密关系的模式、沟通的类型、换位思考、吸引力法则等，甚至可以引入家庭治疗，这不失为一种可行的矫治办法。

来访者：……（稍作沉默）"只有听组织的话，我们才不会被毁灭，只有听话，组织才会管我们。"

【分析】

（1）应注意沟通中非言语信息的意义。在这里，我们相信是心理矫治工作者的质问起到了作用，让服刑人员在输出其歪曲价值观的时候遇到了阻碍，服刑人员在以后的某个时刻也许会再次想起。

（2）心理矫治工作者应提高自身对非语义信息的捕捉能力，如沉默、下意识的动作、口误、笔误等。从精神分析的角度，它们具有很大的价值，至少能够提供另外一种问题思考方式。

（3）仍然可以看到歪理邪说的巨大力量，要认识到对此类服刑人员的改造是一个艰难、长期且可能会反复的过程，因此也需要心理矫治工作者具备耐心、智慧和坚定性。

心理矫治工作者："从被捕入狱直到现在，你的组织救你了吗？"

来访者：……

【分析】

心理矫治工作者的再次质问具有针对性和智慧，心理矫治工作者有必要接受培训和学习，应当有备而来，否则不一定能胜任。

【后续咨询建议】

（1）关注此类服刑人员误入歧途的原因。

很多服刑人员在犯罪之前，都是因为生活中遇到了挫折而无法、无力解决，至少不能彻底解决，如慢性或长期身体疾病、事业工作不顺、家庭变故、丧失亲人等。这些挫折对其影响巨大，但其原有的认知框架和信念系统又无法接受或应对，找不到合适的方法去克服，这时就容易对另一套解释系统感兴趣，甚至将之作为一种寄托。因此，了解服刑人员的犯罪原因是有必要的。

（2）提升思维水平，摆脱愚昧。

大多服刑人员学历低下、知识水平低，表现为思辨水平不高，遇到问题不会辩证看待，容易上当受骗、轻信别人，即存在一定的愚昧性。虽然有的服刑人员具备稍高的学历水平，但是其本身并没有形成正确、稳定的世界观、人生观和价值观，因此在遇到歪理邪说的时候，也会出现问题。因此，矫治工作中有必要设置相关课程，让服刑人员加强学习，改善思维水平。

（3）参加生产劳动，走出思维禁锢。

在可能和适当的条件下，应让服刑人员在行为上活动起来，即动起来。集中在行为活动上的注意力多了，对歪理邪说的思考就少了。生活越充实，分神就越少。这些活动可以是生产劳动，也可以是单纯的身体活动。尤其是对于矫治难度相对不大或矫治效果较好的个体，更应当注重生产劳动。

（4）征得家人的支持。

此类服刑人员往往六亲不认，亲情疏远。但尽管如此，其家庭家人仍然是很重要的影响因素。矫治工作应争取服刑人员家庭的支持，起到协同作用，内外起效。

（5）矫治工作者的基础问题。

从该案例可以看出，心理矫治工作者的职业素质和专业水平过硬，是取得矫治效果的基础。有必要提升矫治工作者的水平，使其具备某些知识和技能，如对歪理邪说的体系漏洞的掌握、对自身人生观、世界观和价值观的梳理、过硬的共产主义信念等。将基础打牢，才能知己知彼。

人际冲突引苦恼，循循善诱化执念

来访罪犯李某，因犯故意杀人罪，被判死缓。心理矫治工作者在和监狱干警及该犯商议后，根据其个性特征及问题的特点采用了有针对性的治疗方法，经过几个阶段的矫正，李某从自暴自弃、拒绝沟通到接受心理咨询，并向心理矫治工作者诉说自己心中的苦闷，能尝试从心理矫治工作者提出的建议去思考问题，从而使自己的错误认知和偏执想法得到了一定程度的纠正，咨询效果较为明显。

一、一般资料

（1）基本情况：李某，男，30岁，初中文化程度，农村人，已婚，李某案发前系某汽车行业工人。与工友发生矛盾，斗殴过程将工友打伤致死。犯故意杀人罪被判死缓。

（2）个人成长或过往背景：李某自幼家中经济条件拮据，父亲常年在外打工，只有忙农活和春节时回来几天。李某从小跟随母亲长大，母亲对他的要求非常严格，希望其能好好学习，以后考上名牌大学，出人头地。中考失利后，李某在外打工，因琐事被工友在手势、言语上侮辱讽刺（其他同事后来证实为开玩笑），后李某用铁棍连续击打被害人头部、腰部，致其死亡。

二、主诉问题与个人陈述

（1）主诉问题：常常与人发生矛盾，自己的犯罪就是因为与人发生冲突导致的。担心控制不住自己的脾气而再次出事。

（2）个人陈述：以前上学时在学校发生矛盾，打电话给家人诉苦时，父亲告诉他，如果能打过就狠狠打，免得对方以后还找事。此后，李某便将父亲的话牢牢记在了心里。开始打工生涯后，多次与工友发生矛盾，屡换岗位，但都没干长。认为身边工友的言行往往针对自己，好像看不起自己，老找自己麻烦。这次犯罪的起因就是怀疑车间主任在背地里议论和嘲笑自己，在车间劳动时，乘其不备，用手中的工具击打被害人，致其死亡。

三、心理矫治工作者观察及他人反映

（1）心理矫治工作者观察：身体健康，思维正常，表述完整。人际关系紧张、敏感，有较强的冲动性。

（2）他人（同犯、其他干警等）反映：李某入监后，与其他服刑人员之间基本交往很少，脾气急躁，常与别人发生争吵。经了解，其对于自己的犯罪行为，李某也感到过内疚，觉得对不住受害人，本来和自己没有多大的仇恨，却发生了这样的事。谈到与其他服刑人员的冲突，李某争辩不是个人的错，是他们故意嘲笑。而实际上，李某与发生冲突的服刑人员并无实质矛盾，都是日常改造中的琐事引发的。

四、重要咨询片段还原与分析

心理矫治工作者："我听说你从上学到参加工作，很多时候人际关系都会出问题？"

来访者："是的。"

心理矫治工作者："你能讲一个例子吗？"

来访者："前两天在洗漱间，王某某放着那么大地方不走，非得在离我很近的地方接水，结果弄湿了我的衣服。他完全可以等我走了再接，我觉得他就是故意的。"

【分析】

（1）从来访者的陈述可以看出，其认知具有负性和狭隘的特点，脾气急躁，性格具有冲动性，这与基本情况中所描述的信息相一致。

（2）心理矫治工作者还可以考虑以下几点：

①如果来访者一贯的认知模式就是如此，那么对王某某便没有针对性。接下来就需要帮助其破除自动化思维，从改变思维惯性入手。

②如果来访者不常出现如此的反应，那么这一反应可能是专门针对王某

某。接下来的工作方向就应聚焦在人际关系上，首先从与王某某的人际关系入手。

心理矫治工作者： "我先问你一个问题吧，如果有一天你买彩票中了大奖，兴高采烈地正排队等着领奖。这时候如果旁边有人不小心踩了你一下，你会动手打他吗？你可以闭上眼睛感受和思考一下。"

【分析】

（1）心理矫治工作者将工作聚焦在来访者的思维模式上来，只不过看起来没有顺着来访者的思路去行进，而是换了一个问题或例子让来访者去感受和回答，这个问题和以上来访者陈述的情境具有相似性，均涉及人际冲突。

（2）情绪想象技术。让来访者对心理矫治工作者假设的场景进行感受和投入，达到身临其境的效果。最重要的是，去感受场景激发出来的情绪。再加上思维上的判断和思考，以达到对情绪进行反思和调节的目的。

（3）这种技术的基本前提是，来访者的心理状态在正常范围，能够实施想象，且能够投入。

来访者： "应该不会吧，我开心地排队等着领奖，顾不上理他，再说他可能也不是故意的。"

【分析】

令人欣慰的是来访者投入的不错，假设场景激发了来访者的积极感受和反应，因此反馈的内容也是正向的。

心理矫治工作者： "那再假设你被领导批评了一顿，心里正窝火呢，这时候又有人不小心踩了你，你会怎样呢？"

【分析】

心理矫治工作者又引导来访者进行反向情境的想象。通过两种情境的提供和对比，让来访者体会截然相反的情绪感受。

来访者： "心情瞬间不爽了。可能会骂他一顿，也可能动手。"

【分析】

来访者继续保持投入，假设场景激发了来访者的消极感受和反应，因此反馈的内容也是负向的。

心理矫治工作者： "你同样都是被踩了，为什么会有不同的结果呢？"

【分析】

心理矫治工作者通过提供了两种能引起不同情绪反应的情境，让来访者感受和思考，对比鲜明，选材恰当。相信来访者能够有所反思。

来访者： （低头沉思约一分钟）"和当时的心情有关系，心情又影响了我的看法。"

心理矫治工作者： "是的，首先，你应该有一个好的心态，要锻炼自己的性情。其次，稳定积极的心态才会让你对事情有好的看法。当然，两者之间也是相互影响的。那现在我们再来看前两天的事，你说的王某某故意找事，接水时离你很近，弄湿了你的衣服。后来我经过了解得知，王某某刚入监没几天，你们不在一个监室、不在一个小组，你们俩以前不认识，应该也没有矛盾吧？"

【分析】

（1）心理矫治工作者在来访者反馈和思考的基础上，进行了进一步的总结和概括，并引导其思考心境与认知的关系。

（2）在概括和提炼了"真理"的基础上，心理矫治工作者又引导其回到和王某某的事情上，有头有尾。

（3）在心理咨询中，具有发散性思维的心理矫治工作者，往往会带着来访者跳跃，这是激发其思考的很好的方式。但是，心理矫治工作者还需能够回到原点，即回到最初的目的处，做到有头有尾。

来访者： "我们俩确实不熟，也没有矛盾。"

心理矫治工作者："如果没有矛盾，按照常理讲，王某某接水弄湿你的衣服应该就不是故意的。"

【分析】

由此可见，来访者的负性思维具有惯性和自动化的特点，支持上述分析之初，来访者对王某某没有针对性的假设。

来访者："好像是这样。"

心理矫治工作者："既然王某某不是故意的，你还像以前那样生气吗?"

来访者："如果他不是故意的，我也就不生气了。"

心理矫治工作者："你看，同样一件事，你的看法变化了，引发的情绪就不一样。你之所以会有那天那样的看法，就是源于之前你总是这样去思考问题，总是觉得别人不好，这是一种自动化思维。"

【分析】

心理矫治工作者用解释和说明的方法，让来访者有所领悟。

来访者："我想应该是。"

心理矫治工作者："那如果现在让你去思考自己走上犯罪道路的原因呢?"

来访者："可能是我自己脾气坏，遇到和别人发生摩擦的情况时，就控制不住自己往坏处想，一直想着要去反击。"

【分析】

（1）心理矫治工作者引导来访者将咨询效果扩大化，扩展到其对犯罪原因的思考上来。

（2）来访者的思考和反馈也很到位，这是咨询真正有效的体现。

心理矫治工作者："非常好！我给你留一个作业，如果生活中再出现类似的情况，你要反思一下你的自动化思维，可以把它记下来，带来分析。"

【分析】

家庭作业或事后作业是心理咨询中经常用到的方法，有助于在咨询外帮助来访者记录生活事件、及时反思和避免遗忘等，也有助于来访者去实践咨询后的收获。同时，作为记录的作业也有助于后续心理矫治工作者的干预。

来访者： "好的。"

心理矫治工作者： "同样一件事，不同的人有不同的处理方式，有时候还与个人修养有关。比如，同样让别人踩了一下，有的人哈哈一笑就过去了，有的人不依不饶，两种处理方式为什么不一样呢？"

【分析】

心理矫治工作者将话题聚焦到个人修养上来，个人修养属于人格的层面。思维方式和认知模式的长期改变或优化后，就会涉及人格的改变和发展。从这个角度上来讲，心理矫治工作者的讨论方向是正确的。

来访者： "和个人修养有关？"

心理矫治工作者： "对啊。我们要学会放宽心胸，让心态阳光，多学会换位思考，其实很多事不是想象的那样糟糕。就像之前王某某弄湿了你的衣服，如果你想到你们俩以前从不认识，他肯定是无意的，这事不就一晃而过了嘛。如果一个人做什么事都计较，心里容不下别人，只考虑自己的得失，那他就会看什么都不顺眼，老觉得整个世界都欠他的。一旦与别人发生矛盾，就会老找别人的错，看不到自己的错。"

【分析】

心理矫治工作者用之前的事例对良好的个人修养进行解释说明，并扩展到心胸、眼界问题。用平实朴素的语言娓娓道来，贴近实际和生活，让人没有距离感，很有说服力。

来访者： "其实我也想和大家处好，提升自己的素养。"

【分析】

在心理矫治工作者的影响下，来访者有所触动，虽然语言不多，但能看出其改变的欲望和动机。

心理矫治工作者："事在人为，只要你想改变就一定会成功。多读些书，多与积极上进改造的同犯接触，学习他们面对困难和挫折的勇气和毅力。多与他人沟通交流，遇到问题先不要急着下结论，多学会换位思考，慢慢你就会有收获了。"

【分析】

心理矫治工作者给来访者提供了可行的办法和可利用的资源：读书学习、模仿学习榜样行为、加强人际沟通、换位思考。

……

心理矫治工作者："最近你家人来会见了？家里都好吧？"

来访者："父母、妻子、孩子都来了，妻子提出了离婚。"（神情伤心）。

心理矫治工作者："服刑期间遇到这样的事情确实让人伤心，你要是难过就说出来吧，不要压抑自己。"

【分析】

心理矫治工作者给予了及时的共情反应，站在来访者的角度诉说其感受。这会让来访者觉得亲切，无形中也拉近了咨访关系。

来访者："刚开始确实心里烦躁，觉得妻子不该在我服刑期间提出离婚。但是后来冷静下来，我开始考虑前段时间咨询时学到的知识，试着站在妻子的角度理解这个事。我的刑期这么长，家里孩子还小，父母年龄大了，所有生活的重担都压在她一个人身上，确实难以承受，这样想来，我心里就会好受些，随她去吧。"

【分析】

（1）高质量的心理咨询会产生长效效应，且会持续起效，也即人格层面发生变化。来访者能够在遇到挫折时自发想到咨询过程中学到的内容，将其迁移到挫折事件，这是来访者学习的结果，更是心理矫治工作者工作效果的体现。

（2）来访者也学会了共情，站在妻子的角度去考虑问题，其共情反应的内容亦详细、真实，能打动人。可以看出，来访者确实取得了较大的进步。

心理矫治工作者："面对人生重大变故，你能够学会换位思考，非常棒！这在以前恐怕你是做不到的。"

【分析】

心理矫治工作者再次给予肯定，予以支持。同时，心理矫治工作者设置了前后比较，用以反馈，让来访者再次意识到自我成长，以巩固效果。

来访者："有一首歌叫《放手》，意思是如果真的爱一个人，就要学会放手，尽管自己觉得这个过程很痛苦。"

心理矫治工作者："看出来你遇到事情时思考问题的角度有了变化，心理比以前更成熟了，为你的进步感到高兴。"

来访者："谢谢，我会继续努力的。"

【后续咨询建议】

（1）挖掘资源：李某在个人陈述中谈到，对之前的犯罪行为是有愧疚的，觉得对不起受害人。这是其良心发现的一面，心理矫治工作者应抓住这条线索，用积极心理学的视角挖掘李某身上的资源，鼓励其自我反省，并扩展咨询效果。

（2）分析家庭教育的影响：李某的父亲在其成长过程中曾起到错误的引导作用，非但没有给予正确的引导，反而教他以暴制暴。在这个角度上，李某是值得同情的。心理矫治工作者可以借此表达共情，以示理解。这既是合理的分析原因，又能给予来访者温度和空间，促使其醒悟。

新入监情绪波动大，应共情可期新效果

来访罪犯徐某，因挪用公款罪被判处无期徒刑。据入监队管教干警介绍，徐犯入监后，未能很好地适应，加之妻子提出离婚，婚姻面临破裂，对其冲击较大。夜间睡觉时常常大叫，不是骂人就是大声喧哗。根据其个性特征及问题的特点进行心理咨询，前期重点在于认知调整，后经过咨询策略的完善，逐渐关注其情绪情感，相信后续会取得较好的效果。

一、一般资料

基本情况：徐某，男，37 岁，已婚，育有一女，大学文化程度。因挪用公款罪被判处无期徒刑，入监两个月。入狱前系某发动机厂销售业务员，曾担任过工会干事、销售业务主管。被判处无期徒刑入监以后，情绪变化较大，心境较为低落。近来，妻子提出离婚，也给他带来了一定的冲击。

二、主诉问题与个人陈述

（1）主诉问题：犯罪和坐牢的事实、婚姻的失败，打破了自己对未来生活的设想，也给家人带来了痛苦，自己陷入了深深愧疚和自责之中。同时也担心会受到社会和他人的歧视。

（2）个人陈述：由于受到刑期长、妻子离婚等影响，给自己造成了巨大压力，情绪不稳定，紧张、焦虑，内疚负罪感较强。面对漫长的刑期，自己对前途失去了信心。以及自己入狱前曾经是名企业管理人员，和其他普通罪犯在一起服刑觉得很丢人。

三、心理矫治工作者观察及他人反映

（1）心理矫治工作者观察：资料显示该犯属典型的外向型性格，但近来变得沉默寡言。其学历水平在同犯中相对较高，并有较强的语言表达能力。情绪不稳定，紧张、焦虑，内疚负罪感较强。

（2）他人（同犯、其他干警等）反映：该犯比较服从管理，两个月来无违规违纪。与他犯人际关系一般，平日沉默少言。入监学习较为认真，能够完成改造任务。据入监队管教干警介绍，徐某入监后，夜间睡梦中有大吵大叫的现象。

四、重要咨询片段还原与分析

来访者："自从您跟我简短交谈后，我的心情较以前有所好转，但我还是对什么事情都不感兴趣，心里很烦，睡眠质量也很差。我很想改变目前这种现状，但就是改变不了，我想咨询一下如何进一步改善这种不良心理？"

【分析】

（1）求助欲望。来访者表现出较为强烈的求助欲望，这是很好的切入点，也是咨询中的有利因素。

（2）从人格动力角度，求助意味着改变，是"自我"调控的开始，心理矫治工作者应抓住这个有利因素。

（3）来访者的表达中包含很多负性情绪，如烦躁、睡眠差，这是心理矫治工作者需要共情的方面。

（4）上述倾诉中包含来访者对心理矫治工作者的信任，心理矫治工作者应在意识层面明了，且继续扩展和深入。

心理矫治工作者："从我跟你几次的谈话可以看出，你是一个思维比较敏捷的人，你的认识能力和思考问题的能力其实也都不差。我觉得你的问题主要是自身原因造成的，凭你目前的知识层次和能力，完全能有办法克服。"

【分析】

（1）心理矫治工作者的注意力没有聚焦在共情上，没有关注到来访者提及的情绪感受，没有设身处地地体察来访者此时此刻的难处。

（2）心理矫治工作者的关注点在来访者自身的"资源"上，如思维敏捷、思考问题的能力等。心理矫治工作者企图挖掘来访者的认知资源，推动来访者去发生认知改变，自行解决问题和困惑。但是，来访者当下似乎只停留在了情绪层面。

（3）心理矫治工作者提及的"完全有办法克服"，目的在于进一步激发来访者的改变动机。但是，如果在忽视来访者情绪感受的前提下，这种"推动"，恐怕会收效甚微。

来访者："我实在是想不出什么好办法。"

【分析】

来访者立即给出了反馈，验证了以上分析。基于情绪的反应是直接且快速的，这也是来访者认知上空白的原因。

心理矫治工作者："那么你觉得你现在的性格和以前相比有什么变化吗?"

【分析】

心理矫治工作者继续选择忽视来访者的感受，转移了话题，继而去探讨来访者的性格变化，这仍然是一种具有认知意味的提问，仍然是促使来访者思考的策略。心理矫治工作者似乎是有所设计的。

来访者："我觉得变化太大了。在被捕前，我是一个性格开朗、思想活跃的人。现在呢，谁都能看出来，我是一个性格内向、思维麻木的人。"

【分析】

（1）来访者配合了心理矫治工作者的"认知取向"思路，进行了有效的回答。
（2）再次验证了来访者的确具有思维清晰的特点。

心理矫治工作者："那么，你知道是什么原因造成的吗?"

【分析】

心理矫治工作者继续自己的提问策略。

来访者： "我知道，就是因为犯罪入狱、妻子离婚等乱七八糟的事都发生在我身上造成的。"

【分析】

来访者继续配合回答。

心理矫治工作者： "那么，你的犯罪事实与他人有关系吗？"

【分析】

心理矫治工作者继续自己的提问策略，转向到"犯罪原因"上来。

来访者： "没有关系。我的犯罪是我自己造成的，是我花了企业的贷款，触犯了国家法律。"

【分析】

来访者继续配合回答。

心理矫治工作者： "你知道犯罪是要受到惩罚的吗？"
来访者： "知道。"
心理矫治工作者： "妻子提出离婚，你当时同意吗？"

【分析】

心理矫治工作者仍然继续实施提问策略，又转向夫妻离婚问题上来。心理矫治工作者应对自己的问题转向有所觉察，应确定对来访者是有效且有所把握的，否则会给人飘忽不定的感觉。

来访者： "心里很难受。但我都判无期徒刑了，我也不能让她守活寡，就同意了。"

【分析】

来访者在此处是通情达理的，心理矫治工作者应及时抓住和放大这一点，进行积极有效的评价和回应。

心理矫治工作者："从刚才我问你的这两个问题来看，你的自知力是很强的。同时，你对犯罪、离婚也有较为正确的认识。所以，没有必要再去为这些事而苦恼。当然，监狱毕竟与社会不一样，生活环境的改变，势必会让你产生心理落差。现在你要做的第一件事就是要正视现实，明确自己的身份，注意自我调整。目前，你无法改变环境，你是来服刑改造的，但你可以改变你自己，适应这个环境。"

【分析】

(1) 心理矫治工作者再次对来访者的陈述给予肯定，包括来访者对离婚的坦荡接纳、对犯罪原因的自我归因。这对来访者而言是必要和有意义的。

(2) 关于"心理落差"的陈述，心理矫治工作者稍作了共情，触及了来访者的情绪感受，但是远远不够。

(3) 心理矫治工作者接着又把来访者拉回到认知层面，要求来访者积极适应，处理手法显得生硬。

来访者："我觉得我做不到。"

【分析】

来访者出于情绪感受再一次快速给出了否定的回答。

心理矫治工作者："为什么这样想呢？相信自己，你能做到。和你周围其他犯人比，你认为你是最不幸的吗？"

【分析】

心理矫治工作者再一次用"认知"的方式反问来访者，并强行给来访者打气，并不"对症下药"。

同时，心理矫治工作者继续实施认知提问策略，将问题转移到与他犯的对比上来，仍然选择忽略来访者的无助和无奈体验。

来访者："不是。也有好多比我可怜的。我虽然离了婚，但起码我家里人还一直在关心着我。"

【分析】

心理矫治工作者应该再次看到，来访者身上有很多可以调配的"资源"，且是主动的、配合的。如果心理矫治工作者能够意识到这一点，应该及时鼓励。

心理矫治工作者："这就对了。其实你的优越之处还很多，你有特长，有知识。对你而言，觉得愧对家人，有内疚感，这也属于正常。你得到了家人的关心，你还有自己的女儿，为了他们，你也应该挺起腰板，振作精神，战胜困难。"

【分析】

心理矫治工作者此处的反馈和评价，是较为合理和恰当的，遵循了实事求是、从实际出发的原则，且通过重复技术，肯定了来访者的陈述。与前述内容形成了一定的对比。

来访者："其实，我自己也不愿意自寻烦恼，我也想和从前一样，开朗一点，活跃一点，可就是开朗不起来。"

【分析】

来访者再次伸出了"情绪"上的求救之手。这里也提醒我们，在心理咨询中，如果来访者带着信任而来，便会不止一次地去表现其需求，心理矫治工作者的机会也多了起来。一方面心理矫治工作者应"敏感"，仔细觉察；另一方面，心理矫治工作者也应看到良好咨访关系的重要性和信任的力量所在。

心理矫治工作者："你首先得改变目前的心理状态，调整你的认知，转换角色，去适应监狱这个环境。在你周围，相信既有比你文化层次和社会阅历高的人，也有比你低的人。对别人的要求不能太苛刻，要摆正自身位置，要学会调整自己，让自己去适应别人、适应环境，而不是让环境、让别人来适应你。"

【分析】

心理矫治工作者最终还是没有觉察到来访者情绪上的无助感，仍然继续其认知上的处理，因此也略显遗憾。

来访者："好，我试试看吧！"

【后续咨询建议】

（1）认知过程和情绪情感过程的区别与联系。

①个体的三大心理过程为认知过程、情绪情感过程和意志行为过程，前两个过程为重点，第三个过程是前两个过程的外在表现。这两个过程代表个体相迥异的两个方面，如同两个不同的人，认知过程严谨周密，没有温度，情绪情感过程随性洒脱，显示冷暖，两者实际上是相辅相成的。

②在心理咨询中，来访者往往会带着情绪而来，如愤愤不平、郁郁寡欢、啧啧而叹。但是，心理矫治工作者常常会将问题聚焦于与这些情绪形式相伴随的言语上，相应地会指向认知策略，即急于给出认知上的解决方案，而最终忽视了情绪情感本身。

③带着情绪而来的来访者，就像一个充满负性能量的气球，如果负性能量没有释放出去，那么心理矫治工作者打在气球上的拳头就会被反弹回来，这个拳头就是"认知"。来访者的思维思绪被负性情绪包围，其认知是无法良性运作的。心理矫治工作者只有先将气球捅破、放气，让负性情绪释放出来，才能碰触到问题内核，然后再加以认知操作和解决。

因此，后续咨询中，心理矫治工作者应认识到认知过程和情绪情感过程的关系，首先处理好来访者的情绪问题，等情绪平复下来，才会有机会帮助其整理思维、提升认知。同时，心理矫治工作者应夯实基础、持续学习，将心理学基础打牢，基本概念往往是解决复杂问题的基础。

（2）共情问题。

①心理矫治工作者如果认识到了认知和情绪情感的关系，自然就会关注来访者的情绪状态，那么，共情，也就是顺势而为的必然环节了。上述咨询

中，来访者其实给了心理矫治工作者很多次机会来表达共情，如来访者直抒胸臆的"做不到"等。后续咨询中，如果心理矫治工作者能够共情到位，相信来访者会很快作出改变。

②共情有深浅之分，将自己变成来访者，全身心地去考虑来访者的感受是深度共情的基础。上述咨询中，心理矫治工作者仅仅做了很初步的共情，即站在心理矫治工作者自身的角度阐述了来访者对犯罪、离婚的感受。这其实仍然是心理矫治工作者的感受，而非来访者的感受。在这一方面，心理矫治工作者仍需要练习和提升。

（3）睡眠问题：来访者有夜里大喊大叫的表现，后续咨询中，心理矫治工作者还可以就此问题进行解决。

①睡眠中的情绪起伏，这再次说明来访者的情绪如果没有被关注到的话，会通过无意识层面表现出来。

②梦的分析，心理矫治工作者可以帮助来访者解梦，尝试分析梦境，更加深入地了解来访者、帮助来访者。

（4）来访者的自我认知问题（和强奸犯在一起丢人、自身学历相对较高）。

①后续咨询中，心理矫治工作者仍可利用来访者"认知水平高"的有利因素。来访者在同犯中的学历较高，对问题、环境的认识较为深刻，思维水平高，受启发性好。但心理矫治工作者需注意，不应将所有问题都抛给来访者。

②利用来访者的自尊。来访者有较强的身份感和自尊，认为自己曾是管理人员，觉得和部分他犯在一起很丢人。后续咨询中，心理矫治工作者应利用这一点将其引导到符合良好自尊身份的改造表现上来，令其深刻认识犯罪原因，更加严格地规范自身行为，争取在同犯中表现突出。

身心问题阻适应，森田疗法解烦忧

来访者李某是新入监不久的服刑人员。根据来访者的主诉、监区干警的反映、心理矫治工作者的观察以及测量结果，咨询中采用森田疗法，使该犯领悟到"顺其自然，为所当为"的本质。教育该犯学会用正确的认知代替不合理的认知，从而基本消除了情绪困扰和不适应行为，取得了较好的咨询效果。鼓励来访者尝试将学习到的知识和技能运用于生活，以积极、向上的心理状态投身新的改造中去。

一、一般资料

（1）基本情况：李某，48岁，大学学历，已婚，儿女双全。因经济犯罪被判处有期徒刑13年，已服刑1年，入狱前是公务员，处级干部。近来谈话中常流露出对自己身体健康状况的担忧，认为自身身体状况大不如前，甚至害怕自己不能活着服完刑期，并且告知其父亲就是因为心肌梗塞去世的。近来出现了失眠症状，总担心自己睡觉时发生心梗死去，精神状态极差，且易被激惹。

（2）个人成长或过往背景：自幼学业优秀，大学毕业后顺利参加工作，仕途平坦，业绩突出。但因为恃才傲物，自认为工作上成绩较大，常目中无人，经常摆架子。后因工作中的经济问题被查出受贿行贿，入狱后常觉得不适应。2个月前反映心脏不舒服，自称可能是心梗，至监狱医院多次检查无恙，但检验结果无法使其信服，称监狱医院水平有限，检查结果不准确。

二、主诉问题与个人陈述

（1）主诉问题：接触心理咨询后，自认为森田疗法中的思想不符合实际，对自己不管用。且认为对大多数人都不会管用。

（2）个人陈述：自觉有较高的文化水平，认为森田疗法效果不佳，对自己的身体问题、人际关系问题、家庭问题等帮助不大，停留在理论层面，对实践的指导作用小。

三、心理矫治工作者观察及他人反映

（1）心理矫治工作者观察：此犯给人的印象是见识多广，博学多才，兴趣广泛。但有时思维较偏激，性格偏执，遇事较易钻牛角尖，较难转变其已有想法。

（2）他人（同犯、其他干警等）反映：该犯学历较高，且担任领导职位时间较长。该犯刚入狱时，较长一段时间内无法正确调整心态，没有良好的适应监狱生活。舍友反映该犯经常牢骚满腹，抱怨社会不公。人际关系较差，放不下架子与他犯平等相处。

四、重要咨询片段还原与分析

来访者："顺其自然这个要求，说起来简单，但我觉得自古能做到知行合一的人应该很少……"

【分析】

（1）根据来访者的陈述，心理矫治工作者应该推断出，其对森田疗法的"顺其自然"已经进行过思考或者实践，否则不会对难度进行评价，来访者认为实施森田疗法的难度还是比较大的。

（2）森田疗法的核心观点是"顺其自然，为所当为"，这已经是对该疗法的经典总结。但是，也正如来访者所说，其实森田疗法本身并不像这八个字看起来那么简单，确实有一定的难度，心理矫治工作者应该明了这一点。同时，明了的基础是对森田疗法本质的把握。

（3）来访者并没有把握到本质。

①"顺其自然"，这里面的"其"是第一关键字，也就是应顺应"谁"的、"什么"的自然？应具体到人或事上，才更容易理解和操作。就来访者而言，这个"其"就是当下的自己、具体的自己、在服刑中的自己，不再是"高高在上"的自己、"风采依旧"的自己。来访者只有认清了现实、接纳

了现实，将自己真正地定位在"服刑人员"角色上来时，才能够深刻理解这个"其"。

②"为所当为"，这里面的"当"是第二关键字，即"应当""应该"，是应然而为之的事情，是顺"其"而来的。就来访者而言，成为服刑人员，就应当去做服刑人员应该做的事情，如认罪认罚、认罪悔罪、积极改造等。如果总是停留在过去，不去主动融入服刑角色、不主动适应服刑环境，那将永远不可能做出顺应当下情形应做的事情。

心理矫治工作者："我觉得你是高级知识分子，且经历较为丰富，按说对你而言应该不难的。"

【分析】

（1）可以看出，心理矫治工作者的陈述是对来访者进行鼓励。一种可能性是心理矫治工作者基于对森田疗法的深刻理解，意识到来访者进行了努力和尝试，继而顺势鼓励。如此，就显得顺理成章。另一种可能性是来自心理矫治工作者单纯的鼓励，即心理矫治工作者仅接收到来访者语言中所表达的困惑，而非融合对森田疗法的深刻理解。由此可见，鼓励不失为一种非常好的反应策略，具有广泛的安全性。心理矫治工作者在适当和合理的范围内应善用鼓励。

（2）心理矫治工作者的鼓励如果是基于以上第一种可能性，还可以进一步优化，以便更加直接和具体，如："如果你的这个判断是出于你的思考和个人实践，也就是说，你自己已经尝试过了，那么这个做法非常棒，我非常开心你能够进行自我尝试。森田疗法本身是具有一定难度的，且虽然它被这八个字概括，但其深意远远不只停留在这八个字上，需要进一步深刻地体验。你能够尝试且感受到它的难度，已经很不错了，这是值得肯定的。"

（3）鼓励中的措辞。"高级知识分子"含有敬称，对已经成为服刑人员的个体而言，已不太合适，可更改为"你具备较高的知识水平"。即使在社会咨询中，心理矫治工作者也不必为了鼓励来访者而过度恭维。在达到鼓励效果的同时，让来访者认识到真实、客观的自己，更为重要。

来访者：（摇了摇头）"在现在的这种环境下内心很难平静下来，再说家里事情也多……"

【分析】

（1）来访者的认知果然是有偏差的，有一种极端心态，即认为顺其自然就要有平静、积极的心态，任何事情，不管好的还是坏的，都要积极处之，都不能有诸如烦恼、愤怒、悲伤等负性的情绪或心态，否则就不是森田疗法。

（2）来访者同时透露出其所关心或困惑的问题，即家庭因素，这为心理矫治工作者又提供了新的咨询线索。

心理矫治工作者："顺应自然不一定非要内心平静，事物都有自己发展的规律，打雷、下雨、下冰雹算不算自然？地球有春夏秋冬不是自然？所以心情不好、抑郁、烦闷也是自然，这些不可能因为我们不喜欢而不存在……"

【分析】

（1）由此可见，心理矫治工作者对森田疗法有一定的掌握。心理矫治工作者强调了顺其自然与内心平静的非关联性。

（2）心理矫治工作者用生活中的自然现象进行了解释说明，所举天气和气候的例子恰到好处，浅显易懂，便于来访者理解。让来访者意识到"自然"所包含的广阔含义。

（3）心理矫治工作者应进一步进行显性的总结和直接的说明，即可上升到理论层次对森田疗法进行解释，让来访者意识到自己对森田疗法理解中的极端思维。

（4）家庭因素。心理矫治工作者可就来访者透露出来的家庭因素进行进一步的工作，如果也能将森田思想融入其中，则更为贴切。

来访者："你说的有一定道理，给我点时间让我再思考一下。"
……

【后续咨询建议】

（1）关于森田疗法：规范的森田疗法包括门诊治疗和住院治疗，在监狱中显然满足不了住院治疗的要求，且也要结合来访者的症状水平。本案例中来访者的情况更符合门诊咨询的形式。

（2）后续技术操作：在有限的空间内施展森田疗法是一件难度很大的事情。需要心理矫治工作者将森田疗法的本质参悟透彻，并能在来访者身上运用起效。对森田疗法本质的理解需要"领悟"，因此，心理矫治工作者可能还需结合认知疗法与来访者展开工作。不巧的是，来访者具有较高的认知水平，这对改变其认知可能有一定阻碍。但反过来讲，较高的认知水平恰恰是一种资源，一旦来访者走向"正轨"，咨询效果就会大幅提升。领悟本身需要一个过程，所以心理矫治工作者可能需要一定的耐心等待来访者的反馈。

第二部分

服刑人员心理矫治规范

基 础

────○────

第一章　服刑人员心理矫治工作守则

本工作守则是笔者在参考《中国心理学会临床与咨询心理学工作伦理守则》[1]的基础上拟定的，旨在使服刑人员心理矫治的工作具有专业性、科学性与教育性，促使司法行政机构、心理矫治人员、寻求心理帮助的服刑人员及其家属了解本领域专业工作的核心理念和专业责任，以保证心理工作的水准，保障寻求心理帮助的服刑人员和心理矫治人员的权益，提升服刑人员心理健康水平，优化刑罚执行质量。

一、总则

善行：心理矫治人员的工作目的是使寻求心理帮助的服刑人员从其提供的心理帮助中获益。心理矫治人员应保障寻求心理帮助的服刑人员的权利，努力帮助其解决问题并避免伤害。

责任：心理矫治人员应保持其帮助工作的专业水准，认清自己的专业、伦理、法律和工作责任，维护专业信誉。

诚信：在不违反工作纪律和保密规定、不影响单位和场所安全的前提下，心理矫治人员在工作中应做到诚实守信，保持真实性。

公正：心理矫治人员应公平、公正地对待与专业相关的工作及人员，采取谨慎的态度防止自己潜在的偏见（如职业偏见）、能力局限、技术限制等导致的不适当行为。

────────────

〔1〕　中国心理学会临床心理学注册工作委员会伦理修订工作组、中国心理学会临床心理学注册工作委员会标准制定工作组：《中国心理学会临床与咨询心理学工作伦理守则》，载《心理学报》2018年第 11 期。

尊重：在不违反工作纪律和保密规定、不影响单位和场所安全的前提下，心理矫治人员应尊重每位寻求心理帮助的服刑人员，尊重其隐私权、保密性和作出自我决定的权利。

二、咨访关系

心理矫治人员应按照专业的伦理规范与寻求心理帮助的服刑人员建立良好的专业工作关系。这种工作关系应以促进寻求心理帮助的服刑人员成长和发展、从而增进其利益和福祉为目的。

（1）心理矫治人员应公正对待寻求心理帮助的服刑人员，不得因犯罪类型、改造表现、年龄、性别、种族、性取向、文化水平、身体状况、社会经济状况、家庭环境等因素产生歧视。

（2）心理矫治人员应充分尊重和维护寻求心理帮助的服刑人员的权利，促进其福祉；应尽力避免伤害寻求心理帮助的服刑人员。如果伤害可预见，心理矫治人员应在对方知情同意的前提下尽可能避免，或将伤害最小化；如果伤害不可避免或无法预见，心理矫治人员应尽力使伤害程度降至最低，或在事后设法补救。

（3）心理矫治人员须尊重寻求心理帮助的服刑人员的文化多元性（法律合理的框架下）。在遵守司法职业价值观的前提下，心理矫治人员应充分觉察个人价值观，及其对寻求心理帮助的服刑人员的可能影响，并尊重寻求心理帮助的服刑人员正确和积极的价值观，避免将自己的个人价值观强加给寻求心理帮助的服刑人员或替代为其作重要决定。

（4）心理矫治人员应清楚认识自身特殊身份和所处非对等位置对寻求心理帮助的服刑人员的潜在影响，不得利用其对自己的服从、信任或依赖，从而剥削对方、为自己或第三方谋取利益。

（5）心理矫治人员要清楚了解多重关系（例如与寻求心理帮助的服刑人员发展家庭、经济、商业或其他密切的个人关系）对专业判断可能造成的不利影响及损害寻求心理帮助的服刑人员福祉的潜在危险，尽可能避免与后者发展多重关系。在可能发展多重关系时，应采取专业措施预防可能的不利影响，例如签署知情同意书、告知多重关系可能产生的风险、寻求专业督导、做好相关记录，以确保多重关系不会影响自己的专业判断，并且不会危害寻求心理帮助的服刑人员。

（6）心理矫治人员不得与寻求心理帮助的服刑人员或其家庭成员发生任何形式的性或亲密关系，包括当面和通过电子媒介进行的性或亲密沟通与交往。一旦关系超越了专业界限（例如一旦发生性或亲密关系），应立即采取适当措施（例如寻求督导或同行建议），并终止咨访关系。

（7）心理矫治人员在与寻求心理帮助的服刑人员结束心理咨询或治疗关系后至少三年内（且包括服刑期内），不得与其或其家庭成员发生任何形式的性或亲密关系，包括当面和通过电子媒介进行的性或亲密关系相关的沟通与交往。

（8）心理矫治人员和寻求心理帮助的服刑人员存在除性或亲密关系以外的其他非专业关系，如可能伤害后者，应当避免与其建立专业关系。

（9）心理矫治人员不应随意中断心理咨询与治疗工作。因司法行政工作需要调整的，要尽早向寻求心理帮助的服刑人员说明。

（10）心理矫治人员认为自己的专业能力不能胜任为寻求心理帮助的服刑人员提供心理帮助的工作，或不适合与后者维持咨访关系时，应与督导或同行讨论后，向寻求心理帮助的服刑人员明确说明，并本着负责的态度将其转介，同时书面记录转介情况。

（11）寻求心理帮助的服刑人员在心理咨询与治疗中无法获益时，心理矫治人员应终止该咨访关系。若受到寻求心理帮助的服刑人员或相关人士的威胁或伤害，心理矫治人员可终止心理帮助关系，并应通知有关部门对其进行处理。

（12）心理矫治人员与心理健康服务领域同行（包括精神科医师/护士等）的交流和合作会影响对寻求心理帮助的服刑人员的服务质量（在符合司法行政要求的前提下）。心理矫治人员应与相关同行建立积极的工作关系和沟通渠道（同样应符合司法行政工作的相关保密要求），以保障寻求心理帮助的服刑人员的福祉。

三、知情同意

寻求心理帮助的服刑人员对开始或维持一段咨访关系有知情权，在符合司法行政工作要求的前提下，可以了解关于专业工作的过程和心理矫治人员的专业资质及理论取向。

（1）心理矫治人员应确保寻求心理帮助的服刑人员了解双方的权利、责任，告知寻求心理帮助的服刑人员享有的保密权利、保密例外情况以及保密界限。心理矫治人员应认真记录评估、咨询或治疗过程中有关知情同意的讨论过程。

（2）心理矫治人员应知晓，寻求心理帮助的服刑人员有权了解下列事项：①心理帮助的作用；②心理帮助的目标；③心理帮助所采用的理论和技术；④心理帮助的过程和局限；⑤心理帮助可能带来正向帮助和风险；⑥心理测量与评估的意义，以及测验和结果报告的用途。

（3）对被强制要求接受心理帮助的服刑人员进行心理矫治时，心理矫治人员应当在专业工作开始时告知其保密原则的强制界限及相关依据。

四、隐私权与保密性

心理矫治人员有责任保护寻求心理帮助的服刑人员的隐私权，同时明确认识到隐私权在内容和范围上受国家法律和专业伦理规范的保护和约束。

（1）心理帮助开始时，心理矫治人员有责任向寻求心理帮助的服刑人员说明工作的保密原则及其应用的限度、保密例外情况并签署知情同意书。

（2）心理矫治人员应清楚地了解保密原则的应用有其限度，下列情况为保密原则的例外。①心理矫治人员发现寻求心理帮助的服刑人员有伤害自身或他人的严重危险；②心理矫治人员发现寻求心理帮助的服刑人员有危害改造场所安全、脱逃、越狱等情况；③未成年服刑人员等受到性侵犯或虐待；④法律规定和教育改造工作需要披露的其他情况。

（3）遇到（2）中①②③的情况，心理矫治人员有责任向寻求心理帮助的服刑人员的带教干警、可确认的潜在受害者或相关部门预警；遇到前款第④种情况，心理矫治人员在遵守法律法规、司法行政要求和教育改造工作要求的前提下，按照最低限度原则披露有关信息，并要求相关人员注意心理帮助相关信息的披露范围。

（4）心理矫治人员应按照法律法规、司法行政工作要求、教育改造工作要求和专业伦理规范在严格保密的前提下创建、使用、保存、传递和处理专业工作相关信息（如个案记录、测验资料、信件、录音、录像等）。寻求心理帮助的服刑人员对个案记录的保存方式、相关人员（如同事、督导、个案管理者、信息技术员）有无权限接触这些记录等有知情权。

（5）在符合司法行政工作要求的前提下，心理矫治人员因专业工作需要在案例讨论或培训、科研、写作中采用心理咨询或治疗案例时，应隐去可能辨认出寻求心理帮助的服刑人员的相关信息。

（6）在符合司法行政工作要求的前提下，心理矫治人员在培训、科普宣传中，应避免使用完整案例，如果涉及可辨识身份的个人信息（如姓名、家庭背景、特殊成长或创伤经历、体貌特征等），须采取必要措施保护当事人隐私。

（7）如果由团队为寻求心理帮助的服刑人员服务，在符合司法行政工作要求的前提下，应在团队内部确立保密原则，只有确保寻求心理帮助的服刑人员隐私受到保护时才能讨论其相关信息。

五、专业胜任力与专业责任

心理矫治人员应遵守法律法规、司法行政工作要求和专业伦理规范，以科学研究为依据，在专业界限和个人能力范围内以负责任的态度开展评估、咨询、矫治、转介、同行督导和研究工作。心理矫治人员应不断更新专业知识，提升专业胜任力，促进个人身心健康水平，以更好地满足专业工作的需要。

（1）心理矫治人员应在专业能力范围内，根据自己所接受的教育、培训和督导的经历和工作经验，为寻求心理帮助的服刑人员提供科学有效的心理帮助。

（2）心理矫治人员应规范执业，遵守司法行政工作要求和行业制度。

（3）心理矫治人员应关注保持自身专业胜任力，充分认识继续教育的意义。在与司法行政工作要求不冲突的前提下，参加专业培训，了解专业工作领域的新知识及新进展，必要时寻求专业督导。缺乏专业督导时，应尽量寻求同行的专业帮助。

（4）心理矫治人员应关注自我保健，警惕因自己身心健康问题伤害寻求帮助服刑人员的可能性，必要时寻求督导或其他专业人员的帮助，或者限制、中断、终止心理帮助工作。

（5）在与司法行政工作要求不冲突的前提下，心理矫治人员可以承担必要的社会责任，鼓励心理矫治人员为社会提供公益性质的心理帮助。

六、心理测量与评估

心理测量与评估是咨询与治疗工作的组成部分。心理矫治人员应正确理解心理测量与评估手段在心理帮助中的意义和作用，考虑被测量者或被评估者的个人特征和文化背景，恰当使用测量与评估工具来促进寻求心理帮助的服刑人员的福祉。

（1）心理测量与评估旨在促进寻求心理帮助的服刑人员的福祉，其使用不应超越服务目的和适用范围。心理矫治人员不得滥用心理测量或评估。

（2）心理矫治人员应在接受相关培训并具备适当专业知识和技能后，实施相关测量或评估工作。

（3）心理矫治人员应根据测量目的与对象，首先采用自己熟悉且已在国内建立并证实信度、效度的测量工具。若无可靠信度、效度数据，需要说明测验结果及解释的说服力和局限性。

（4）心理矫治人员应尊重寻求心理帮助的服刑人员了解和获得测量与评估结果的权利，在与改造工作不冲突的前提下，于测量或评估后对结果给予准确、客观、对方能理解的解释，避免后者误解。

（5）在与司法行政工作要求不冲突的前提下，心理矫治人员不得随意泄露测验和评估的内容与结果。

（6）心理矫治人员有责任维护心理测验材料（测验手册、测量工具和测验项目等）和其他评估工具的公正、完整和安全，在与司法行政工作要求不冲突的前提下，不得以任何形式泄露不应公开的内容。

七、伦理问题处理

心理矫治人员应在日常专业工作中践行专业伦理规范，并遵守有关法律法规和司法行政工作要求。心理矫治人员应努力解决伦理困境，与相关人员直接而开放地沟通，必要时向督导及同行寻求建议或帮助。必要时可向中国心理学会临床心理学注册工作委员会求助。

（1）心理矫治人员应当认真学习并遵守伦理守则，缺乏相关知识、误解伦理条款都不能成为违反伦理规范的理由。

（2）心理矫治人员一旦觉察自己工作中有失职行为或对职责有误解，应尽快采取措施改正。

（3）若专业伦理规范与法律法规和司法行政工作要求冲突，心理矫治人员必须让他人了解自己的行为符合专业伦理，并努力解决冲突。如这种冲突无法解决，心理矫治人员应以法律法规和司法行政工作要求作为其行动指南。

（4）如果心理矫治人员所在机构的要求与伦理规范有矛盾之处，心理矫治人员需澄清矛盾的实质，表明自己有按专业伦理规范行事的责任。心理矫治人员应合理解决伦理规范与机构要求的冲突。

（5）心理矫治人员若发现同行或同事违反了伦理规范，应规劝；规劝无效则通过适当渠道反映问题。如其违反伦理行为非常明显，且已造成严重危害，或违反伦理的行为无合适的非正式解决途径，心理矫治人员应当向所在单位、临床心理学注册工作委员会伦理工作组或其他适合的权威机构举报，以保护寻求心理帮助者的权益，维护行业声誉。心理矫治人员如不能确定某种情形或行为是否违反伦理规范，在所在单位批准的情况下，可向中国心理学会临床心理学注册工作委员会伦理工作组或其他适合的权威机构寻求建议。

（6）在与司法行政工作要求不冲突的前提下，心理矫治人员有责任配合中国心理学会临床心理学注册工作委员会伦理工作组调查可能违反伦理规范的行为并采取行动。心理矫治人员应了解对违反伦理规范的处理申诉程序和规定。

（7）伦理投诉案件的处理必须以事实为根据，以伦理守则相关条文为依据。

（8）反对以不公正态度或报复方式提出有关伦理问题的投诉。

第二章 服刑人员心理矫治中的
伦理规范和具体应用

由于服刑人员和心理矫治人员两者法律角色的特殊性，在对服刑人员的心理矫治过程中，心理矫治人员的工作应当符合一定的伦理道德规范要求。在国外，心理矫治人员如果违反了规范，则需要承担相应的法律责任，如吊销职业执照、被解聘、承担相应的民事责任等，甚至会构成犯罪并遭受刑事处罚。服刑人员心理矫治中的伦理问题显得非常重要，具体有知情同意、强制治疗、角色冲突、保密和向第三方透露信息五个方面的问题。

一、知情同意原则

（一）基本概念

知情同意（informed consent）是当事人对事件的利弊掌握清楚以后，按自己的意愿作出是否继续接受事件的决定。美国心理学会（American Psychological Association）把知情同意原则作为提供心理咨询与治疗的一种伦理准则，即心理矫治工作者应在来访者知情同意的基础上进行心理咨询与治疗。具体可以体现在以下几个方面：

（1）来访者具备表示同意的自主能力；

（2）心理矫治工作者应当将治疗程序的完整信息告诉来访者；

（3）来访者的同意情形和过程应该是自由的，且不受任何外力威胁；

（4）整个过程应该有文字记录。

在服刑人员心理矫治中，知情同意是指心理矫治人员应将矫治活动可能产生的有利和不利情形或结果完整准确地告诉服刑人员，然后由服刑人员自己决定是否继续接受矫治活动。服刑人员应有自主的决定权，且这种自主决定权应是以个人具有正常的心理能力为基础的。它成为服刑人员心理矫治的一项基本伦理准则，不仅体现了对服刑人员基本人权的保护，也可以让心理矫治人员避免很多不必要的麻烦，如法律方面的纠纷和责任。

（二）具体应用

在服刑人员心理矫治的应用中，服刑人员的知情同意应至少包括三个方面：

1. 让服刑人员自愿选择

心理矫治人员应当把矫治过程和细节表达清晰，让服刑人员明白自主决定的重要性，然后不加干涉，服刑人员不能在外力的操纵或者强迫下接受心理矫治。

2. 让服刑人员知情

心理矫治人员必须确保服刑人员全面了解心理矫治活动的目的、程序、危险性和益处等信息，尤其要知道将要接受的心理矫治方法等细节，有些心理矫治方法如行为疗法中的惩罚或厌恶疗法，可能会带来合理范围内的损失。如此，再让服刑人员自己作出是否同意参加矫治的决定。心理矫治人员可以口头告诉服刑人员以上信息，也可以使用规范的知情同意书和服刑人员签订知情同意协定。一般来讲，知情同意书的签订很有必要。心理矫治人员必须确保知晓服刑人员寻求心理矫治的目的和对心理干预活动成效的期望，并确保知晓服刑人员对利弊的掌握程度。

3. 确定服刑人员的理解力

心理矫治人员应确定犯罪人具有正确理解矫治人员提供的信息，并在此前提下根据这样的信息作出明确同意决定的能力。矫治人员必须确保服刑人员能够掌握矫治人员提供的心理矫治含义，并在权衡危险性和正向帮助之后作出一个合理的决定。如果服刑人员没有这种能力，或者由于各种原因达不到这种理解的充分性，心理矫治人员应该在开始矫治活动之前，确保得到服刑人员法定的替代性决定者（substitute decisionmaker）的同意。心理矫治工作者应尽快获得法定监管人的同意，才可以开始工作。只有服刑人员同意接受心理矫治人员所提供的服务，才可以开始进行相应的评价工作。但是，假如服刑人员拒绝参加评价，心理矫治人员就不得进行评价。

二、强制治疗问题

（一）基本概念

在服刑人员心理矫治活动中，可能涉及强制治疗（coerced treatment, forced treatment）或者非自愿治疗（involuntary treatment）的问题。强制治疗是与自愿治疗（voluntary treatment）相对应的一种说法。所谓自愿治疗，就是具有决定能力的人在没有外力威胁或者强制的情况下自愿接受的治疗。相反，强制治疗或者非自愿治疗，就是在威胁或者强迫下进行的治疗。研究发现，对于酗酒、吸毒和性犯罪的服刑人员进行强制性治疗，效果比较好。对于心理矫治工作人员来说，应当注意，在一般情况下，都要遵循知情同意的原则，而强制治疗只在紧急情况下进行。

（二）具体应用

强制治疗的应用应做到以下几点：

（1）在治疗服刑人员的心理疾病、心理障碍或者心理缺陷的过程中，如果在紧急情况下需要使用药物治疗，那么，这类治疗只能是为应对紧急情况所采取的必须行为，并且应当在服刑人员的人身自由不被限制的情况下使用。如果认为确有必要继续进行超过72小时的非自愿药物治疗，要根据治疗时间的长短（3天、10天、24天），按照不同的程序进行申请并获得批准。

（2）在正常情况下，不得在服刑人员监舍内进行非自愿的抗精神病药物治疗（psychic medication），而应当事先将服刑人员转到医院、诊所、急救室或者矫正机构的医务室。除非在此之前，该服刑人员对自身和他人均具有很大的危险性，方可进行非自愿的抗精神病药物治疗。但也要注意下列事项：

①心理矫治人员应当以口头或书面形式告知监管人员所采取的治疗事实，包括治疗时间和可能引起的副作用。

②应尽快将服刑人员转移到医疗环境。

（3）要详细记录每次对服刑人员进行非自愿治疗的情况，保存资料。

三、角色冲突问题

（一）基本概念

心理矫治人员会面对心理行业的职业要求与司法行政工作角色的冲突问题。一方面，心理学行业和领域对心理矫治人员的职业要求是"助人自助"，以帮助人改变、提升、优化为目的。因此，心理矫治人员应当把帮助服刑人员发展作为最高目标，尽量把服刑人员改造成可以回归社会的正常人，尤其是人本主义心理学视角认为在任何时候都要把人（服刑人员）的利益和福利看得高于一切，不得随意滥用服刑人员的信任和依赖，把服刑人员当成"人"来对待，这是心理学行业的基本要求。但另一方面，对于在司法矫正系统的工作人员来说，他们必须把社会控制作为自己工作的首要目标。如此，心理矫治人员的双重职业要求就会面临矛盾和冲突，既要遵循心理学行业以人为中心、帮助人发展的原则，又要服从法律赋予其对犯人强制控制的任务。所以，如何缓解这个道德困境，是一个重要的伦理问题。

（二）具体应用

我们可以参考其他国家已较为成熟的经验，做到以下几点：

（1）心理矫治人员应当让服刑人员了解作为国家心理咨询和治疗行业人员的心理矫治角色和作为国家司法行政工作人员角色之间关系的性质。在开展工作之前就应当向服刑人员解释如何在治疗环境中处理服刑人员的个人隐私信息。

（2）司法行政部门也应当鼓励心理矫治人员在他们自己的临床工作或者心理学部门工作之外，履行如监狱管理人员、矫正机构工作人员、行政工作人员之类的行政职责，并以此作为其为司法行政机构做出的贡献。因此，在履行心理矫治以外的工作职责时，心理矫治人员应尽量避免作出与服刑人员心理矫治有关的决定。

（3）设置专门的心理矫治岗位。当前国内的部分司法行政机构设置了心理矫治科室，工作由干警开展，因此面临以上问题。可以探索设置非干警身份的心理矫治岗位，如外聘、合同制等形式，聘请非警察身份的心理学背景的工作人员来从事专门的心理矫治工作，这样就能有效地将矛盾和冲突分开。

当然，开展工作之前，要规定好责任义务，即这部分工作人员应当以司法行政工作为前提，不得阻碍司法行政工作，嗣后，再依照心理学原则开展工作。

（4）通常情况下，心理矫治人员只能根据国家心理学行业确立的行业规范和指导原则开展工作。

（5）紧急情况下，心理矫治人员应当承担司法行政机构所安排的任何工作。

四、保密原则

（一）基本概念

服刑人员心理矫治信息的保密（confidentiality）原则是指心理矫治人员要对服刑人员的个人隐私以及对其进行的心理矫治信息进行适当的保密，以尊重服刑人员的人权。保密原则是心理咨询与治疗行业领域中非常重要的一项规定，是心理矫治工作者和治疗师对患者或来访者应付的首要责任和义务，也是法律法规、行业规则和科学有效的治疗关系共同要求的。

（二）具体应用

1. 对基本信息的保密

保密原则不仅可以减轻来访者在矫治过程中的隐私感、羞耻感和被歧视感，还可以增强来访者在治疗关系中对此工作的信任感。但是，保密原则也不是绝对的，而是相对的，当来访者出现自杀、自伤或危害他人的倾向或行为时，心理矫治工作者必须突破保密原则而采取应对措施，让相关部门知晓情况，以避免不必要的损失和伤害。服刑人员心理矫治的情形与此类似，但是，由于司法行政工作的执法特殊性，这个原则的适用条件会更加苛刻。比如，监狱管理部门或法院、检察院等相关部门需要了解相关内容时，也要突破此原则。心理矫治人员在工作时，应区分纯矫治情形和在司法行政矫正部门要求下的矫治情形，这两种情形下的保密原则是不同的。界定清楚与服刑人员接触的性质和对保密性的限制，是十分重要的。

我们可以参考加拿大的经验，其对服刑人员心理矫治信息的保密与分享，会根据"委托人"（client）原则：如果服刑人员本人是"委托人"，就应遵守保密原则；如果服刑人员不是"委托人"，就会减弱保密原则。具体如下：

（1）如果心理矫治人员的工作在联邦矫正局的要求范围内，如对服刑人员进行危险性评价和干预，其"委托人"就是联邦矫正局而不是服刑人员本人。此时，心理矫治人员不承担为服刑人员保密的伦理或者法律义务。当然，这个过程仍受到相关法律的保护，心理矫治人员只能根据需要与有关人员分享服刑人员信息。

（2）如果心理矫治人员的工作是由服刑人员本人提出或出于促进服刑人员本人利益，如对服刑人员提供心理矫治而促进其心理健康的目的，"委托人"就被默认为服刑人员，这与服刑人员的危险程度、犯罪行为无关。在这种情况下，心理矫治人员要遵守保密原则。当然，心理矫治人员仍然要对服刑人员可能引起的安全危险保持充分的警觉。

2. 对服刑人员心理档案的保密

服刑人员心理档案可分为与心理矫治目的有关的信息和与改造目的有关的信息，相应的保密原则也应有所分别：

（1）与心理矫治目的有关的信息。

如果针对服刑人员的心理矫治的目的是促进服刑人员的心理健康水平，而不是评价其危险性或者犯罪行为，就需要按照常规的保密原则进行保密。但心理矫治人员仍然要让服刑人员知晓，对其隐私信息的保密是有限度的，如果服刑人员出现以下违规情形，保密原则就会被突破：

①服刑人员有伤害他人的可能性；

②服刑人员信息与其在司法行政机构和社会上的危险倾向或行为有关。

（2）与改造目的有关的信息。

改造是指为了减少服刑人员的犯罪心理和犯罪行为而设置的改造活动。这部分信息也应适当保密，但是，如果心理矫治人员知道了服刑人员可能要伤害别人的事实，就必须把有关信息告诉个案管理人员和其他需要知道这些信息的工作人员。

3. 与矫治计划和危险评价信息有关的保密

心理矫治人员对于心理矫治活动的计划和对服刑人员危险性评价的信息，不需要对服刑人员严格保密，服刑人员也无权要求。但是，心理矫治人员一般要具备以下道德责任：

（1）应当告知服刑人员此类相关活动的性质和目的；

（2）应明确告知服刑人员不会对此类信息进行保密，但需要让司法行政机构的管理部门和其他有关人员知晓这些信息，如果没有适当公开，心理矫治人员应当说明理由并谨慎地作出决定。

五、向第三方透露信息的义务

（一）基本概念

心理矫治人员如果知晓服刑人员在狱期间（甚至出狱后）有破坏行为、伤人或杀人等相关负面行为倾向，且预计这个倾向可能会伤害到第三方群体，那么，心理矫治人员还有义务对第三方群体进行告知，令其知情，做到有效自我保护，让服刑人员心理矫治工作的意义最大化。国外也规定了心理矫治人员有保护本人或他人免受侵害和保护儿童免受虐待的义务，当遇到这些情形时，可以透露有关信息。

（二）具体应用

1. 保护本行业人员

当服刑人员出现侵害第三方的行为或可能性时，心理矫治人员为了保护第三方或者社会免受犯罪人的侵害，有义务及时发出警告，披露有关信息，让本行业的司法行政管理人员和其他相关人员了解状况。若心理矫治人员根据自己的经验，判断服刑人员有此类危险性时，均有义务向有关人员进行报告。

2. 保护其他群体

心理矫治人员应当及时让第三方群体知晓可能会受到的伤害或损失，提高意识，确保其自身安全，心理矫治人员应当广泛掌握与服刑人员有联系的群体的信息，做到心中有数。心理矫治人员还有义务报告怀疑存在儿童会被虐待情形的信息，如果发现虐待现象，或者相信已知作案人可能具有侵害儿童的危险性倾向时，都要及时报告。如果判断服刑人员在被释放后，仍具有侵害儿童的可能性，心理矫治人员同样也有义务进行报告，让儿童的监护人或当地的儿童保护部门知晓这种信息。

能　力

第三章　心理矫治规范视野下的警察基本能力提升

心理矫治中对心理矫治人员的多种特质要求可成为警察提升基本能力的新观念。在劳动、学习和生活现场，干警应提高共情的能力，设身处地从服刑人员角度理解问题；提高无条件积极关注的能力，用积极、真诚的态度对待服刑人员；提高对质和澄清的能力，用威信和实力影响服刑人员。

警察教育是对警察的再教育，是警察在其职业生涯中不断得到发展和提高的辅助剂，[1]从警察成长的新角度重新完善和关怀教育的分支，对于当前我国教育改革处在新起点上的特殊时刻有着重大的贡献，无论对警察个体还是整个教育事业的发展都起着尤为重要的作用。[2]教育科学与心理科学息息相关，教育改造中的警犯关系与心理矫治中的咨访关系在形式和内容上都有相似性，[3]因此从心理矫治视角审视警察教育观，或许能为警察素质的提高提供建设性的意见。

一、警察应提高"共情"的能力

"共情"即"同感""感同身受"，是心理矫治中要求干警把来访服刑人员与自己的位置互换，尽可能全面体认来访服刑人员在其私人世界中的感受，而不做个人价值评判。[4]

---

〔1〕 潘懋元、吴玫：《从师范教育到教师教育》，载《中国高教研究》2004 年第 7 期；杨眉：《以实战为导向的警察心理教育培训改革初探》，载《公安教育》2018 年第 4 期。

〔2〕 徐丽华、卢正芝：《试析主体性教师教育观》，载《教育发展研究》2005 年第 7 期；杨淑芳：《基于组织行为学的警察教育研究》，载《湖北警官学院学报》2022 年第 6 期。

〔3〕 武永江：《基于心理咨询思想的师生数学交流研究》，南京师范大学 2006 年硕士学位论文。

〔4〕 傅安球：《实用心理异常诊断矫治手册》，上海教育出版社 2011 年版，第 292~293 页。

一个合格与优秀的干警心理矫治人员应该具备以下素质。

在劳动中，干警应不仅关注自己的感受，更重要的是关注服刑人员此时此刻的感受，通过观察服刑人员的表情、倾听服刑人员的诉说等，把自己划归到服刑人员集体中，与服刑人员一同体验劳动现场，在此过程中发现服刑人员的优缺点，与服刑人员共同进步，并及时调整劳动的内容及进度。

在学习中，干警首先应尽可能全面了解服刑人员对知识的掌握情况，根据服刑人员知识的个别差异及回答问题的表现对其共情，根据服刑人员的知识基础，及时调整辅导服刑人员相关的知识和方法，做到因人而异、有的放矢。

在生活里，干警更应该扩大教育改造的外延，积极地关心服刑人员的生活，从正、侧面了解和积累信息，有重点、有分别地从服刑人员的需要、动机、意志等非智力因素出发，及时而合理地满足需要并提供情感等各方面的支持，感受服刑人员的困难，帮助服刑人员解决困难，促进警犯相互了解。

二、警察应提高"无条件积极关注"的能力

"无条件积极关注"是指心理矫治中要求干警对来访服刑人员表示看重、认可，欣赏其价值，喜欢他、爱他，这不是强迫出来的，而是自然的、无条件的。

一个合格且优秀的作为心理矫治人员的干警也应该具备这种素质。

在劳动中，干警应该本着"以服刑人员为本"的思想，心理上消除好与差的界限，把全部服刑人员都视为可改造之人，发掘并欣赏每个服刑人员的长处。这不仅能消除警犯之间的距离感，更能利用期望效应激发服刑人员学习的热情，使服刑人员感到被关注，成为劳动的主人。

在学习中，干警应积极地关注服刑人员累积和掌握知识的程度，接受当前服刑人员的状态，因为批评服刑人员的漏洞导致其积极性降低不如认可其现状及时制定补救措施效果好。在此基础上，服刑人员可能将内疚感转化为学习的动力。

在生活里，干警应积极地接受每个服刑人员、关注每个服刑人员的发展，不能让服刑人员感受到偏见，干警应洞察并及时鼓励其个性中的每个闪光点，如坚强的意志力、新塑造的价值观等。把服刑人员热爱生活的态度和信念泛

化到学习中。

三、警察应提高"对质和澄清"的能力

"对质"是在心理矫治情景中，干警有意识地使有疑问的现象清晰明了，使其在来访服刑人员的意识层面予以明确。"澄清"是干警运用自己的潜意识、同感和直觉以及理论知识，对来访服刑人员的精神现象进行说明和解释。二者是干警帮助来访服刑人员解决自身问题道路上的两个环节。[1]

一个合格与优秀的干警心理矫治人员同样应该具备这种素质。

在劳动中，这更多地体现在劳动纪律的维持和引导服刑人员跟随干警的思路上。干警发现了违反纪律和思路有偏差的服刑人员，要第一时间果断地给予对质并抛出改正的理由和方法，让违反纪律的服刑人员意识到错误，让思路有偏差的服刑人员明白自己的漏洞，及时更正态度和跟上改造思路。

在学习中，这体现在具体的问题中，干警如果在某个环节中发现服刑人员存在某方面的欠缺时，应灵活而巧妙地帮助服刑人员意识到自己的问题，这里面可操作的空间很大，干警应根据不同的问题情境和服刑人员，技巧性地使服刑人员意识到问题，并提供解决问题的方法。如果运用得当，不仅使服刑人员恍然大悟及印象深刻，而且能加深对知识的理解，更能让服刑人员佩服干警，增加干警的威信，促进下一步的教学效果。

在生活上，干警应在积极关注服刑人员的同时，及时发现各种问题，这超出了知识上的问题，更多地涉及思想、价值观等。这就要求干警首先要有自己正确的价值观和思维方式，并会根据不同的情况设置改变服刑人员思想的问题情境，使服刑人员在其思路的引导下，一步一步走向正轨。

这三方面的素质并不是相互割裂的，而是相辅相成的。在培养干警心理矫治人员任一项素质的同时也要兼顾另外两者。在劳动、学习及生活中的任一方面增进这些素质的同时，干警心理矫治人员在其他场景中同样会得益。把干警心理矫治人员中的心理学应用和"教育"中的教育方法相结合，进行创新对于警察教育的发展有积极的意义。

---

〔1〕 郑日昌等主编：《当代心理咨询与治疗体系》，高等教育出版社 2006 年版，第 36 页。

第四章 心理矫治人员的"自我分割"能力规范

在服刑人员心理矫治中，心理矫治人员和来访者构成一对一的咨访关系，即两个人的咨访对话。但如果从对心理矫治人员素质要求的角度来看，整个咨询形式中还应该再添一人，此人应参与并审视整个咨询进程，并不时地把信息反馈给心理矫治人员，以便心理矫治人员全面地掌握来访服刑人员的情况，以及更重要的——心理矫治人员自身的状况，以保证整个咨询顺利且有效地进行。这个人应该来自心理矫治人员自身，是心理矫治人员进行心理自我分割的另一个自我，如果心理矫治人员能够把自己分割得很好，那么完美的"三人"咨询形式就产生了。

一、"自我分割"由"可见的我"和"隐形的我"组成

优秀的心理矫治人员应该创造性地将自我分割为"可见的我"和"隐形的我"。心理矫治人员对来访服刑人员的注意力分配固然重要，但来访服刑人员毕竟并不是咨询过程的主导者，心理矫治人员才是主导者，因此心理矫治人员对自己的注意力分配就显得尤为重要了，此种矛盾的情况下，只好要求心理矫治人员把自己"劈为两半"，一半是"可见的我"，即展现在来访服刑人员面前的心理矫治人员，关注来访服刑人员；另一半是"隐形的我"，即心理矫治人员主体中的"客体我"，他需要关注自我和整个咨询本身。

详细来讲，即心理矫治人员的"可见的我"指向来访服刑人员，根据各种咨询理论及自己的咨询风格倾听、干预来访服刑人员，而"隐形的我"则应时刻跟随"可见的我"，在整个咨询过程的分分秒秒里细细体察心理矫治人员自身的感受、反应，可表现为"可见的我"是否持真诚开放的态度接纳来访服刑人员、在倾听过程中对来访服刑人员的体会是否体察入微、这种体察是否适当而没有超出界限以致反移情、在可掌控的反移情中是否在来访服刑

人员身上收集到了足够的可用资料、是否在反移情中重新认识了自己或发现了新的自己，或者是整个咨询过程中"可见的我"是否是按照先前的咨询设置进行主导的、更改或偏离了最初设置框架的原因及合理性是否清晰，抑或是否觉察到自己情绪及行为的变化、在咨询中感到吃力的地方是否明了，等等。

"隐形的我"手中应该还有"笔和纸"，这个纸笔是展现在心中的，及时觉察并记录下咨询过程中不顺畅或纠缠的地方，不顺畅往往代表着来访服刑人员的阻抗、来访服刑人员表达中的隐晦、"可见的我"的处理失误、"可见的我"理论的不牢固或经验缺失，等等。

"隐形的我"手中还应该持有"摄像机"，这个摄像机也是展现在心中的，及时记录下来访服刑人员和"可见的我"的动作、姿势、神情、语调等信息。这对心理矫治人员要求极高，不仅要有极好的洞察力和感应力，还要有很好的记忆力。来访服刑人员的一切表现当然可以由两个"我"共同记录，但是"可见的我"的一切表现只能由"隐形的我"来记录，这就要求心理矫治人员自身足够强大，才能把足够的力量分化给"隐形的我"。

二、传统视角中心理矫治人员对"自我分割"的忽视

心理矫治的过程在某种意义上可以视为心理矫治人员的注意力在来访服刑人员身上停留的过程，心理矫治人员的注意力在咨询理论和整个咨询过程中不仅占有很重要的地位，而且还起着很重要的作用。在传统的观点中，大都强调心理矫治人员的注意力应施加在来访服刑人员身上，即仅考虑到心理矫治人员注意力的外部对象，而忽略了对心理矫治工作者进行自我关注的强调。我们可以通过传统咨询过程中对心理矫治工作者最基本的几点要求来分析、说明：

（一）共情

共情也称同感，要求心理矫治工作者将注意力放在来访服刑人员身上，设身处地地感受来访服刑人员的内心感受，从而达到对来访服刑人员境况的准确理解。"设身处地"即把自己完全放在来访服刑人员的位置上进行体悟，强调的是心理矫治人员对来访服刑人员的指向，传统观点中鲜有提及在共感

来访服刑人员的同时还应该共感自己，觉察自己的感受，以免过度卷入来访服刑人员的情感。

（二）无条件积极关注

传统观点要求心理矫治人员将注意力放在无条件地接纳来访服刑人员身上，以帮助来访服刑人员寻找其自身的积极因素。"无条件"当然能够体现人本主义的平等思想，"积极"同样能够为真诚的咨访关系做好铺垫，但其反映的还是心理矫治人员对来访服刑人员单向的关注，把热情和注意力全部倾注到来访服刑人员身上，而忽视了对自身的关注。

（三）反移情

这种心理矫治人员向来访服刑人员传递的情感动力流向，在最初的经典精神分析中是不被允许的，弗洛伊德还就此提出"自由浮动注意力"，即隔离自己的所有先入观念，将所有的注意力放在来访服刑人员身上，以达到心理矫治人员思维的"纯净"，以此要求心理矫治人员控制好自己的注意力，避免一切期待、欲望、情感等朝来访服刑人员方向发展。但到了20世纪50年代以后，精神分析学者作出了改变，转而视反移情为一种重要的咨询工具，认为心理矫治人员应该重视自己的反移情现象，要求心理矫治人员不仅从中寻找来访服刑人员行为、情感、思维等的既往模式，以此为窗口获取更多的信息，更要把握好这一审视自我、进行自我分析的良机，从而更加全面地了解自我。因此对反移情的适当处理也相应地变成了对心理矫治人员的要求。但对利用反移情这一工具时的前提条件即对注意力的自我分割的强调还不够。

三、对传统视角中忽视心理矫治人员"自我分割"的弥补

（一）共情自我

共情能力高低是评价一个心理矫治人员优劣的重要标准，也是很多心理矫治人员培训场所非常强调的一点，但是实施共情是需要一个前提的，即心理矫治人员应有对共情的把持能力，或者同时共情来访服刑人员及自己的能力。如果过分强调对来访服刑人员的共感，心理矫治人员往往会把过多甚至全部的注意力放在来访服刑人员身上，尤其是经验不足的心理矫治人员，由此而导致的反移情外现的情况时有发生。这并不是阻止反移情的发生，反移

情是必要的，但只要心理矫治人员内心明了、有数即可，如果体现到了外在、投射到了来访服刑人员身上，不仅会影响咨询效果，且如果被感受力强的来访服刑人员觉察到心理矫治人员的异常情绪或表现，可能还会引起来访服刑人员对心理矫治人员的疑惑和不信任，甚至还会产生意想不到的恶性后果。因此，心理矫治人员应该将"可见的我"全部用来共情来访服刑人员，设身处地地体察来访服刑人员的感受、体验，并适时地回应，让来访服刑人员获得被感受到的感觉，而将"隐形的我"用来体察被来访服刑人员"浸染"的"可见的我"的感受、反应、变化，并时刻在"可见的我"耳边提醒，以避免全部淹没或根本没有进入来访服刑人员的感应场中。

（二）"有条件的积极关注"

人本主义在对心理矫治人员提出"无条件的积极关注"时，是把来访服刑人员的地位从精神分析的角度，提升到与心理矫治人员平起平坐，这的确是心理咨询发展中的一个进步。同时人本主义的"无条件"指的是对来访服刑人员的关心和重视，但如果从对来访服刑人员和心理矫治人员地位相同的角度，则应该认为这种对来访服刑人员的关注是"有条件"的，即心理矫治人员还应同时关注自己。心理矫治人员"可见的我"无条件地接纳来访服刑人员的痛苦、异常，肯定会产生情感、思维上的后效，"隐形的我"应该同时并延迟地体察"可见的我"的感受和反应，有时候这些感受和反应是正面的，许是来访服刑人员的称赞、见到咨询效果后的兴奋、克服阻抗后的成就感，等等，心理矫治人员当然乐于接受和见到这些情形；但有时也会是负面的，如来访服刑人员移情而造成的心理矫治人员的不适、咨询效果的鲜见、对咨询进程的不可掌控感等，心理矫治人员此时往往感到失望、无助、紧张。如果此时有督导在身旁，也许会给心理矫治人员以安慰和鼓励，但实际咨询中极少能够有督导同时在场的机会，这时"隐形的我"就应该起作用了，它应该接受"可见的我"的一切反应，因为心理矫治人员如果总是调整和改变说出的话语，来访服刑人员可能会质疑其专业性，"可见的我"只有慢慢地探索，把失误或无奈弥补在无形中，这样"隐形的我"胸怀的宽广程度就显得尤为重要，且应该努力安慰"可见的我"放松心情，帮助其出谋划策，寻找自身的积极因素，以找到更好的解决方法。

因此，如果说心理矫治人员"可见的我"要无条件地积极关注来访罪犯的话，那么"隐形的我"则应该无条件地积极关注"可见的我"，因此这种"有条件"的关注，实际上是心理矫治人员把一部分注意力保留在自己身上，积极、全面地接纳自身的各种感受和反应。

（三）给反移情亮一盏灯

反移情已被强调为可以助益心理矫治人员咨询进程的一种工具，但心理矫治人员应注意利用此工具时的自我分割，以便起到更好的咨询效果并获得更深刻的自我认识。反移情的产生是基于心理矫治人员"可见的我"与来访服刑人员的互动，此时"可见的我"是不自由的，因为"可见的我"必须把将全部注意力倾注在来访服刑人员身上，这时"隐形的我"应该是"可见的我"旁边一盏照明的灯，一方面，"隐形的我"要把一部分光线给"可见的我"，用来收集反移情的对象——来访服刑人员对心理矫治人员的反应而反映出来的信息，时刻提醒"可见的我"保持洞察力和敏感性，以更好地与来访服刑人员沟通，获得积极的咨询效果。另一方面，也是更为重要的一方面，"隐形的我"要提醒"可见的我"反省即时的咨询场景、"可见的我"的即时感受和变化，并帮助"可见的我"记录下来，如果当时不能及时领悟，以便过后自我反省、分析，看一看哪些地方做得不足、为什么会有这样的情况发生、是否需要分析一下自己的情感和行为模式等，以更深刻地认识自我。某种意义上，"隐形的我"起着督导的作用，它帮助心理矫治人员分析自己、发现自己的优势和劣势、设置并调整自己的咨询结构、选择和调整整个咨询进程的方向等，所以"隐形的我"不仅照亮了来访服刑人员，照亮了心理矫治人员本人，同时也照亮了整个咨询本身。

对自我的分割实际上是要求心理矫治人员具有较强的自我分化和内省能力，要求心理矫治人员在注意来访服刑人员一切的同时，也注意心理矫治人员自身的一切。对初学者而言，全面注意来访服刑人员的外在和内里已经是一件不容易的事情，更不必说兼顾自身。

技 术

────○────

第五章　心理测量技术在服刑人员
教育改造中的规范应用

所谓心理测量，就是根据一定的心理学理论，使用一定的操作程序，给人的行为确定出一种数量区的价值，此处主要指以测验法为工具的测量。[1]分析心理测量的规范应用在服刑人员的教育改造和管理中的意义重大。

一、心理测量在服刑人员教育改造中的应用

（一）心理测量与服刑人员教育改造中的人际关系

服刑人员的改造过程是和人打交道的过程，协调人际关系是教育改造的重要工作。然而，这个领域的人际关系是很复杂的。[2]例如，改造工作者与服刑人员的关系、改造工作者之间的关系、服刑人员之间的关系等。莫雷诺的"社会成员心理测量"是一种测量群体内部心理结构与心理距离的方法。这种方法采用问卷的形式确定群体中人们之间的交往关系，并用图表或数学公式表示。其目的是了解群体中人与人之间的心理关系和心理距离，并进行量化分析和评价，从而揭示成员在群体中的心理位置、适应性和影响力；群体的心理特性、凝聚性、心理气氛及其与外界的关系；改造管理者的影响力及其在服刑人员群体中的实际位置；等等。[3]由此，改造工作者就能对症下药，矫正各种不良的人际关系，努力协调好群体中的人际关系，充分调动服

─────────────────

〔1〕　凌文辁、滨治世编著：《心理测验法》，科学出版社 1988 年版，第 70 页。
〔2〕　雷学军：《心理测量与教育管理》，载《开发研究》1997 年第 2 期。
〔3〕　金含芬主编：《学校教育管理系统分析》，陕西人民教育出版社 1993 年版，第 352 页。

刑人员群体的积极性，全面提高教育改造质量。

（二）心理测验与"改造困难服刑人员"

"改造困难服刑人员"一般是指那些在知识、能力、品格、方法等要素及要素的融合方面存在结构性缺陷的个体，如累犯。如果对这些"改造困难服刑人员"进行跟正常服刑人员一样的改造手段，"一刀切"，那么其心理就得不到纠正，不能达到教育改造的基本要求。只有通过有针对性的教育和改造给予心理纠正或补偿，才能使"改造困难服刑人员"得到应有的发展。相应地，在社会和学校里，都存在一定数量成因不同的"问题个体"。对"改造困难服刑人员"和"学困生"的成因、类型和对策的研究分析，具有现实意义。有人通过调查得知半数以上的"学困生"主要是由于动力不足。那么如何激发这类"学困生"的学习动机，就要进一步测量动力不足的程度和原因，以便有的放矢。同样，对"改造困难服刑人员"也需要进一步测量和诊断，为制订补偿教育方案提供信息。

二、心理测量在司法干警和矫治工作者选任中的应用

服刑人员的高质量改造需要建立一支有规模、有较高专业水准的干警和心理矫治工作者队伍。根据其工作特点和心理特征，对干警和心理矫治工作者合理地进行选任、考核和培训等人事管理工作，使人尽其才，充分发挥每个人的潜能。采用相应的心理测验可以鉴定其是否具备起码的人格和能力。

（一）MMPI 与人格

MMPI 是明尼苏达多相人格测验（Minnesota Multiphasic Personality Inventory）的简称，是用途广泛的著名人格测验，由效度量表和临床量表组成。其主要特征是设置了四个效度量表去识别不同的应试态度或反应心向。四个效度量表是说谎量表（L）、诈病量表（F）、校正量表（K）和疑问量表（Q）。十个临床量表分别是：（1）疑病（Hs）；（2）抑郁（D）；（3）癔病（Hy）；（4）精神病态（Pd）；（5）男性化—女性化（Mf-m）；（6）妄想狂（Pa）；（7）精神衰弱（Pt）；（8）精神分裂（Sc）；（9）轻躁狂（Ma）；（10）社会内向（Si）。每个量表都可得到一个分数，即代表一种人格特质。如在 L 量表上得分低，说明此人诚实、自信、富于自我批评精神，得分高则相反。健全

教育改造工作者人格特征应为：适应能力强、兴趣广泛、和蔼可亲、合作互助、切实可靠、坚定果断、判断中肯、身心健康、诚实正直、乐观旷达、襟怀坦白、自制力强。参照这个标准，如果 MMPI 的各项分数偏高，那他就不具备健全改造人格，应得到相应的心理学或医学干预。如果其中某几个项目分数特别高，也应引起高度重视。因此，MMPI 对于确定一名干警和心理矫治工作者是否具备起码的相应人格，具有指导作用。

（二）NTE 与能力

最著名的教学能力测验是美国教育测验服务社编制的 NTE（National Teacher Examination Program）。NTE 包括两部分：（1）NTE 核心测验：沟通技巧、普遍常识和专业知识；（2）NTE 教学领域测验。目前，在美国对教育工作者实施"教育能力测验"或"教育能力倾向测验"是很普遍的。1988 年美国有 31 个州制订了新的教育工作者招聘计划，通过"教育能力测验"，吸引有专长与经验但无教育院系学分的人任教；有 46 个州要求考核新教育工作者的最低能力，有 3 个州对在职教育工作者也进行了考核。在我国实施"教育能力测验"并推广至司法系统也具有重大现实意义。其一，考核新进的改造工作者，保证教育改造队伍入门质量；其二，考核改造工作者，全面提高教育改造水平。在这里，不但要对普通干警和矫治工作者实施相应测验，还要对管理层和领导者实施特别测验，以确定是否具备相应素质。但因为管理者、领导者和改造工作者不同，其工作性质更为复杂，难度也更大，因而能力要求也不同。

三、心理测量在服刑人员改造的教育评价中的应用

在服刑人员的改造和管理过程中，进行科学的教育评价对提高教育改造水平具有特殊意义和作用。服刑人员教育评价的反馈信息具有调节功能和动机激励功能。服刑人员教育评价方法多种多样，而测量评价法是重要方法之一，已广泛应用于职业指导和教育改造诊断、升学等诸多方面。

（一）测量理论与心理诊断和评估

心理诊断与评估是服刑人员改造工作中的普遍现象和重要环节，其质量好坏直接影响评价的结果。要正确作出心理诊断与评估，必须动用心理测量

理论中的效度、信度、难度、区分度等评估指数，去检验教育改造是否达到标准化、有效化。[1]心理测量对诊断和评估分数报告和解释有很高要求，如测验分数报告细化，解释分数谨慎，将测验分数转化为诊断信息，为制订教育改造方案提供参考信息等。同时为了丰富评价信息，诊断和评估分数报告要细化。考试中心还要把这些总分和部分分数转换成学校、地区、全国的常模分数提供给考试的使用者。这样通过分数报告单，人们不但可以了解到受试者在各具体学习领域中的情况，还能将其与他人比较，从而更有针对性地改进教学。此外，诊断和评估分数报告还要与其他背景材料的综合分数相结合，并准确解释分数，如服刑人员的平时表现等。[2]在进行心理诊断和评估的同时，工作人员根据需要，采用一些调查和问卷，对影响服刑人员改造的一些因素（如改造态度、兴趣等）进行调查分析，并将这些数据配合诊断和评估分数进行研究，提供客观的结果，报告给改造工作者、管理者和领导，使他们据此进一步分析，得出评价结论和决策。

（二）智力测验与服刑人员智力评估

智力测验是为了科学地、客观地测定智力水平而制定出来的测量工具。它是由一系列难度不一的问题构成的。将这些问题在一定条件下，对服刑人员进行测试，并对其结果统计处理，将个体的智力水平放在某个常模上衡量。此处以韦克斯勒儿童智力测验（Wechsler Adult Intelligence Scale，WAIS）为例。它由言语量表和操作量表组成。言语量表包括以下分测验：（1）常识；（3）背数；（5）词汇；（7）算术；（9）理解；（11）类同。操作量表包括：（2）填图；（4）图画排列；（6）积木；（8）拼图；（10）数字符号。WAIS除综合智商、言语智商和操作智商外，还可以描述分测验的各标准分数的侧面。综合智商用以评定智力发展等级、言语智商用以评定语言思维能力的发展、操作智商用以评定技能的发展。WAIS的重要特点是放弃智龄概念，用离差智商代替比率智商。用离差智商评价个体智力发展更准确，特别是在鉴别低能和超常个体时更有效、更可靠。

〔1〕 李进主编：《教师教育概论》，北京大学出版社 2009 年版，第 2 页。
〔2〕 张厚粲、刘昕编著：《考试改革与标准参照性测验》，辽宁教育出版社 1992 年版，第 78 页。

（三）心理测验与服刑人员回归社会再就业

近年来，心理测验被越来越多地应用于服刑人员回归社会再就业的指导工作，这一做法无论是对司法系统、服刑人员，还是就业单位、人事部门，都具有十分重要的意义。通过心理测验，对比入监和出监的情况，才能了解服刑人员的改造效果，才能使其能力和心理素质与某种职业工作或专业学习相适应，减少不必要的工作损耗。它还可以作为服刑人员了解自我、专业定向和职业选择的客观依据。此外，对于社会基层组织（如社区）和人事部门来说，心理测验在服刑人员回归社会再就业指导工作中的应用也值得推广。

四、心理测量在特殊服刑人员教育改造中的应用

特殊教育改造是指为满足异常个体的特殊要求而专门安排的教育改造活动，在我国师范类高校多设有特殊教育专业。它通常需要特殊的教材、方法、设备，因为特殊个体只有得到特殊教育和有关政策支持才能充分发挥潜能。异常个体虽比数小，但我国人口基数巨大，特殊服刑人员也是有一定数量的存在，因而特殊教育改造和管理的重要意义显而易见。[1]

（一）心理测量与问题服刑人员

问题服刑人员的情况是各种各样的，这里的问题指三类：智商问题、学习或劳动困难和行为失调。因为这三类服刑人员非常需要心理测量的帮助。

1. 智商问题程度的测量

与大多数心理测验相比，实践表明比奈—西蒙智力量表和韦克斯勒测验最具可靠性和有效性，所以在鉴别智商问题个体时被广泛使用。然而光用量表去鉴别远远不够，重要的是，矫治工作者要充分利用测验提供的诊断信息，改善对服刑人员的教育引导，发展其智力和生活自理能力。

2. 学习或劳动困难的测量

学习或劳动困难是针对学习或劳动改造有困难的服刑人员而言的，以未成年服刑人员为重点。尽管其智力可能不低于其他的"正常个体"，但在一个或几个技能方面存在困难（特别是阅读），并有多动和注意力分散的症状。心

---

〔1〕　[美] 丹尼尔等著：《异常儿童特殊教育概论》，高卓、张葆华译，华夏出版社1992年版，第81页。

理测量正是在学习障碍上对整个特殊教育影响极大。

3. 行为失调的测量

行为失调个体最明显的问题是无法与他人亲密相处，他们易激怒、爱挑衅、好嫉妒。与智商问题和学习障碍相比，行为失调没有任何有效的和可靠的测验被广泛接受。个性测验和行为等级尺度的精确性太差，因而测量行为失调的量表有待进一步发展。目前，行为失调的测量是行为综合评价，即直接的日常测量。

（二）心理测量与超常服刑人员

我国心理学家的研究表明智力特别高的个体约占 3%，比例虽然低于日本和美国等发达国家，但因我国人口基数大，因而超常个体数量更为可观。在刑事执行场所中，也不乏超常服刑人员。美国的伦朱利等人在 1975 年提出了"超常学生行为特征等级量表"用以鉴别超常儿童，并提出超常儿应具备三个特征：（1）能力强（包括智力超常）；（2）创造力强（提出新思想并将之用于解决问题的能力）；（3）工作责任感强（主动性强，做事能善始善终）。这样，通过智力测验和学习成绩测验，可判定能力是否超常；通过创造力测验，可判定创造力是否超常；通过教师对孩子的特点进行观察，并根据某种标准评价其是否具有主动性。超常服刑人员的鉴别应是极其谨慎的，并且不应是为了鉴别而鉴别，而是为了其更好地改造。心理测量必须着重于为制订有针对性的教育改造方案提供有关信息，否则它便毫无意义。因为测量和鉴别都不是目的，促进改造发展潜能才是目的。

第六章　精神分析技术的现象学学缘、基础与方法规范

从弗洛伊德和胡塞尔相同的学术原点——弗兰茨·布伦塔诺出发，探讨布伦塔诺对二者的共同影响；分析胡塞尔意向性理论的基本观点及在精神分析中的体现；分析现象学本质还原方法并阐述精神分析实践中对其的使用。进而看到精神分析与现象学的联系，以期促进二者的发展。

以胡塞尔为创始人的现象学哲学流派诞生于 20 世纪初，弗洛伊德精神分析学派的建立以其在 1900 年发表的《梦的解析》为标志，两者几乎诞生于同时。这两个学派对当代心理学的发展均产生了重大影响：现象学作为一种极其重要的方法论支撑了格式塔和人本主义心理学，使其有力量与实证主义方法论抗衡；精神分析成为行为主义和人本主义心理学派之外的"第三势力"，影响颇大。然而就像心理学与哲学的关系一样，精神分析和现象学亦有着密切的学缘，这不仅体现在两位创始人相同的学术原点上，而且还主要体现在精神分析在理论和方法上的现象学运用中。[1]

一、弗兰茨·布伦塔诺——弗洛伊德与胡塞尔的学缘起点

弗兰茨·布伦塔诺（Franz Brentano）于 1874—1895 年任职于维也纳大学，提出"意动心理学"观点。他认为心理现象应以内在的客观性为特征，将"意动"作为心理学的研究对象，即经验心理学，亦即意动心理学。[2]弗洛伊德和胡塞尔均师从于布伦塔诺，受教于他的哲学课，受到深刻影响，为

---

〔1〕 刘国英：《福柯与胡塞尔的〈逻辑研究〉：意想不到的法国联系》，载《中国现象学与哲学评论》，2003 年第 A1 期。

〔2〕 ［美］杜·舒尔茨：《现代心理学史》，沈德灿等译，人民教育出版社 1981 年版，第 78~79 页。

他们以后各自的理论奠定了一种"内向性"基础。[1]

弗洛伊德于 1873—1881 年就读于维也纳大学医学院，[2]他在第三、四、五和六学期分别上过布伦塔诺的"哲学著作阅读""逻辑学""亚里士多德哲学"等哲学课程，这也是弗洛伊德在为期 8 个学期的大学阶段除专业课以外所上过的仅有的非医学课程。[3]此间，他受到布伦塔诺的很大影响，[4]首先就是"意动心理学"的观点，布伦塔诺认为"意动"就是指心理活动所具有的动态性、整体指向性、活动机能性等属性，心理学应研究"意动"，而不是研究内容，弗洛伊德接受了这种意向性、能动性的观念；[5]其次，他还曾批判道："人们常将机体的机能和失调，建立在解剖学的基础之上，用物理化学的观点加以说明，用生物学的观点作进一层的解释，而从来不稍加注意精神方面的生活，不知道精神生活是复杂的有机体最后发展的结晶。"[6]这些同样也体现在了弗洛伊德曾写给 Theodor Gomperz（弗洛伊德大学时期的一位挚友，两人曾保持通信多年，弗洛伊德的许多早期观点在信件中均有体现）的一封信中，内容表明弗洛伊德在布伦塔诺的影响下将"心理"提升到与"身体"同等重要的位置上，并进而建立了自己的心理学体系。[7]另外，布伦塔诺对无意识的探讨也启蒙了弗洛伊德，布伦塔诺虽不承认无意识的存在，但却促使着弗洛伊德去思考它。[8]由此不难看出布伦塔诺在弗洛伊德学术道路上的烙印。

胡塞尔亦于 1881—1886 年在维也纳大学学习。其中 1884—1885 年和 1885—1886 年的两个冬季学期，他专心聆听了弗兰茨·布伦塔诺的心理学课程和哲学讲座，受益颇深，他曾说："从布伦塔诺的讲座中，我获得了一种信

〔1〕 倪梁康选编：《胡塞尔选集》（上），上海三联书店 1997 年版，第 7 页。

〔2〕 徐信华：《弗洛伊德传》，河北人民出版社 1998 年版，第 9~10 页。

〔3〕 Merlan & Philip, "Brentano and Freud—A Sequel", *Journal of the History of Ideas*, Vol. 10, No. 3 (Jun. , 1949), p. 451.

〔4〕 Boehlich W. (Ed.), *The Letters of Sigmund Freud to Eduard Silberstein 1871–1881*, Cambridge：Harvard University Press, 1990, p. 104.

〔5〕 车文博主编：《西方心理学思想史》，湖南教育出版社 2007 年版，第 501 页。

〔6〕 ［奥］弗洛伊德：《精神分析引论新编》，高觉敷译，商务印书馆 1987 年版，第 6 页。

〔7〕 Merlan & Philip, "Brentano and Freud—A Sequel", *Journal of the History of Ideas*, Vol. 10, No. 3 (Jun. , 1949), p. 375.

〔8〕 Merlan & Philip, "Brentano and Freud—A Sequel", *Journal of the History of Ideas*, Vol. 10, No. 3 (Jun. , 1949), p. 376.

念，即：哲学也是一个严肃工作的领域，哲学也可以并且因此也必须在严格科学的精神中受到探讨。他解决任何问题时所采取的纯粹实事性……将所有哲学概念都回溯到它们在直观中的原初源泉上去的做法——都使我对他满怀钦佩和信任。"[1]心理学本不是胡塞尔的主要兴趣，但他用不同的方法，得到布伦塔诺所曾有的见解，而学者们以绝非胡塞尔的方式称为"现象学"。[2]胡塞尔现象学方法也可看作一种认识论方法在布伦塔诺意向性理论框架中的发展。[3]另外，胡塞尔现象学创立的标志——《逻辑研究》（1900）一书是其在哈雷大学跟随卡尔·斯顿夫（Karl Stumpf）时完成的，而斯顿夫亦为布伦塔诺的忠实弟子，[4]胡塞尔最初恰巧是在布伦塔诺的指示下来到斯顿夫处学习，这样的间接、直接关系，亦体现着布伦塔诺思想对胡塞尔的影响。

二、精神分析中的现象学意向性理论

胡塞尔的意向性理论主要体现在《逻辑研究》和《纯粹现象学和现象学哲学的观念》两部著作中，即利用意识指向，通过对对象的意向行为的操作而获得对象的意义。虽然随时间的演变后者带有明显的唯心主义立场，但其主要观点没有改变，[5]不影响其对精神分析共性的探讨。精神分析中的现象学意向性理论可从以下四个方面分析：

（一）意义赋予和意义充实

当我们头脑中进行意识行为时，在意识中浮现的单纯、抽象的表象被胡塞尔称之为"意义赋予"，在此基础上，如果我们对此表象有具体的形象加工则称之为"意义充实"，前者获得的是抽象或单纯意义，后者获得的是形象或具体意义。

精神分析师的释梦工作乃至弗洛伊德及其追随者前期对释梦方法的探究过程中，其脑海中出现或搜集的梦的各种意象便是"意义赋予"的阶段，接着，将显梦符号与固定意义连结匹配，并联系来访者近期的生活状态，这是

---

〔1〕［德］埃德蒙德·胡塞尔著，［美］托马斯·奈农、［德］汉斯·莱纳·塞普编：《文章与讲演（1911—1921年）》，倪梁康译，人民出版社2009年版，第339页。

〔2〕［美］E.G.波林：《实验心理学史》，高觉敷译，商务印书馆1981年版，第413页。

〔3〕刘放桐等编著：《新编现代西方哲学》，人民出版社2000年版，第305页。

〔4〕［美］E.G.波林：《实验心理学史》，高觉敷译，商务印书馆1981年版，第407页。

〔5〕刘放桐等编著：《新编现代西方哲学》，人民出版社2000年版，第307页。

隐梦显性化的过程，同时也是"意义充实"的过程。意义充实的行为还可以起到判断一个表达是否存在逻辑矛盾的作用，表现在精神分析中，就是将来访者症状背后的可能性解释不断地进行假设与替换，亦即不断地充实与否定，最终找到最合理的可能，这本身就是一个判断的过程。

（二）对象化行为的质料和性质

"对象化行为的质料"就是意识的对象及其显现的规定性，如对正三角形来说，如果我们分别关注它的边或角，它便是等边或等角三角形，这便是质料的不同；"对象化行为的性质"表现在对对象的认识方式上，如当对象是花时，我们可以有直陈的判断："这是一朵花"，或疑问："这是一朵花吗?"，这就体现了对象化行为有不同的性质。胡塞尔认为，质料相同时，性质可以不同，反之，性质相同时，质料也可以不同，但二者相互补充，共同构成对象化行为的本质。

在精神分析中，对象化行为的质料便是个体梦或自由联想时脑海中意象，不同的意象便是不同的质料，不同来访者必定存在不同质料，相同来访者此时与彼时的质料也不尽相同，这里不用赘言；对意象或质料的认识或解释方式即为性质上的不同，断言此意象背后暗藏来访者怎样的动机、怀疑彼意象是否与来访者生活中的某事件相关联、希望此意象就是解决问题的关键所在等，都反映了对不同质料、不同性质的对象化行为。

（三）对对象的知觉和对行为的体验

胡塞尔所指的"对对象的知觉"就是心理学上主体对客观事物的知觉，即整体的觉知和理解；"对行为的体验"即对对象认识时对自己的认识，也就是自己跳出自己看自己，这也是现象学还原方法施行的必备条件，如看花时对看这种动作的体验和认识，胡塞尔也称为"返观自照"，即反思。

在精神分析中，这两种状态处处存在，前者毋庸赘言，后者体现于心理矫治工作者对来访者所提供的意象的揣摩和思考中，正确的做法是时刻反省自己每一小步结论的正确与否，只有在此基础上才能步步为营，否则就会前功尽弃，所以这种"反思"是必不可少的。

（四）单束放射式和多束放射式的行为

胡塞尔认为，一个意向行为可以"单束放射式"地指向对象，也可以

"多束放射式"地指向对象，如"苏格拉底"和"苏格拉底喝毒酒死了"，面对前者我们的意向行为只指向人名，而对后者却有"苏格拉底""毒酒""死"，是综合的、多束的。

同样，在精神分析中，单束放射式的指向亦不用多言，多束放射行为可表现为心理矫治工作者处理梦境中某个有意义的事件或来访者脑海中的意识流，心理矫治工作者必须综合、整体地解释才会有意义且获得有价值的结果。

三、精神分析中的现象学本质还原方法

（一）现象学的基本方法——本质还原

胡塞尔的研究范围是认识主体和认识对象在存有方式上的关系以及认识的对象领域的本质。他认为现象学的方法主要有两类：先验还原和本质还原。先验还原针对并解决形而上学的问题，厘清认识主体和对象何者为第一性问题，同时也是进行本质还原的前提；"本质还原"即面向事物的本身，以一个具体的感知体验或想象为起点，通过想象来对实例加以变更，从而获得不变的常项，即本质。本质还原也是与释义的精神分析联系最紧密的方法。现象学方法的一个特色是不以任何假设为前提而达到必真的真理，达到这一点的手段是"中止判断"，即悬置。这也是先验还原及本质还原的共同点，表示对一切给予的东西打上可疑的记号，胡塞尔称之为"加括号"，提醒我们在解决问题的全过程中不要假定意识对象的自明性。在本质还原一步，表现为部分的中止判断，即把个别东西存在的信念悬置起来。本质还原包括两个步骤：中止判断；在对大量个别东西的直观分析基础上，概括出意识中的清晰共相。通过中止判断这个达到知觉本质的必要条件，我们的目光集中于什么是事物直接显现的方面，即纯粹现象，把现实或想象中的个别对象当作例子，并且通过自由想象的变更，把握更多产生共相所必要的例子，接着把每个例子视为无限倒退的变项，最后用整体性的目光抽取出例子中一致的规定性，这样这些保留下来的不变的规定性，即变项共同具有的必然的本质就被揭示出来了，本质还原也就完成了它的任务。[1]

---

〔1〕　刘放桐等编著：《新编现代西方哲学》，人民出版社 2000 年版，第 316~319 页。

（二）精神分析的重要方法——自由联想和释梦

精神分析流派虽经历了曲折的发展，经由不同的代表人物变更、改造其思想内涵和具体方法，但是其主要的思想和方法如释梦、自由联想等仍遵循弗洛伊德创立的技术。自由联想方法来自弗洛伊德对精神病人的治疗，启发病人抛开任何耻辱感和批判意识，头脑中想到什么就说什么，不管内容多么荒唐或毫无意义，心理矫治工作者不掺杂任何主观意识，通过病人自由联想提供的"意象"进行分析，把握其潜意识动机，由此摸清病人的致病原因和经过。释梦是弗洛伊德精神分析的重要方法，他认为梦不是偶然形成的联系，而是被压抑的欲望伪装成象征的满足。他将梦境分为显梦和隐梦两部分，显梦即人们真实体验到的，即直接出现在头脑中能回忆起来的"意象"，隐梦是指梦的真正含义，即梦象征性表现的被压抑的潜意识欲望、真正的动机，显梦好比谜面，隐梦则是谜底。[1]

（三）精神分析中本质还原方法的体现

1. 自由联想和释梦中的意象——作为本质还原的材料

在现象学中本质还原的对象是"纯粹现象"，现象学虽强调没有与之对应的东西、对意识的审查是凭借直观进行的，但在精神分析治疗和解释潜意识的分析技术形成的曲折过程中，弗洛伊德利用的确是现象学方法。他在长期与大量病人的接触中积累了对众多病人的梦和自由联想中意象分析的经验，在对精神病症的解决方法毫无明确意识导向的情况下专注于对各种意象的考察，以至在觉察到某些共同意象有相似指意时欣喜若狂，这种获得客体意义的"反身抽象的无意识性"刚好契合了现象学将事物悬置和不给予任何假设的要求。随着经验积累量的增加，从大量个别意象中概括出与之固定连结的本质含义——来访者的真正动机。因此，释梦法则最初的获得是源于现象学方法的，只是在后来的应用中被公式化了，但实质上任何人的每一次应用都渗透着现象学思想。

2. 心理矫治工作者在释梦过程中对意象的分析和思考——意象的意义还原体现中止判断

心理矫治工作者在对来访者自由联想和梦中意象进行综合分析时遵循来

---

〔1〕 ［法］拉康：《拉康选集》，褚孝泉译，上海三联书店2001年版，第441~443页。

访者意象生成的顺序，优秀的心理矫治工作者头脑中储存着很多非常牢固的联结，这些联结即各种意象与这些意象的本质还原结果的联系。因此，在处理来访者提供的奇形怪状的意象流时，心理矫治工作者观察的是其横切面，在脑海中不停地搜寻曾经还原过的痕迹，将来访者提供的所有意象翻译成潜意识动机的本质所指，[1]然后再将这些所指联系起来，结合病人实际生活状态的内容进行完整合理的解释，在这个过程中，心理矫治工作者还原每一个意象到其本质的思维动作，便充分体现了现象学的中止判断——将某个或某几个意象根据情况灵活倒退并变换为变项，然后整体地抽取出其意义。

3. 意义的破译——"共相"的产生

这可体现在两个方面：一是在心理矫治工作者成长的过程中，肯定存在失败或碰壁的情况，随着这些试误的增加，心理矫治工作者逐渐摸索出意象与其本质的固定联结，日积月累，众多相似性的意象促成了本质共相的诞生，心理矫治工作者头脑中的变项便也不复存在了，本质得以成功还原；二是在具体的某个案例中，心理矫治工作者在完成上述所有中止判断后，把这些中止判断揭示的本质碎片连结起来，使其重新成为本质流，即把众多的共相连结了起来，意义便得到了破译，梦或自由联想的内容得到了合理的解释，来访者的潜意识动机被意识化，症状也会得到相应缓解。这在弗洛伊德早期对研究方法的自我探索中有很清晰的体现："弗洛伊德是从他自己对受分析的病人的叙述和行为的观察中推导出他的理论的，然后他用所谓内部一致的方法对这些资料加以批判性的分析。"[2]也正如霍尔和林德基（1970）指出的："从材料的一部分作出的那种推理，要由材料的其他部分得出的证据加以核对，以便从一个案例中获得的最终结论建立在事实和推理的互相联结的网络上。弗洛伊德像一个侦探搜集证据或者一个律师法官总结一个诉讼案件那样进行他的工作。弗洛伊德只有在每种情况都合情合理之后，才对所做的正确解释感到满意。"

---

〔1〕　朱建军：《我是谁：心理咨询与意象对话技术》，中国城市出版社 2001 年版，第 136 页。

〔2〕　［美］杜·舒尔茨：《现代心理学史》，沈德灿等译，人民教育出版社 1981 年版，第 341 页。

类 型

第七章 腐败犯罪的心理分析与矫治规范

腐败犯罪是危害国家公职人员的毒瘤，是影响社会稳定的重要因素。心理学角度对腐败犯罪的分析既新颖又必要，可以从精神分析理论、行为主义理论和认知主义理论对腐败犯罪进行分析，探究其原因所在。同时，提出相关的心理矫治规范，以减少或杜绝腐败犯罪的发生。

一、腐败犯罪

腐败作为一种危害国家社会利益的犯罪行为，与公职人员密切相关。党的十八大以来，以习近平同志为核心的党中央把反腐工作提上日程，作为一项重要工作来抓，采取了一系列有力措施，可见反腐的重要性。有学者认为腐败犯罪是指利用其职务权力谋取私利而导致的犯罪，这种犯罪的重要形式就是权钱交易，也称"白领犯罪"，[1]一般犯罪人具有贪财、好色和贪图享乐的特征。[2]也有学者认为腐败犯罪是指不法政府官员利用职务便利，通过权力寻租、索贿受贿、贪污，或者与社会不法分子相互勾结利用的手段，坑害国家和集体利益并谋取包含政治和经济利益在内的种种私利，损害国家和政府威信，腐蚀社会健康肌体，败坏社会风气，应受刑罚处罚的各类犯罪行为的总称。[3]我们认为，腐败犯罪是指与公职人员有关的利用职务便利谋取利

---

〔1〕 刘跃敏：《当代腐败犯罪的若干心理特征与行为趋向》，载《重庆理工大学学报（社会科学版）》2010 年第 7 期。

〔2〕 孙红日：《腐败犯罪的心理分析与心理预防》，复旦大学 2010 年硕士学位论文。

〔3〕 陈毕君等：《腐败犯罪心理实证分析》，载《公安学刊（浙江公安高等专科学校学报）》2004 年第 6 期。

益的犯罪行为总称。

二、腐败犯罪的心理分析

个体的外在行为是受内部心理控制的，腐败犯罪亦受内部犯罪心理左右。不同的心理学流派对个体的心理现象有不同的看法，因此，我们可以用不同的心理学理论来解释腐败犯罪心理，主要有精神分析理论、行为主义理论、认知理论和人本理论。

（一）腐败犯罪的精神分析解读

精神分析理论是奥地利著名心理学家弗洛伊德在 20 世纪初创立的，它既是一种心理治疗方法，也是一种人格的理论和研究人类行为的工具。精神分析理论强调无意识的过程，分析本能冲动与规范的冲突及压抑现象，人的行为及其发展是由内心的冲动、欲望、动机和冲突决定的，而且它们常常处于潜意识，潜意识的活动来自身体的内部刺激，它驱使人通过活动来满足由于内部刺激所产生的心理和生理需求，宣泄和消除由于刺激所引起的紧张、痛苦和焦虑。[1]精神分析还特别重视早期与父母、兄弟姐妹、同伴及权威人物的关系。精神分析理论从宏观上可包括人格结构理论、人格发展理论以及对神经症的精神病理解释等，我们分别从各亚理论角度对腐败犯罪进行解读。

1. 人格结构理论的腐败犯罪分析

精神分析理论认为个体的人格由本我、自我和超我组成。本我由位于无意识中的本能、冲动与欲望构成，是人格的生物面，遵循"快乐原则"；自我介于本我与外部世界之间，是人格的心理面，自我的作用是一方面能使个体意识到其认识能力，另一方面使个体为了适应现实而对本我加以约束和压抑，遵循的是"现实原则"；超我是人格的社会面，是"道德化的自我"由"良心"和"自我理想"组成，超我的力量是指导自我、限制本我，遵循"理想原则"。本我、自我和超我之间不是静止的，而是始终处于冲突—协调的矛盾运动之中。本我在于寻求自身的生存，寻求本能欲望的满足，是必要的原动力；超我监督、控制自我接受社会道德准则行事，以保证正常的人际关系；

---

〔1〕张文：《论官商勾结犯罪的心理基础——以胡长清、成克杰、王怀忠、郑筱萸案件为例》，载《宁波大学学报（人文科学版）》2009 年第 1 期。

而自我既要反映本我的欲望，并找到途径满足本我欲望，又要接受超我的监督，还要反映客观现实、分析现实的条件和自我的处境，以促使人格内部协调并保证与外界交往活动顺利进行，不平衡时则会产生心理异常。弗洛伊德指出，本我是盲目的冲动和本能，促使主体犯罪的主观内在是本我。那么，预防犯罪的关键就是发展良好的自我和超我。但当自我和超我的发展存在缺陷时，本我必定无法受到有效的约束，而做出不符合社会规范的行为。因此，腐败犯罪的心理机制可解释为：本我具有追求享乐的性质，自我由于发展缺陷没能为本我本能的宣泄找到适切的途径，而超我由于把关不严没能正确履行职能，进而诱发腐败犯罪。

2. 人格发展理论的腐败犯罪分析

弗洛伊德将人的人格发展（性心理发展）分为以下五个阶段：口唇期、肛门期、性器期、潜伏期和生殖器期。如果发展过程不畅或遇到阻碍，性欲内驱力的能量会在某一阶段固着，进而形成不同的性格特点。[1]弗洛伊德认为人格的基本结构已经在前三阶段基本形成，所以儿童的早期环境、经历对其成年后的人格形成起着重大作用，许多成人的心理冲突都可以追溯到早期创伤性经历和压抑的情结，当成年人的心理冲突外化并与社会规则冲突时，就容易产生犯罪行为。[2]因此，腐败犯罪的心理机制可解释为：儿童三岁以后懂得了两种性别的区别，开始对异性父母亲眷恋，对同性父母亲嫉恨，由于这一期间充满了复杂的矛盾与冲突，儿童会体验到俄狄浦斯情结（或恋母情节），在这一时期儿童潜意识里会希望取代父亲而与母亲亲近，进而在行为上就会表现出排斥父亲而与母亲更为接近，按照弗洛伊德的理论，在这一阶段男孩则期待充满力量，以彰显自己的强大以及对客观事物的控制力，来吸引母亲注意。这个阶段如果发展不顺畅，导致能量固着，就会造成日后成人具有虚荣、莽撞、崇尚强权的性格特点，以致不当地追求金钱、权力、声望，并表现出贪财好色讲排场等作风，进而导致腐败犯罪。

3. 人格发展理论的腐败犯罪分析

精神分析理论认为人的行为是有特定功能的，它与人的本能有关，承担

[1] 吴燕武、顾宏伟：《精神分析学的犯罪原因说》，载《法制与社会》2006年第15期。
[2] 刘建清：《三大心理学流派对犯罪心理学的影响》，载《政法学刊》2004年第1期。

着满足特定欲望或本能的职责，但行为人赋予其行为的主观含义可能是无意识的，以至于行为人自己也没有察觉他所赋予的特殊意义。无意识由冲动、被压抑的欲望、过去的精神创伤和不能为现实所容许的情感、思想和动机冲突等组成。无意识内容虽然受到压抑，但它们无时无刻不在为得到自我满足而斗争。所以，它会在一定程度上影响着人的行为，特别是当无意识内容突出重围，而以赤裸裸的行为表现出来的时候，就可能与社会规则发生激烈冲突，结果就是犯罪的产生。因此要想了解犯罪行为的动机，就要分析行为人的社会化过程。

弗洛伊德的性驱力理论是一种本能决定论，正如弗洛伊德所说：人无法改变生理决定的东西，这成为其理论被后继学者诟病的另一个原因。因此，我们更乐于引入新精神分析学家霍尼的理论，她主张不适当行为不是本能的驱使，而是为了应对困难环境的需要，是个体获得安全感的唯一方式。贯穿其理论的核心概念就是"基本焦虑"，指孩子认为在一个充满敌意的世界里，他感到自己孤立无助，外界环境的各种不利因素都可能让小孩子产生不安感，包括严格管束、冷漠的态度、错误的教育方式、对个人需要缺乏尊重、忽视、过度表扬或不予表扬、缺少温暖呵护、给予孩子过多或过少的责任、对孩子不公正、充满敌意的氛围，等等。年幼的儿童对这些不幸经验难以驾驭和掌控，因此便产生了焦虑的反应。因此儿童不得不把绝大部分精力都花在寻求安全保障上，焦虑越是难以忍受，保护手段就越是彻底，面对这些情景，孩子会建立某些防御策略，来使他能够应对这个世界。采取什么策略取决于整个环境的综合因素，即现实中哪种方式离他最近、最容易获得。对权力、名望、财富的寻求不失为一种有效并且可得的缓解焦虑的方式，即通过权力、成就、占有来获得安全感。其内心逻辑是：如果我拥有权力、金钱、地位，就没人能伤害我，而消除焦虑获得安全感是一种必要，也正是这种必要给了他追求的力量和毅力。如果使用不当，便会走向犯罪的歧途。

（二）腐败犯罪的行为主义分析

行为主义心理学由美国心理学家华生在 1913 年创立。与精神分析理论不同，行为主义学派强调行为的外在性和可重复性，行为学派认为人的行为是后天习得的。它特别强调环境的作用，认为行为的习得、养成甚至改变均依赖于环境中恰当或不恰当的强化作用。

行为主义理论认为，心理学的研究对象应为可以为他人观察到的外显行为，而非看不见摸不着的意识或无意识经验，同时也认为行为不是由遗传决定，而是在环境因素的影响下，经被动学习后的结果，为此可以通过操作学习过程达到使个体目标行为出现的目的。行为理论的基本原理有：

（1）经典条件反射。由生物学家巴甫洛夫首先发现，后被应用到心理学研究上来，即如果可以引发一种非条件反应的一个非条件刺激与一个中性刺激配对结合，那么这个中性刺激就会变成条件刺激，从而引起原来只有非条件刺激才能引起的反应，即建立条件反射。

（2）操作性条件反射。由心理学家斯金纳提出，认为人的行为是习得的，并为行为的结果所强化。操作性条件作用最主要的效果是，随意产生的行为会根据行为的结果进行反复的纠正、尝试，最终塑造成有意义的行为模式。操作性条件作用的基本原理有强化、惩罚和消退。

（3）社会学习理论。代表性人物是班杜拉，其理论主要是重视观察性学习，认为行为的发展不仅通过个人的直接的操作性学习和经典条件获得，还通过观察和模仿这些间接性学习而获得。

行为理论认为人的行为是后天习得的。不正当行为是因条件反射、模仿学习、错误强化而形成的。[1]因此，按照行为理论，腐败犯罪也是后天习得的，是错误建立条件反射、不当模仿和错误强化而形成的。偶尔的一次腐败行为，从中得到好处（强化物），若没有被发现，那么下次别人再给予好处，便会出现同样的腐败行为（强化的结果）；看到他人腐败没有受到惩罚，于是自己也效仿（间接的观察学习），同样也没被发现，腐败心理力量得到增强，并且会在金钱、名誉、地位（强化物）的诱惑下，进一步获取其带来的控制感和愉悦感，进而一步一步走上不归路，如此恶性循环。

（三）腐败犯罪的认知主义分析

认知学派把人的心理功能看作信息加工系统。认知心理学重视心理内部过程的研究，并以改变来访者的适应不良性认知为根本目标，认为认知歪曲是引起情绪不良和非适应行为的根本原因，一旦认知歪曲得到改变或矫正，

---

〔1〕 张厚粲：《行为主义心理学》，浙江教育出版社 2003 年版，第 30 页。

情感和行为障碍就会相应好转。每个人的情感和行为在很大程度上是由自身认识世界、处世的方式和方法决定的，也就是说，一个人的思想决定了他内心的体验和反应。认知心理学家埃里斯的工作在认知理论的发展史上起到了重大的推动作用，他提出了情绪调节的 ABC 理论，就是认为激发事件 A（activating event）只是引发情绪和行为后果 C（consequence）的间接原因，而引起 C 的直接原因则是个体对激发事件 A 的认知和评价而产生的信念。B（belief），即人的消极情绪和行为障碍结果（C），不是由于某一激发事件（A）直接引发的，而是由于经受这一事件的个体对它不正确的认知和评价所产生的错误信念（B）所直接引起。错误信念也称为非理性信念。正是由于我们常有的一些不合理的信念才使我们产生情绪困扰。如果这些不合理的信念存在，久而久之，还可能会引起情绪障碍。根据 ABC 理论，歪曲的认知会存在于各个领域，腐败犯罪中的认知歪曲亦可分析。比如，领导干部认为在给别人办事的过程中收取一点小恩小惠是不会出问题的，存在思想麻痹大意的认知；认为自己手中的公权代表着控制力，把自己安排在高高在上的位置上，颐指气使，久而久之，忘乎所以，使得公权失之偏颇；对自己的需要存在不合理认知，归根结底是对自身价值观没有清醒的认识，贪图一时的享乐，暂时满足了畸形的物欲色情等需要，却放松了思想上应该保持的紧绷的铁弦等。

三、腐败犯罪的矫治规范

（一）引入心理探索

根据以上从精神分析角度的心理学解读可以明了，腐败犯罪的发生是犯罪人童年时代负性能量固着的缘故，因此，可以在公职人员的工作内容或福利待遇中引入心理探索的模块，以帮助其认识自己的精神结构和人格特点，发现自身成长经历中的"缺失"，以更好地弥补、减少腐败犯罪的发生。心理探索的内容可以包括童年经历和主要的心理发展过程，如主要的社会经历和社会交往以及各种现象背后的情结，以及对"阴影"的分析。基本技术手段可以包括自由联想、解释、梦的解析、客体关系分析等。比如少年贫苦，任现实残酷摆布，严重丧失对自己生活的控制感，成年后拼命追逐金钱、权力，以此来重新获得对生活、对他人的控制，甚至不择手段、不计代价，最后身陷囹圄，再次失去了控制感，这是被情结操控的表现，严重丧失了自我和理智的结果。就心理分析来说，其目的不是要让当事人消除或者根除其情结，而是通过觉察和理解情结在自己心理和行为中所起的作用，用它的触发和表现来降低情结的消极影响。从理论上来说，如果我们不能察觉和认识我们的情结，就会在不同程度上受情结的控制和摆布，而一旦认识和理解到情结的存在及其意义，正确地处理情结，情结也就失去了影响与控制我们的能量。另外，在心理分析的过程中帮助公职人员不断加深对自己无意识内容的了解，加深自我认知，这对合理调整个人需求和行为方式起着不可估量的重大作用。[1]

（二）进行威慑警示

对公职人员特别是党员领导干部中所发生的腐败犯罪的典型案例，通过剖析，编写、拍摄成大型纪录片、电视片或警示教育宣传材料，有选择地组织干部进行观摩学习，使之引以为戒，警钟长鸣，也会起到很好的作用。各部门经常性地组织干部参观警示基地和学习警示教育材料，对干部的警示教育作用是显而易见的，对心存侥幸或已产生犯罪心理萌芽的一些官员或党员干部的威慑作用也是显而易见的，这在一定程度上会发挥抑制腐败犯罪心理生成的独特震慑功能。

（三）开展随机约谈

相关监察部门对本系统一些热门、敏感或关键性岗位的工作人员进行经常性、随机性的调查谈话，以起到关心、发现问题、诫勉的作用，可在一定程度上预防腐败犯罪心理或作案动机的生成，也许某一次短暂的随机谈话就会防止一起恶性犯罪事件的发生，把各种有害因素扼杀在摇篮中。

（四）加强严惩措施

相关部门应该对查出的腐败犯罪分子不论政绩大小、职位高低，一经发现，坚决剥夺相关权力，绝不以党纪代替国法，绝不以行政处罚代替刑事处罚，绝不能大事化小、小事化了。对被查出的腐败犯罪分子，除没收腐败犯罪的非法所得之外，还要加收罚金，使腐败犯罪分子在经济上不仅得不到任

---

〔1〕 孙红日：《腐败犯罪的心理分析与心理预防》，复旦大学2010年硕士学位论文。

何好处，反而还可能因此倾家荡产，对其他潜在的犯罪想法进行警示，起到杀一儆百的作用。[1]

（五）实施随机审察

实行"任上审计"或"在位审计"以及"离任审计"相结合的方法，即定期（不必告知具体时间）对公职人员主管的相关工作，尤其是对财政拨款、预算开支、创汇收入以及单项、大项工程预决算进行跟踪审计、监督，同时在其离任时，进行综合、总结性的审计，作为其工作生涯总结的一部分。

---

[1] 殷保家：《行政腐败心理预防机制研究——法治与心理学相结合的角度》，山东大学 2009 年硕士学位论文。

第八章 信仰型服刑人员的心理分析与矫治

一、必要性——习练源起多与心理因素相关

陷入模式：受挫折后→找精神寄托/归属感→认知混乱→邪路。

（一）挫折心理：遭受挫折后，不能及时、有效地进行调整

（1）躯体生理方面：身患疾病（慢性病、重病）、残疾、身体素质差等，长期处于不健康的状态。

（2）重大生活事件方面：如遭遇失业、亲人离世、自然灾害、婚姻变故、经济受损等。

（3）婚姻家庭方面：婚姻不幸福、夫妻关系质量欠佳、缺乏家庭温暖、离异丧偶、亲子关系紧张、家庭经济负担重、照顾老弱病残人员等。

（4）工作方面：工作受挫、工作不顺、不会处理领导和同事关系、受排挤、职业上升渠道受阻等。

（二）社会支持方面

缺乏支持或不会主动寻求支持，如人际关系淡漠和紧张、人际信任感低、内向、爱面子、不懂得示弱等。

（三）认知水平低下

教育经历单薄、文化知识水平低、主观判断力弱，易轻信、盲从。

（四）人格方面

如人格力量弱、自尊感缺乏、自我认同差、自我评价低等。

（五）成长教育经历方面

长辈、家庭和学校教育不当，家庭不幸和求学受挫等负性事件留下的阴影等。

二、帮教实践中对心理学的需求

（一）当前困难——解决办法

（1）进门难、易脱落、常反复——需建立信任：利用人本主义心理治疗的方法，如共情、尊重、无条件积极关注等，帮助其建立信任感，建立关系。

（2）沉淀顽固犯转化难、固化——需系统调整认知：利用认知疗法、认知行为疗法等具有系统、严谨治疗体系的方法，经过系统的治疗，帮助习练者改变错误认知。

（二）开放式办班中的心理治愈因素

（1）体现法治和人本主义原则：把习练者当"人"看，使其体会到被尊重，减弱了逆反心理。

（2）社会功能受影响程度小：对习练者而言，开放式学习班对其社会功能和生活现状的影响小，不易产生负面阴影。

（3）人际温暖和人际关系得以充分作用："关系"治疗是非常有效的手段，充分发挥"开放"的特点，让陪教、亲人等相关人员充分参与到帮教中。

（三）由"润物无声"到"锣鼓喧天"

经过调研发现，心理矫治方法早已应用到帮教工作中，"润物无声"，比如：第一阶段的铺垫教育中，使用的人本主义疗法（建立关系、尊重、安抚和释放情绪等）；第二阶段的破壳教育、第三阶段的攻坚教育中，"以理服法、以法破法"使用的认知疗法（自相矛盾法、发现错误信念、与错误信念进行辩论、合理情绪疗法等）；第四阶段的巩固替代教育中，使用的行为疗法（强化法、行为塑造法、替代满足法、厌恶疗法等），效果良好。问题在于：方法不系统、不成体系；专业人员缺乏；帮教人员需再培训、再学习。因此，应将心理学方法置于显性位置，重点研究体系化应用，提升帮教效果。

三、创新对策和措施

（一）因人施策、分类矫治

"千人千面"，信仰型服刑人员犯罪的成因、身心特点、所处环境等方面各不相同，因此务必要因人施策，在通识帮教的基础上，做到有针对性地工作。

（二）科学、系统地应用心理矫治方法

心理矫治方法的种类很多，关键在于如何科学、系统、正确地应用。当前较流行的方法有：

（1）认知疗法：改善妨碍个体生活的消极认知和不合理思维模式与信念（非理性思维）的心理疗法。

（2）行为疗法：使用科学的程序和方法，配合适当的环境，来矫正个体的不良行为。

（3）家庭治疗：通过矫正家庭系统的人际关系而进行的心理治疗的方法。

（4）表达性艺术治疗：表达性艺术治疗是以各种艺术的媒介来表达个体内心的思绪、感受及经验。这些媒介可能是声音、身体、故事文本、书写、绘画、舞蹈、音乐等，相应的就有音乐疗法、舞蹈疗法、叙事疗法、绘画疗法、沙盘疗法等。

（5）意象疗法：通过诱导个体做想象，了解其潜意识心理的冲突，对其潜意识的意象进行修改，从而达到治疗效果。

（6）心理剧疗法：通过让习练者在舞台情境中扮演不同的角色来宣泄内心压抑的情绪，体验角色的思想情感，从而产生新的领悟和建立起恰当行为模式的心理矫治法。

（7）森田疗法：在"顺其自然、为所当为"理念指导下的一种体系化治疗方法，多配合住院治疗。

（三）人才队伍建设

（1）心理学的专业性强，需招录、吸收心理学专业人才，参与到帮教中。

（2）可通过政府支持，对帮教人员进行定期、专业的心理学培训。

（3）对陪教人员、习练者家属等也应进行一定的心理学培训和教育。

（四）创新工作模式

心理学工作大有可为，帮教人员可以发挥自身特长，创新工作模式，可从阶段上、分类上、方法上等各种角度进行。

（五）挖掘区域特色，吸收文化心理

充分利用区域文化特色，进而挖掘心理营养，将其吸收到帮教工作中，转化为有力的改造武器。例如，充分利用沂蒙精神、孔孟文化、墨子文化等，将吃苦耐劳、尊老爱幼、礼义智信、仁爱精神等精髓，利用心理学方法使习练者得以吸收。

第三部分

服刑人员心理矫治工作的优化

第一章 固本：组织社会化策略下的警察心理品质

组织社会化策略对公共突发事件和社会治理水平尤为重要，工作认同和工作适应是影响组织社会化策略的重要因素。本研究在调研警察心理品质的基础上，通过构建数理假设模型并进行检验，探讨防控工作背景下组织社会化策略对心理品质的影响，并分析工作认同的中介作用和工作适应的调节作用。结果发现：工作认同在组织社会化策略和生活品质之间起中介作用；工作适应在组织社会化策略、工作认同和生活品质之间起调节作用。

第一节 背景概述

一、科技化和信息化技术对公共突发事件防控的支持

党的十九届四中全会强调，"必须加强和创新社会治理，完善科技支撑的社会治理体系"。大数据具有明显且有效的风险感知和预警预防功能，其所呈现的信息可作为社会力量参与处理公共突发事件的基础以及政府调动社会资源的依据，有助于政府准确把握民众需求，进而为提供有针对性、系统性的个性化服务。

基于科技化、信息化而产生的数据分析软件或数据分析系统，为科学研究提供了便利条件，提高了工作效率。根据智库文章，结构方程模型（Structural equation modeling, SEM）是一种融合了因素分析和路径分析的高级数据分析技术。它的优势在于对多变量间交互关系的定量研究，被大量应用于社会科学及行为科学领域。评价构想模型是否得到了观测数据的支持，有三类拟合指标。一是绝对拟合指标，如 x^2，近似均方根误差（RMSEA），标准均方根偏差（SRMSR），拟合优度指数（GFI），调整后的拟合优度指数（AG-FI），比较拟合指数（CFI）等；二是相对拟合指标，如 NFI、NNFI；三是省

俭度，如省俭规范拟合指数（PNFI），省俭拟合优度指数（PGFI）等。

在对数据模型进行分析时常常会遇到多种效应，以中介效应、调节效应和交互作用较为多见。根据百度，中介效应（Mediation）指的是 X 对 Y 的影响是通过 M 实现的，也就是说，M 是 X 的函数，Y 是 M 的函数（Y-M-X）。研究中介作用的目的是在已知 X 和 Y 关系的基础上，探索产生这个关系的内部作用机制。在这个过程中可以把原有的关于同一现象的研究联系在一起，把原来用来解释相似现象的理论整合起来，而使得已有的理论更为系统。中介变量的研究不仅可以解释关系背后的作用机制，还能整合已有的研究或理论，具有显著的理论和实践意义。调节（moderation）是社会科学研究中重要的方法概念，是研究者探索多个变量之间关系的重要手段。如果因变量 Y 和自变量 X 的关系（回归斜率的大小和方向）随第三个变量 Z 的变化而变化，则称 Z 在 X 和 Y 之间起调节作用，此时称 Z 为调节变量。交互作用（interaction）是指一个因素各个水平之间反应量的差异随其他因素的不同水平而发生变化的现象。它的存在说明同时研究的若干因素的效应非独立。交互作用的效应可度量一个因素不同水平的效应变化依赖于另一个或另几个因素的水平的程度。本章在此基础上力求探究各个变量之间的效应关系。

二、组织社会化策略

组织社会化策略是指组织通过特定的策略或方法促进个体的社会化过程，使之顺利完成组织所期望的角色转变。Van Mannem 和 Schein 首先提出了六种组织社会化策略[1]，每种策略由相互对立的两个概念组成，即集体—个别策略、正式—非正式策略、固定—变动策略、连续—随机策略、伴随—分离策略、赋予—剥夺策略。由于上述分类方法在管理实践中难以实施，Jones 进一步整合了上述六种策略[2]，他认为，如果组织采用集体、正式、固定、连续、伴随、赋予六种社会化策略，实际上是鼓励员工被动接受组织预先设定的角色，以使组织维持现状，称为制度化策略（institutional tactics）；如果组

---

　　[1] Van Maanen, J. and Sehein, E. H., "Toward a theory of organizational socialization", *Researeh in organizational Behavior*, 1979, 1: 209-264.

　　[2] Jones G. R., "Socialization tactics, self-efficacy, and newcomers' adjustments to Organizations", *Academy of Management Journal*, 1986, (29): 262-279.

织采用个别、非正式、随机、变动、分离和剥夺六种社会化策略，目的是鼓励员工保持个体特性，主动解释在组织中的角色，称为个体化策略（individual tactics）。

不同的组织社会化策略对员工态度和行为的影响存在差异。Jones 指出，制度化策略容易导致员工角色固守倾向，个体化策略则容易产生角色创新倾向。Saks 和 Ashforth 指出[1]，制度化策略能促使员工具有高工作满意度、高组织承诺、高组织认同和低离职意图，而个体化策略则易导致员工高角色模糊、高角色冲突和高工作绩效。组织社会化策略通过某种特定的策略使新员工适应组织，减少由于加入新组织的现实冲击所带来的不确定性和焦虑情绪，从而形成组织所期望的态度、行为与知识，尽快转变为组织所期望的角色。Jones 将以上六种策略按照信息传递的方式、内容划分为三种维度：情境策略（Context tactics）、内容策略（Content tactics）和社会策略（Social tactics），情境策略是指组织向新员工传递信息的方式，内容策略是指向新员工传递与组织和工作任务有关的内容信息，社会策略则与组织内人际关系与社会联系有关。新冠疫情突如其来，在时间、情境和内容上都对以往的组织策略提出了挑战，本研究力求进行较为全面的考察。

三、公共突发事件防控下警察的心理品质

心理品质表示人们日常生活的心理品位和质量，包括对经济生活品质、文化生活品质、政治生活品质、社会生活品质、环境生活品质等方面的感知。在公共卫生的突发事件中，与健康有关的心理品质亟须得到关注，世界卫生组织对与健康有关的生存质量进行了定义，并开发了世界卫生组织生存质量测定量表（WHOQOL-100 和 WHOQOL-BREF），其中关注了心理质量和一般健康感觉两个方面，涉及生理、心理、社会关系、环境等多个领域的内容。[2]同时，对心理品质的测量，多集中在医学领域，表现为对医护人员工作生活

---

〔1〕　Saks A. M., Ashforth B. E., "Organizational socialization: Making sense of the past and present as a prologue for the future", *Journal of Vocational Behavior*, 1997, 51: 234-279.

〔2〕　徐艳江等：《生活质量量表在皮肤科的应用》，载《皮肤病与性病》2020 年第 3 期。

状态和病人的生存状态上。[1][2][3]Myer 和 Williams[4]早就提出过一个三维筛选评估模型。该评估模型从三个方面评估当事人的功能水平：认知、情感和行为。这一评估模型被认为是一种简易、快速、有效的评估系统。在"非典"（SARS）流行期间，研究者也提出对民众的关注点应集中在"知—情—意"三个方面，并提出了相应模型。[5][6][7]本研究根据以往研究对心理品质的分类维度，结合疫情特殊性对警察心理品质的影响，将当下的心理品质分为认知（对生活、工作等）、情绪情感（对工作、生活等的感受）和行为（生理变化、应激反应等）三个大的维度。

四、研究意义

（一）新的理论模型的构建和检验

在公共突发事件的背景下，构建了有调节的中介模型，在厘清各变量相互关系的基础上，考察警察群体的组织社会化策略与心理品质的关系、工作认同的中介作用和工作适应的调节作用。

（二）丰富应对突发公共事件的社会治理思路

警察作为维持社会安定的主力军，心理援助体系的完善与否决定了疫情防控工作的成败，也对今后对类似突发事件的防控应对提供治理思路。

（三）保障公共突发事件防控工作顺利进行

警察本身就是公共突发事件防控的主力军，唯有身心健康才可使其展现正确认识、合理情绪和规范行为。

---

〔1〕 房馨等：《护士专业生活品质与 D 型人格、正念的相关性分析》，载《齐鲁护理杂志》2021年第 18 期。

〔2〕 颜丽霞等：《养老机构安宁疗护护士专业生活品质及影响因素研究》，载《中华护理教育》2020 年第 7 期。

〔3〕 孟萌等：《ICU 护士专业生活品质对工作投入的影响》，载《中国护理管理》2019 年第 11 期。

〔4〕 Myer R. A., Williams R. C., Ottens A. J., et al., "Crisis assessment: A three-dimensional model for triage", *Journal of Mental Health Counseling*, 1992, 14: 137-148.

〔5〕 梁宝勇：《"非典"流行期民众常见的心理应激反应与心理干预》，载《心理与行为研究》2003 年第 3 期。

〔6〕 童辉杰：《"非典（SARS）"应激反应模式及其特征》，载《心理学报》2004 年第 1 期。

〔7〕 杨蕴萍：《由 SARS 认识应激与应激反应》，载《中国全科医学》2003 年第 7 期。

（四）有助于完善社会心理援助体系

在当前社会心理援助体系缺乏的情况下，从问题出发，充分调研，补齐短板，从社会的行业人才队伍建设和人力资源管理角度提供及时的组织支持策略，关心警察群体的身心和需求，完善社会心理援助体系。

第二节　公共突发事件防控中警察心理支持感、职业情感认同、主动工作适应及心理应激的关系研究

组织社会化策略是指组织通过特定的策略或方法促进个体的社会化过程，使之顺利完成组织所期望的角色转变。根据互惠理论，组织社会化策略会让个体感受到温暖，从而增强工作认同。[1][2][3]根据资源保存理论，工作认同作为一种个人特质或人格的资源，拥有充足资源的个体有能力去获取更多的资源，并取得更多的资源增量，且在面对资源损失时拥有更强的防御能力。相反，资源匮乏员工的资源获取和维持能力较低，更容易遭受资源损失的压力，工作认同可以解释个体的压力应激反应和工作倦怠。Karasek[4]提出的工作要求—控制模式（JDC，Job Demand Control Model），认为个体面临的工作要求越高、自我工作控制越低，工作压力就越大，进而导致一些身心问题，工作压力取决于工作要求和工作控制的共同作用。工作适应的结果可包括工作任务的完成、角色适应和社会整合等。[5][6][7]Demerouti 等又提出工作要

〔1〕　Barksdale K．，Werner J. M．，"Managerial ratings of in-role behaviors，organizational citizenship behaviors，and overall performance：testing different models of their relationship"，Journal of Business Research，2001，51（2）：145-155.

〔2〕　Tsai C. H．，"Mediating impact of social capital on the relationship between perceived organizational support and employee wellbeing"，Journal of Applied Sciences，2013，13（21）：4726-4731.

〔3〕　汤芙蓉：《警察组织支持感与职业承诺的现状及关系研究》，载《职业与健康》2018 年第 18 期。

〔4〕　Karasek R．，"Job demands，job decision latitude，and mental strain：implications for job redesign"，Administrative Science Quarterly，1979，24（2）：258-306.

〔5〕　谭亚莉：《企业新进员工工作适应的发展模式研究》，华中科技大学 2005 年博士学位论文。

〔6〕　何辉、黄月：《组织社会化策略与新员工工作适应研究》，载《管理学报》2015 年第 10 期。

〔7〕　何辉、黄月：《组织社会化策略对新生代员工主动社会化行为和工作适应的影响——基于一个被中介的调节模型》，载《经济与管理评论》2016 年第 5 期。

求—资源（JD-R，Job Demand Resource Model）模型，[1]在 JDC 模式基础上又探讨了工作资源，工作资源能够缓冲高工作要求对员工的损耗，且工作资源在高工作要求下更能刺激个体的工作动机、投入和生活满意度等。[2]高工作要求会激励员工充分利用工作资源，更好地投入工作、完成工作目标，因此，高工作适应也会调动工作认同来起作用。工作适应和组织社会化策略的匹配度影响对工作资源的前后调整和分配。[3]可见，组织社会化策略与工作认同、工作适应存在复杂且密切的关系。

以往研究结论多缺乏社会突发公共事件的背景，且较少将影响被调研对象心态的组织社会化策略、心理品质以及工作适应、工作认同维度放到一起进行考察。因此，聚焦心理支持感、职业情感认同、主动工作适应和心理应激四个具体方面，综合探索心理支持感对警察的心理应激的负向预测作用、职业情感认同对心理应激的负向预测作用、工作认同在心理支持感和心理应激间的中介作用以及主动工作适应的调节作用，同时，提出有效的援助策略和治理方法。

一、心理支持感、职业情感认同、主动工作适应和心理应激的关系

（一）心理支持感与心理应激的关系

应激是个体对内外环境威胁和挑战的一种应对过程，可导致躯体和精神状态的巨大改变。心理应激是机体在某种环境因素刺激作用下由于客观要求和应付能力不平衡所产生的一种适应环境的紧张反应状态。[4]以公共突发事件中工作强度相对较大的警察群体为例，警察的心理应激是其在高风险、高强度和高负荷的工作中，面对具有威胁性的刺激时，在生理或心理上所表现

---

〔1〕 Demerouti E., Bakker A. B., Nachreiner F., et al, "The job demands-resources model of burnout", Journal of Applied Psychology, 2001, 86（3）：499~512.

〔2〕 Lonnie M., Schaible, "The impact of the police professional identity on burnout", Policing：An International Journal of Police Strategies & Management, 2018, 41（1）：129~143.

〔3〕 陈建安等：《从支持性人力资源实践到组织支持感的内在形成机制研究》，载《管理学报》2017 年第 4 期。

〔4〕 姜贤政、张红梅：《SARS 病区医护人员的心理应激反应及对策》，载《全国传染病护理学术交流暨专题讲座会议论文汇编》2004 年版，第 101~108 页。

出来的紧张状态或消极反应。[1]因警察高强度的职业劳动[2]、需要应对更多的应激事件[3]、创伤事件[4]等原因，决定了警察在公共突发事件中其心理应激反应的特殊性，其应激反应水平比一般群体要高。[5]

根据资源保存理论[6]和工作要求—资源理论，[7]资源的减少意味着个体会面临资源匮乏的威胁，个体的反应一般是立即采取行动减少资源付出，外在表现就是减少对工作要求的回应，保存有效精力，但是在严肃且超强的工作压力下，是不可能发生的，政治任务使警察群体必须迎难而上、共克时艰，资源的过度消耗和压力的持续增加必定引发应激反应。

因此，应提供及时有效地心理支持或心理援助。[8][9][10][11]Siegrist基于社会互惠原则提出付出回报失衡模型，[12]根据个体在工作中付出所获得的回报来预测心理应激反应和心理健康，获得的回报越多，付出越积极。[13]在人力资源管理中，组织提供的培训也是组织社会化策略的重要组成部分，[14]大量研究表明，培训可以降低员工的各种适应问题，如职业倦怠、

---

〔1〕 徐超凡：《论警察慢性心理应激的"生理—心理—社会"三级评估与干预策略》，载《公安学刊（浙江警察学院学报）》2015 年第 6 期。

〔2〕 王志红：《警察心理应激反应探析》，载《牡丹江教育学院学报》2014 年第 7 期。

〔3〕 丁勇、王叶：《公安民警心理应激能力提升策略研究》，载《江苏警官学院学报》2019 年第 2 期。

〔4〕 何牧、丁勇：《公安民警创伤后应激障碍应对新模式》，载《辽宁公安司法管理干部学院学报》2017 年第 3 期。

〔5〕 戴天晟：《警察职业特点与警察心理应激反应及警察身心健康的探究》，载《上海公安高等专科学校学报》2003 年第 5 期。

〔6〕 Hobfoll S. E. , "Conservation of resources-A new attempt at conceptualizing stress", American Psychologist, 1989, 44 (3): 513-524.

〔7〕 Demerouti E. , Bakker A. B. , Nachreiner F. , et al. , "The job demands-resources model of burnout", Journal of Applied Psychology, 2001, 86 (3): 499-512.

〔8〕 陈于霞：《监狱人民警察心理健康状况的调查与健康支持策略——以重庆市某监狱为例》，西南大学 2013 年硕士学位论文。

〔9〕 周沃欢等：《警察心理健康现状及其应对策略研究》，载《新疆警官高等专科学校学报》2014 年第 1 期。

〔10〕 林丹：《警察心理援助工作的实践与思考》，载《广州市公安管理干部学院学报》2013 年第 3 期。

〔11〕 胡万年：《警察心理健康问题的成因及其应对之策》，载《公安研究》2009 年第 3 期。

〔12〕 Siegrist J. , "Adverse health effects of high-effort/low-reward conditions", Journal of occupational health psychology, 1996, 1 (1): 27.

〔13〕 楚克群、宋国萍：《付出—回馈失衡工作压力理论的迁移、拓展与展望》，载《心理科学进展》2016 年第 2 期。

〔14〕 屠佳涛：《员工帮助计划（EAP）在 KQ 公安的应用研究》，昆明理工大学 2017 年硕士学位论文。

离职等。[1]心理支持作为警察 EAP（员工援助计划）中的重要内容，可以降低警察发生心理危机的风险，[2]更应该防患于未然应用到日常的工作中，预防民警的心理困扰风险，[3][4]相关实证研究证实了其有效性。[5][6]据此，可提出假设 1. 心理支持感对心理应激反应有负向的预测作用。

（二）职业情感认同在心理支持感和心理应激之间的中介作用

职业认同感也称职业同一性，由埃里克森的"自我同一性"而来，[7]单维和多维结构观均认为职业情感认同是职业认同的重要组成部分，[8]Gary 和 Blau[9]认为职业认同的主要成分就是职业情感认同。作为疫情防控人员，对职业的特殊情感是与其他行业工作者不同的地方，其本身的职业情感认同更能在特殊任务中起到积极作用，尤其是在公共突发事件持续时间长、劳动强度大的情况下，对工作的职业认同会更加影响工作效果。

根据互惠理论，组织的社会化策略会让个体感受到情感支持，从而增强个体的职业认同感。[10][11][12]但众多研究均表明：心理支持作为心理支持的

---

〔1〕 张宁：《组织社会化策略、组织支持感对 90 后员工离职倾向影响的实证研究》，山东大学 2018 年硕士学位论文。

〔2〕 张佳楠、罗震雷：《监管民警心理健康状况分析及 EAP 实施研究》，载《云南警官学院学报》2018 年第 6 期。

〔3〕 蔡骁：《EAP 在警察心理健康管理中的应用》，载《体育世界（学术版）》2019 年第 4 期。

〔4〕 徐希国、王伟：《"员工援助计划"在监狱警察管理中的运用》，载《犯罪与改造研究》2014 年第 8 期。

〔5〕 路志强：《陕西省监狱警察帮助项目方案设计》，西北大学 2012 年硕士学位论文。

〔6〕 马艺：《EAP 在 X 市公安基层警员心理健康管理的应用研究》，天津大学 2012 年硕士学位论文。

〔7〕 郭守峰：《组织支持感、职业认同感对基层公安民警工作倦怠的影响研究》，中国人民公安大学 2019 年硕士学位论文。

〔8〕 刘志宏等：《公安民警职业认同感问卷的编制和信效度检验》，载《中国人民公安大学学报（社会科学版）》2016 年第 5 期。

〔9〕 Blau G. J. , "The measurement and prediction of career commitment", Journal of occupational Psychology, 1985, 58 (4): 277-288.

〔10〕 Barksdale K. , Werner J. M. , "Managerial ratings of in-role behaviors, organizational citizenship behaviors, and overall performance: testing different models of their relationship", Journal of Business Research, 2001, 51 (2): 145-155.

〔11〕 Tsai C. H. , "Mediating impact of social capital on the relationship between perceived organizational support and employee wellbeing", Journal of Applied Sciences, 2013, 13 (21): 4726-4731.

〔12〕 汤芙蓉：《警察组织支持感与职业承诺的现状及关系研究》，载《职业与健康》2018 年第 18 期。

一种形式，能够提升个体的职业认同感。心理支持和心理援助作为组织社会化策略的一个方面，[1]在公共突发事件中的作用非常重要且明显，[2]尤其是在我国心理干预体系不完善的情况下，显得更为重要。

根据资源保存理论，职业情感认同作为一种个人特质或人格的资源，拥有充足资源的个体有能力去获取更多的资源，并取得更多的资源增量，且在面对资源损失时拥有更强的防御能力。相反，资源匮乏员工的资源获取和维持能力较低，更容易遭受资源损失的压力。职业情感认同可以解释个体的压力应激反应和工作倦怠。[3]有研究者发现职业认同在运动员心理应激和心理疲劳之间起到显著的中介和调节双重作用、[4]护士职业认同与继发性应激创伤呈正相关，[5]但警察职业情感认同对应激反应影响的研究较少。因此，本研究提出假设2：心理支持通过职业情感认同对心理应激有负向的预测作用。

（三）主动工作适应在心理支持感、职业认同感和心理应激之间的调节作用

Karasek 等[6]提出的工作要求—控制模式，区分了工作要求和工作控制。工作要求指的是工作情境中的工作负荷、工作职责等，是工作任务量大小和困难程度的反映。工作控制是个体对自我工作行为施加的影响。工作要求—控制模型认为，个体面临的工作要求越高、自我工作控制越低，工作压力就越大，进而导致一些身心问题。工作压力取决于工作要求和工作控制的共同作用。[7]其中，工作任务的完成度会影响个体的工作适应。工作适应是一个复杂的组织行为概念，其结果可分为远端和近端，远端指员工满意度、离职

〔1〕 楚克群、宋国萍：《付出—回馈失衡工作压力理论的迁移、拓展与展望》，载《心理科学进展》2016 年第 2 期。

〔2〕 陈雪峰、傅小兰：《抗击疫情凸显社会心理服务体系建设刻不容缓》，载《中国科学院院刊》2020 年第 3 期。

〔3〕 戴天晟：《警察职业特点与警察心理应激反应及警察身心健康的探究》，载《上海公安高等专科学校学报》2003 年第 5 期。

〔4〕 刘训：《应激对运动员心理疲劳的影响：一个有中介的调节模型》，载《沈阳体育学院学报》2019 年第 3 期。

〔5〕 张慧等：《ICU 护士同情心疲乏对其职业认同的影响》，载《中国护理管理》2014 年第 3 期。

〔6〕 Karasek R., "Job demands, job decision latitude, and mental strain: implications for job redesign", Administrative Science Quarterly, 1979, 24（2）: 258-306.

〔7〕 Mansell, Brough, "A comprehensive test of the job demands-control interaction: Comparing two measures of job characteristics", Australian Journal of Psychology, 2005, 57: 103-114.

意向等，近端可包括工作任务的完成、角色适应和社会整合等。[1]

Demerouti 等又提出工作要求—资源模型，在工作要求—控制模式基础上又探讨了工作资源，将工作资源分为物质的、条件性的、个人特征的和能源性的。其中个人特征性资源涉及个体调节对个人内在人格的调动，有助于个体抗拒和抵御压力，包括自我效能感和自尊、职业情感认同等。工作要求—资源模型假设，工作对员工存在正性和负性影响，工作资源能够缓冲高工作要求对员工的损耗，且工作资源在高工作要求下更能刺激个体的工作动机、投入和生活满意度等。[2]高工作要求会激励员工充分利用工作资源，更好地投入工作、完成工作目标。因此，高工作要求也会调动职业情感认同来起作用。

工作适应和组织社会化策略的关系，国内外学者未达成一致意见，对工作适应和职业认同的相关研究也较少。有学者从认知理论角度考察组织社会化对个体的影响，实际上，在认知心理学角度，从工作适应的整个过程来看，近端工作任务的完成是认知的中间阶段，是动态的，任务完成的好坏影响对工作资源的前后调整和分配。工作适应的近端带有元认知的色彩，或者称工作适应反思，带有一定的主动性。[3]同时，有学者对 SARS 的应激反应进行实证研究，认为群体对疫情的认知评价起一种重要的调节、抑制的作用，[4][5][6]这个认知评价包括对职业情感的认同、对工作变化的自我认识和调整。因此，本研究提出假设 3：主动工作适应在心理支持与应激反应及职业情感认同的关系中起调节作用。

综上，在资源保存理论和工作要求—资源理论视角下，本研究构建了一个有调节的中介模型（见图 1-2-1），同时考察心理支持感、职业情感认同及主动工作适应与心理应激的关系。具体来说，本研究拟考察心理支持感预测心理应激的中介（职业情感认同）和调节（主动工作适应）机制，为公共突

---

〔1〕 何辉、黄月：《组织社会化策略与新员工工作适应研究》，载《管理学报》2015 年第 10 期。

〔2〕 李爱梅等：《工作影响员工幸福体验的"双路径模型"探讨——基于工作要求—资源模型的视角》，载《心理学报》2015 年第 5 期。

〔3〕 陈建安等：《从支持性人力资源实践到组织支持感的内在形成机制研究》，载《管理学报》2017 年第 4 期。

〔4〕 童辉杰：《"非典（SARS）"应激反应模式及其特征》，载《心理学报》2004 年第 1 期。

〔5〕 童辉杰：《社会支持与 SARS 应激反应的验证性研究》，载《心理科学》2004 年第 2 期。

〔6〕 童辉杰：《严重突发性事件应激反应的理论模型》，载《中国临床康复》2006 年第 2 期。

发事件防控工作提供有价值的参考。

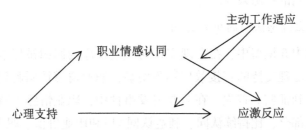

图 1-2-1　职业情感认同的中介作用及主动工作适应的调节作用假设模型

二、职业情感认同的中介作用及主动工作适应的调节作用

首先，在公共突发事件的防控工作中，警察群体作为维持社会安定的主力军，其心理健康水平在一定程度上决定了防控工作的成败，也为今后对类似突发事件的防控应对提供经验。其次，研究职业情感认同和主动工作适应的关系，对行业素质尤其是警察群体职业认同的提升和作用有促进功能，对减少人员伤亡的发生提供有力支持。在本研究中，假设 1、假设 2 和假设 3 均得到了证实。

（一）心理支持的积极作用

在本研究中，假设 1 心理支持对心理应激反应有负向的预测作用得到证实。心理支持能够促进职业情感认同的建立，在中介模型和调节模型中，心理支持对职业情感认同的路径均显著。首先，心理支持或心理关怀应该作为工作常态对工作应激水平高的群体进行设置，目前疫情防控人员群体对心理支持等 EAP 措施的了解仍不广泛。[1]其次，在危机来临或工作方式面临变化时，个体在一定程度上变成了"新员工"，[2]称为"工作转换者"，此时作为组织社会化策略的设置显得更为重要，这在新员工的工作适应研究中已有很多研究。再次，根据情绪情感的心理学原理，情感的形成以情绪感受为基础，情绪感受的强烈程度和时间长度，是其转化为情感的基础。最后，根据社会

---

〔1〕　蔡骁：《EAP 在警察心理健康管理中的应用》，载《体育世界（学术版）》2019 年第 4 期。
〔2〕　何辉、黄月：《组织社会化策略与新员工工作适应研究》，载《管理学报》2015 年第 10 期。

交换理论和互惠原则，心理支持或援助无论是在形式上还是在内容上均可成为职业情感认同的资源来源。

（二）职业情感认同的中介作用

本研究的中介模型中，在心理支持对应激反应的回归模型中加入职业情感认同以后，心理支持的直接效应不再明显，职业情感认同起到完全中介作用，假设2得到证实。首先，在公共突发事件中，职业情感认同作为职业认同的重要组成部分，比持续认同、利益认同[1]和职业价值、职业权益[2]等因素更容易被调动，因为相较而言，在时间紧迫的情形下，它较少需要外部资源来养成，更多地受动机、价值观等内部因素的支配。本次新冠疫情来势凶猛、紧急突然，其速度之快让整个社会都措手不及，同时，安全防护物资一度紧缺，疫情防控人员在如此情况下，还需要维持疫情防控治安，其象征特殊身份的职业情感无疑会起到重要的资源支撑作用，职业情感认同可以作为抵御负性应激反应的一道防护墙。其次，职业情感作为一种内部资源，应及时修复。已有研究发现，职业认同感过度被消耗会导致职业倦怠[3]等多种职业问题，今后可以将心理支持和职业情感教育相结合。

（三）主动工作适应的调节作用

工作要求—资源理论假设，工作对员工存在正性和负性影响，工作资源能够缓冲高工作要求对员工的损耗，且工作资源在高工作要求下更能刺激个体的工作动机、投入和生活满意度等。高工作要求会激励员工充分利用工作资源，更好地投入工作、完成工作目标。因此，高工作要求也会调动职业情感认同共同起作用。本研究发现了主动工作适应与职业情感认同的交互作用：高组、低组主动工作适应水平的人员，随着职业情感认同度的提高，心理应激水平均随之显著降低，验证了假设3。这说明，在紧急应激情境中，当个体来不及或不能很好的应对外部环境时，对职业本身的特定情感认同是很好的

〔1〕林虹萍：《基层民警职业认同构成及调查研究——以江苏省南京市为例》，载《中国人民公安大学学报（社会科学版）》2016年第5期。

〔2〕刘志宏等：《公安民警职业认同感问卷的编制和信效度检验》，载《中国人民公安大学学报（社会科学版）》2016年第5期。

〔3〕Lonnie M. Schaible, "The impact of the police professional identity on burnout", *Policing: An International Journal of Police Strategies & Management*, 2018, 41 (1): 129-143.

利用和应对手段，这种情感认同能够帮助个体有效降低应激水平。正如同资源保存理论和工作要求—控制理论所强调的，拥有充足资源的个体不仅有能力获取更多的资源，能在原有资源的基础上获得更多资源增量，而且在资源损失时也拥有更强的防御能力，减少资源损失。低工作控制的个体，在高工作要求下，也更容易出现压力反应。

三、启示

（一）加快心理援助体系化建设

1. 尽快填补心理援助工作的空白和短板

行业体系内应尽快建立专门针对警察群体的心理援助热线或心理危机干预手段，公布热线电话，进行全员宣传。让其知晓求助途径和方式，及时求助，有效求助，避免心理问题严重化、危机化。

2. 排查心理危机，提供心理援助

组织专业力量，对警察群体进行心理测验和评估，全面排查其在思想认识、情绪情感、行为特征中出现的心理危机等各类问题，并及时干预。完善心理培训工作，并使之常态化。缺乏专业力量的，可向社会求助或以购买心理服务的方式进行。

3. 满足警察群体的合理需求

（1）加强其与社会支持系统的联系，在符合工作规范的前提下，尽可能打通警察群体和家人的网络沟通渠道，如安排固定时段或时长，为其提供电话、语音、视频的机会，让他们获得家人的支持。

（2）帮助解决老人子女的安置、生活用品的短缺等家庭现实困难，如建立临时托儿所等，解除其后顾之忧。

（3）充分考虑警察群体的身体状态，保护其饮食和睡眠功能，设置人性化的排班方式。

（4）确保警察群体的防控用具充分且有效，在合理范围内设置补贴和奖励。

（二）加强警察在职教育中职业情感的培养

根据情绪情感的心理学原理，情感的形成以情绪感受为基础，情绪感受的强烈程度和时间长度，是其转化为情感的基础。警察作为特殊行业，职业情感认同显得尤为重要，可以作为和其他行业进行区别的本质特征，加强日常职业情感认同的强化工作，对警察群体在突发事件下对危机的正确应对起着十分重要的作用。警察群体身心疲劳已成常态，职业情感认同在关键时刻能够起到重要作用。

（三）重视警察院校大学生的职业认同教育

警察院校大学生是警察群体的重要预备力量，在校学习期间是培养人生观、价值观的完善阶段，也是职业认同的重要阶段。这就需要在教育过程中应引导警校大学生正确认知警察的职业社会角色，了解警察行业的性质与宗旨，勇于承担人民警察的任务与职责，清楚人民警察的权利与义务，并履行人民群众对警察社会角色的期待，积极内化警察社会角色，帮助警校大学生建立正确、端正的职业认同感，激发警校大学生对警察行业的情感和情怀。通过在校学习和校外实践学习相结合的方式，创造实习机会，进行体验式教学，从认知、情感、实践等各个方面培养警察院校大学生的职业认同感。

第二章　正源：高校专业化人才培养体系优化
——以山东政法学院警官学院为例

第一节　引领：运用现代警务理念提升心理矫治人才培养质量

现代警务理念作为构建现代警务机制的指导和基础，越来越体现出顺应时代发展、符合社会需求、遵循治安规律的特征。将现代警务理念吸收并运用到心理矫治的人才培养中，为全面构建现代警务机制夯实基础，提高现代警务效率，具有事半功倍的效果和意义。

一、现代警务理念与心理矫治人才培养

现代警务理念是在当前构建现代警务机制的要求下应运而生的、符合社会发展的新型警务理念，以符合当前社会的"现代化"为特征，具体可表现为：警务行为的规范化、警务资源的集约化、警务工作的信息化、警务运行的高效化、队伍建设的正规化和绩效评估的科学化。旨在使警务功能与和谐社会、社会主义市场经济体制相适应，使警务机制运转高效、掌控有力、透明公正、参与民主，使警务运作规范化、信息化、集约化、科学化、民主化，切实提高当前社会环境下公安机关维护国家安全的能力、驾驭社会治安局势的能力、处置突发事件的能力、为经济社会发展服务的能力。

心理矫治人才的培养肩负着输送未来合格人民司法警察的重任，专业人才培养的质量直接影响后续刑事执行工作实践的成败。司法系统作为维护社会稳定和安全的重要组成要素，现代警务理念应当且已经成为各项警务工作实际的重要指导。因此，心理矫治人才培养应当积极适应社会变化，将现代警务理念吸收到人才培养中，顺应时代要求，提升培养质量。

二、运用现代警务理念提升心理矫治人才培养质量所采取的措施及所获得的成效

（一）培养理念

山东政法学院警官学院全面贯彻落实"以本科教育为主体，以师资队伍建设为关键，以教学为中心，建精品学院，创品牌专业，培养符合国家公务员标准和现代警务机制要求的司法警察（监狱人民警察和社区矫正官，以下统称司法警察）"的办学理念，以培养学生宽口径、多渠道的就业能力为出发点，合理构筑学生的知识、能力、素质结构体系，系统加强教学内容课程体系、培养模式的改革，全面推进素质教育，全面提升学生的培养质量和就业能力。2021 年，山东政法学院警官学院的监狱学专业被确定为国家一流本科专业建设点，在国内成功申报并获批第一个社区矫正本科专业并在同年面向全国招生。

山东政法学院警官学院积极顺应现代警务机制的要求，努力探索富有心理矫治特色的人才培养模式；强化实践教学，建立依托省内监狱的校外实训基地，完善校内技能实训室的功能，形成校内、校外实验实训两大保障体系；加强专业教育规律研究与探索，在教学方法和教学手段的改革上取得突破，使教学方法与教学手段更贴近现代司法管理和刑罚执行实际；建设一支高质量、高水平，同时承担专业课堂教学和实践教学的双师素质的专业师资队伍。

（二）学风建设

山东政法学院警官学院以培养符合国家公务员标准的现代司法人民警察为己任，倡导"博学笃行，刚健中正"的警院学风文化，以现代警务理念为指导，具体体现为"忠诚、创新、正直、严明"。一是忠诚，现代司法人民警察应关心国家发展、忠诚于监狱事业；二是创新，在重视基本理论、基本知识学习的同时，善于学习新思想、新观念，积极参与社会实践，自觉培养创新意识和创新能力；三是正直，践行"团结奋进，从严求实"校风，行动中谦虚谨慎，知行统一，做到文明正直、人格健全；四是严明，自觉维护警服警徽的荣耀，严格遵守校纪校规，严明作风，认真学习，文明考试，严整警纪，雷厉风行、令行禁止、作风顽强。

为了进一步强化警院学风、提升警院学子的文化内涵和营造良好学风，

在学院的指导下，如火如荼地开展了"阅读的重量，生命的力量"系列读书活动，活动旨在扩充同学们的知识结构，提高同学们的文化内涵，增强同学们的个人素质，督促同学们珍惜时间、脚踏实地，更重要的是帮助并促使同学们建立"终身阅读"的意识和习惯，以更好地适应未来、可持续发展。通过活动的开展，学生们改善了学习习惯、开阔了学习视野、积累了大笔财富，乐在其中，受益匪浅。该阅读活动将会以常态化形式长期开展下去。

（三）教学项目

1. 质量工程实施

山东政法学院警官学院严格按照专业人才培养方案组织实施教学质量工程，根据山东政法学院警官学院近十年毕业生的就业情况，全国范围各级各类公务员的一次性考取比例达80%以上，一次性就业率达100%。根据司法机关对学生到实习见习场所进行认识见习、中期见习和毕业顶岗实习的反映，以及社会对学生的反响来看，现有教学质量工程的实施效果良好。

为贯彻落实《山东政法学院全面提高人才培养能力　加快建设高质量本科教育实施方案》（鲁政院〔2019〕55号），提高监狱学专业和社区矫正专业的教育教学质量工程的实施，根据《山东政法学院特色专业建设实施办法》（鲁政院〔2014〕136号），山东政法学院警官学院早在2011年和2020年分别起草了《警官学院监狱学专业建设规划》和《警官学院社区矫正专业建设规划》，并进行不断优化，对学生的可持续发展具有指导性意义，也对心理矫治人才的培养提供了保障。该规划包含了专业建设的指导思想、建设目标；师资队伍的建设规划；教研、科研的规划；教材建设规划；实验实训室建设规划；实训基地建设等。

2. 教学改革

（1）专业特色教学课程体系与心理矫治人才培养模式探索。

山东政法学院警官学院积极吸收现代警务理念，努力进行教学改革探索，并多次召开座谈会、讨论会，听取专业教师、监狱人民警察、社区矫正官等对专业课程体系的意见和看法。另外，鉴于当前学生的培养具有与山东省司法厅、监狱管理局联合培养、定点培养的特点，山东政法学院警官学院教师到山东省监狱、女子监狱、临沂监狱、菏泽监狱等单位进行了调研，听取基层刑事执行部门对毕业生的要求和期望。在此基础上，根据山东政法学院警官学院实际，论证了专业"三大平台、七个模块"的特色课程体系，组织人员编写了部分主干课程的教学大纲，认为应构建"教、学、练、战"一体化的教学新模式。

（2）专业特色实训基地教学模式探索。

专业特色实训基地教学模式是指在校内模拟心理矫治和校外现实心理矫治这一特殊的教育实训基地中，利用模拟和现实的实训环境，学校和刑事执行部门双方各自选派指导教师，对学生进行的以培养应用型现代心理矫治应用人才为目的的新型职业实训教学模式。

专业特色实训基地以现代刑事执行工作所需的心理学、教育学、管理学、经济学、法学、警察技术等专业知识、基本技能为主要学习内容的教育形式，它以"培养符合国家公务员标准的司法人民警察"为办学宗旨。因此，所实施的实训教育将刑事执行场所作为实训基地。专业特色实训基地包括校内模拟实训基地和校外现实实训基地两个方面。专业特色实训基地教学共分为四部分：感知实训、见习实训、模拟实训和顶岗教学实训、提交实习实训报告。

3. 课程建设

山东政法学院警官学院课程建设的目标围绕形成与现代刑事执行工作和司法矫正现实相适应、重视提高实践教学质量，注重顶岗实践等动手操作能力，形成能够满足刑事执行实际需要、与心理矫治、监所管理、刑罚执行、生产劳动相衔接，全面提高专业知识、职业能力和综合素质三位一体的课程体系，其中多门课程被评定为国家级、省部级以上一流课程或精品课程，具体如下：

（1）2023 年国家一流本科课程：《狱政管理学》。

（2）2020 年山东省一流本科课程：《矫治心理学》。

（3）2012 年山东省省级精品课程：《罪犯心理矫治》。

（4）2021 年山东省一流本科课程：《狱政管理学》。

（5）2020 年山东省课程联盟：《狱内侦查学》。

（6）2011 年司法部精品课程（本科）：《特殊类型罪犯管理与矫正》。

（7）2012 年山东省省级精品课程：《狱政管理学》。

（四）实践能力培养

1. 实践基地建设

现代刑事执行工作的创新需要智力支持，监狱学和社区矫正专业也需要实践部门提供良好的培养学生管理理念和动手实践的学习基地。山东政法学院警官学院在山东省内 20 多个监狱和若干个社区矫正机构建立了专业实践实训教学基地，学生可以在专业认识见习、中期见习、毕业顶岗实习等多个环节到各实践实训教学基地进行有组织的学习与顶岗实习，对自己所学习的专业和现代司法管理工作进行直观认识和了解。同时，在学院的精心安排下，实习学生每年会分别到山东省监狱、女子监狱、警官医院等全省 12 家刑事执行单位，展开为期三个月的实习生活。同学们被安排到不同的实习岗位进行实践，在专任教师和干警的悉心指导下，不仅对刑事执行工作有了更为深刻和理性的认识，同时也极大丰富和补充了在校期间理论知识的学习。

2. 射击实验室建设

2012 年 7 月 8 日，一个全新的、充满科技含量的现代化地下射击实验室在山东政法学院警官学院建成，并顺利通过验收。射击实验室能满足实弹射击并兼容模拟训练的 25 米标准手枪射击训练靶场。射击实验室的建成，为学院的教育和培训工作教学搭建了优质平台，为监狱学专业学生警体素质的提升、教学和训练又添加了一个重要的硬件设施支撑，满足了学生理论教学和实践教学的需要。

（五）培养质量监控

1. 教学质量监控

山东政法学院警官学院历来重视人才培养质量，将现代警务理念融入质量监控中。为了切实提高教育教学质量，规范课堂教学秩序，每学期均制定教学督导工作安排。教学督导的内容主要包括教师备课情况、教师教学态度、教学方法、教学内容、教学效果、学生评价等内容。督导方式以随机随堂听课为主，以学生、教师座谈方式和检查备课情况为辅。同时，山东政法学院警官学院还鼓励教师相互听课，相互学习，相互提高，倡导教师进行同行评价、教师自评等，并在课后进行热烈讨论，从不同角度汲取营养，以不断提高业务水平。

2. 毕业生质量监控

学生毕业时通过公务员考录进入刑事执行人民警察队伍，以及公安、检察院、法院、纪检监察、社区矫正等政法机关和其他党政机关，当年没有考取公务员等的毕业生以合同制形式安置到相关系统就业。截至 2023 年 5 月 24 日，监狱学专业共有 12 届毕业生，总人数为 2261 人，其中 1831 人考取了公务员，公考成功率高达 81%。在这些毕业生中，有 984 人在监狱系统工作，占毕业生总数的 43.5%；在公安系统工作的有 222 人，占比 9.8%；在法院系统工作的有 114 人，占比 5%；在检察系统工作的有 137 人，占比 6.1%；在纪检监察机关工作的有 58 人，占比 2.6%；在其他国家机关工作的有 307 人，占比 13.6%；另有 76 名同学考取中国人民公安大学、中国人民警察大学、中国政法大学、西南政法大学、山东大学等名校研究生继续深造。

三、山东政法学院警官学院在运用现代警务理念过程中存在的问题及解决对策

（一）专业文化建设方面

经过几年的发展，山东政法学院警官学院警校文化已初步建立，逐渐形成了忠诚、创新、正直、严明的监狱学专业文化建设目标，忠于司法事业、提高创新意识和能力、文明正直、严明警纪。但在以下几个方面还有完善空间：

一是继续加强现代警务理念建设，全方位深化师生的认识水平，为构建司法系统现代警务机制夯实基础。

二是加强专业文化建设的学术研究，深层次提炼监狱学和社区矫正专业文化的本质特征，拟与相关监狱学和社区矫正学会合作，合办学术刊物作为山东政法学院警官学院的院刊。

三是加强学生文化社团建设。

四是每年与刑事执行机关合作举办"文化艺术节"和"文化研讨会"。

五是加强实验室建设，突出专业文化特色。将学校和省监狱管理局投入的资金计划落实到位，提升各大实验室建设标准，突出专业文化特色。

（二）师资队伍建设方面

山东政法学院警官学院师资队伍从数量上基本能满足日常教学的需要，

年龄、学历、职称、学缘结构相对合理，但存在教师刑事执行实践经验较为缺乏、与司法机关联合培养教师的途径狭窄和师资建设专项经费短缺等问题。我们提出如下改进思路与措施：

一是加强专任教师培训工作。根据山东政法学院警官学院大部分毕业生面向司法系统就业的现实，为了提高教学效果，专业教师应具有现代警务理念和现代刑事执行管理的实践经验，山东政法学院警官学院计划每年派遣5名左右的专业教师到司法系统挂职学习，加深对现代刑罚执行、心理矫治、监所管理、司法矫正等方面的认识，加深对现代矫正机构实际的理解；同时针对山东政法学院警官学院部分专业教师知识结构相对老化的现状，计划每年派遣2~3名教师到水平较高的高等院校去进修培训，拓宽知识视野，提高教学水平。

二是继续选聘优秀在职警官作为学生的校外指导教师。山东政法学院警官学院在山东省司法系统选聘40余名优秀警官作为校外指导教师的基础上，继续选聘优秀在职警官，进一步提高实践培养质量。

三是借国家一流本科专业建设点的东风，力争将监狱学和社区矫正专业教学团队打造成国家级优秀教学团队。监狱学和社区矫正专业作为学校法学专业的重要组成部分，在山东省内独一无二、在国内具有鲜明特色的专业，山东政法学院警官学院与山东省司法厅和监狱管理局进行校局联合培养的新型模式，山东政法学院警官学院已确定专业教学团队进行重点建设。计划从服刑人员教育与心理矫治方向、刑事执行基础理论方向、狱政管理与侦查方向、警察实战技能方向等多个方向进行重点建设，将团队打造成省内独具特色、在国内有重要影响的优秀专业教学团队。

（三）教学内容与课程体系改革方面

山东政法学院警官学院专业课程体系经过多年的发展，相对完善，但在专业核心课数量、独立实践教学环节以及选修课课程资源上仍有待优化。我们提出如下改进思路与措施：

一是专业核心课程改革。专业核心课程在现有四大课程群基础上，再增加犯罪心理学、服刑人员教育方法与技术和警察伦理学三门核心课程，分别加入心理学课程群、教育学课程群和警察学课程群，以达到提高专业知识、职业能力和综合素质的目的。

二是加强实践教学环节改革。实践教学环节是培养学生实际工作能力的重要途径，因此在课程设置时充分考虑根据现代司法实践的需要，加大实践教学环节的力度。实践教学分两个方面进行：

（1）加强课堂实践教学环节，加强案例教学，强化应用写作、训练，上好心理矫治技术、狱内侦查技术、警察实战技能等课程，利用校内资源提高学生的动手、操作能力。

（2）进一步加强与司法系统的深度合作，鼓励学生用顶岗实习调查报告代替毕业论文，强化学生顶岗实习在教学中的作用。鉴于学生在四年级下学期多参加各级各类公务员考试，时间较为紧张，因而将学生的毕业顶岗实习时间提前至第七学期，时间不少于 3 个月。根据学校与省司法厅和监狱管理局合作办学协议，对毕业顶岗实习工作进行统一安排，利用学校选聘的系统优秀干警作为指导教师指导学生顶岗实践，进一步提高毕业顶岗实习质量。

三是扩大选修课程资源，拓展学生视野，提高学生综合素质。选修课程对于拓展学生的视野作用突出。因此，我们计划在原有专业选修课程的基础上，再增加 15 门左右的选修课程，进一步拓展课程资源库，完善专业选修课警察（公务员）模块方向、深造学习模块方向、法律考试和司法实践模块方向三大培养方向，大大拓展学生视野，进一步提高学生综合素质。

（四）教学管理方面

山东政法学院警官学院教学管理体系较为完善，部门划分详细，活动组织严密，现存问题是教学管理的规范化、信息化、人本化还有待提高。我们提出如下改进思路与措施：

一是以信息化为指导，大力推进视频课程的建设力度，争取再建设一门以上国家一流本科课程，力争三年内完成 15 门左右的专业视频课程，使学生获得专业知识和专业信息更便捷、更迅速。

二是以规范化为指引，在课程教学、教学实验、实践实训教学、顶岗实习等教学环节都严格按照学校的规范和高等教育规律运行，杜绝随意性。

三是以人本化为目标，大力推动教学资源网络化，促进师生互动、师生交流的便利实施，使师生随时随地可以问答、释疑、解惑，方便学生学习和获取需要的信息。

（五）产学研合作方面

刑事执行工作的创新需要智力支持，我们也需要司法系统提供良好的培养学生管理理念和动手实践的学习基地，一直以来的校局合作模式取得了很好的效果。进一步改进的思路与措施有：

一是学校教师参与司法系统的心理矫治、管理创新、刑罚执行、司法矫正等重大课题的研究，为司法系统发展提供人才和智力支持。

二是学校为司法警察培训提供便利和师资、课程、信息资源支持。

三是学校与司法系统共建专业师资队伍，学校专职教师到刑事执行部门挂职学习，增加感性认识；学校选聘司法系统优秀干警作为监狱学专业和社区矫正专业的兼职教师到学校为学生授课。

四是学校专职教师作为监狱企业的法律顾问为其发展提供法律帮助。

五是司法系统在学校设立专项奖学金，奖励品学兼优的学生，支持他们到司法系统实践学习。

第二节　初探：建设监狱学专业"四位一体"的服刑人员心理矫治课程体系

建设监狱学专业罪犯心理矫治课程体系具备充分的必要性。在公共课中建立课程体系基础平台，在专业课中建立课程体系提高平台，在实训课中建立课程体系实践平台，以心理矫治工作者职业资格培训为课程体系辅助平台，四位一体，相辅相成，辩证统一。

一、建设罪犯心理矫治课程体系的必要性

（一）心理矫治在监狱工作中的重要性

心理矫治作为罪犯改造的新型重要手段，越来越凸显出其重要性和有效性。自1995年起，司法部一直积极推进全国监狱系统的罪犯心理矫治工作，至2003年，完成了心理矫治工作的全国覆盖，很多监狱成立了专门的心理

科。培养监狱学专业人才的高校也纷纷建立了罪犯改造心理教研室和罪犯心理矫治实验室，在培养源头上给予了重视。

（二）监狱心理矫治工作水平亟待提高

近年来的相关调查表明，[1]70%以上的监狱心理矫治工作成效非常一般，以某省监狱为例，2005年至2009年共接待咨询案例近700人次，真正取得实质性矫治效果的仅有20余例。其中一个很重要的原因就是干警心理矫治水平不高，心理学基础薄弱，直接影响了罪犯改造质量。

（三）当前监狱学专业心理学课程设置不充分

心理学是一门慢热型的学科，无法一蹴而就地掌握，真正达到有效应用的水平，需要具备良好的基础，具有较完整的知识体系和一定的实践经验。监狱心理矫治工作水平不高的直接原因就是干警的心理学基础薄弱，因此，监狱学专业应该建立较完备的罪犯心理矫治课程体系。然而，当前监狱学专业中开设的《罪犯心理矫治》《犯罪心理学》等有限的几门相关课程尚不充分，还需要以心理咨询与治疗内容为基础，更需要一般心理学做最基本的铺垫，并辅以相应的实践操作与训练，唯有如此，才能突破心理学学科入门慢的困难，以顺利有效地实施将来的罪犯心理改造工作。

（四）与建设大学生心理学公共课课程体系的要求相辅相成

2011年，教育部办公厅印发了《普通高等学校学生心理健康教育课程教学基本要求》的通知（教思政厅〔2011〕5号）（以下简称《基本要求》），在其提供的参考开设课程方式之一中指出："在第一学期开设一门'大学生心理健康教育'公共必修课程，在其他学期开设相关的公共选修课程，形成系列课程体系……"形成心理学公共课程体系的要求体现了相关部门的重视，也反映了其对该学科的理性认识，即相较于单一课程，它更益于学生扩展知识面，有效形成知识体系。对于监狱学专业来说，更为重要的是，它可作为罪犯心理矫治课程体系的基础，为学生后续学习罪犯心理矫治课程做好铺垫，同时罪犯心理矫治课程体系反过来对它也能起到夯实、巩固的作用，两者相

---

〔1〕 安徽省庐江监狱课题组：《监狱心理矫治队伍建设发展构想》，载于爱荣主编：《中国监狱矫正论坛（第3卷）》，江苏人民出版社2010年版，第385页。

辅相成。

因此，提出"四位一体"的罪犯心理矫治课程体系，在监狱学公共课中建立心理学基础平台，在专业课中建立心理学提高平台，在实训课中建立心理学实践平台，以心理矫治工作者职业资格培训为心理学辅助平台，四者相辅相成，合理有效，辩证统一。

二、在公共课中建立罪犯心理矫治课程体系的心理学基础平台

公共课是高等院校任何专业或部分同类专业的学生都必须学习的课程，是为进一步学习提供方法论不可缺少的课程。此前，心理学课程并没有被列入此范围。《基本要求》将心理健康教育课列入了公共课，旨在提高大学生心理素质，促进学生全面发展。

《基本要求》中的课程内容包含三个层面：一是心理学的基本知识层面，使学生了解心理学的有关理论和基本概念，明确心理健康的标准及意义；二是心理学发展层面，使学生掌握自我探索技能，心理调适技能及心理发展技能，让大学生了解自我、发展自我；三是心理学调适层面，使学生了解自身的心理特点和性格特征，建立自主意识，客观、正确地认识和接纳自己，学会自我调适。以上三个层面是心理学初学者特别是刚入校大学生今后正常学习、生活和工作的基础，对于罪犯心理矫治课程来说，更是如此。"罪犯心理矫治"从学科内容上属于心理学中的心理咨询与治疗分支，从学科类别上属于应用心理学，具有很强的应用性，因此，它要求学生具备较扎实的心理学基础，《基本要求》恰恰提供了有利的帮助。

《基本要求》提供了两种参考开课方式："一、开设一门'大学生心理健康教育'公共必修课程，覆盖全体学生；二、在第一学期开设一门'大学生心理健康教育'公共必修课程，在其他学期开设相关的公共选修课程，形成系列课程体系。有条件的可以增开与大学生素质教育、心理学专业知识有关的选修课程。"笔者认为，第一种开课方式适用于从内容上与心理学关联不大的专业，而要求具备一定心理学功底的监狱学专业，更适合于第二种开课方式。以下分别从公共必修课和公共选修课两个方面探讨此方式的课程设置，以供参考。

（1）公共必修课。

根据《基本要求》，适当选取教材，在第一学期开设大学生心理健康教育课，其中应将第一层面的内容作为重点，这是心理学的基础，更是罪犯心理矫治课程的基础。

（2）公共选修课。

首先，为了克服心理学入门难的问题，同时为了巩固和扩大心理健康教育课的效果，可以在公共选修课中再设置心理学基础课程，如"心理学""大学心理学""心理学与生活""心理统计与测量"等。

其次，为了夯实基础，同时为了后续心理学课程的学习，可以结合监狱工作实践，设置对应选修课程，如教育心理学（与罪犯教育相关）、管理心理学（与狱政管理相关）、发展心理学（与未成年罪犯群体相关）、社会心理学（与特殊群体相关）等。

三、在专业课中建立罪犯心理矫治课程体系的心理学提高平台

专业课是根据培养目标所开设的专业知识和专业技能的课程，其任务是使学生掌握必要的专业基本理论、专业知识和专业技能，了解本专业的前沿科学技术和发展趋势，培养分析解决本专业范围内一般实际问题的能力，在公共课的基础上提高专业素质。监狱学专业的培养方案中，对学生的知识和能力结构均有心理学方面的要求，同时，针对前文提出的罪犯改造心理学课程体系的不足，我们从专业必修课和专业选修课两方面进行探讨。

（1）专业必修课。

当前监狱学专业中开设的心理学课程不足，以设置了监狱学本科专业的仅有的三所院校为例，中央司法警官学院监狱学系开设的相关课程有：犯罪心理学（监狱学、侦查学）、罪犯改造心理学（监狱学、刑事执行）、侦查心理学（侦查学）；上海政法学院监狱学专业（含社区矫正方向）开设的相关课程有：罪犯改造心理学、犯罪心理学；山东政法学院监狱学专业开设的相关课程为罪犯心理矫治。笔者认为，可通过以下三个方面提高学生的罪犯心理改造水平：

首先，应当借鉴中央司法警官学院课程设置的经验，特别是专业方向与课程区别相结合的经验，同时开设普通心理学课程，以巩固心理学基础。

其次，应当增添心理咨询与治疗与变态心理学课程，罪犯改造心理学课程的核心内容是对特定群体的各种心理咨询与治疗方法与技术，该课程有助于学生全面深入地理解各流派要旨，为后期的实训实践奠定基础。

最后，适当增添新课程，如法律心理学，法律心理学是心理学与法学交叉的第一范畴，犯罪心理学、罪犯改造心理学等实际上均与之紧密相关，有助于学生掌握学科脉络，扩展专业视野。[1]

（2）专业选修课。

专业选修课应该为专业必修课服务，拓宽学生视野，作为促进专业必修课学习的手段与保障，在课程种类和深度上应有所加强。同时，与公共选修课相比，课程应当更加细化和专业化。与监狱学专业必修课相比，当前专业选修课的设置更为滞后，只有少数院校开设了相关课程，且所开课程基本上以教师驱动为主，即教师根据自身的学术或教学专长而开设，并不是以学科、学生及今后的监狱工作实践为驱动。笔者认为，专业选修课可以采取两种思路相结合的方法进行设置。

首先，在合理的教育和学科结构下，鼓励教师驱动，开设甚至创造新课程，充分发挥教师的学术和教学专长，不仅有利于课程类别的丰富，也有利于提高教师教学科研的积极性。

其次，以监狱工作实践为驱动，从监狱各部门与心理学具体相关的工作入手，开设课程，如与监狱心理科相关的精神分析疗法、意象疗法、沙盘游戏治疗、家庭治疗、实验心理学等，与侦察科相关的侦察心理学、罪犯心理学等，与监区改造相关的团体咨询与治疗、团体动力学、人格心理学等，贯穿罪犯整个服刑过程的犯罪心理测试、罪犯心理评估等，与特殊罪犯改造相关的女性心理学、青少年心理学、老年心理学等。

四、在实训课中建立罪犯心理矫治课程体系的心理学实践平台

实训课即实践训练课，是理论课程的必要实践环节，学生通过参加实训课，能够加强对理论的理解，增强实践操作技能。心理学最终是一种应用学科，在掌握理论基础的前提下，迫切需要通过实践训练达到实际应用的目的。

---

〔1〕　罗大华主编：《犯罪心理学》，中国政法大学出版社1997年版，第10页。

因此，在监狱学实训课中建立心理矫治课程体系的实践平台，显得尤为重要。此实践平台可通过以下多种途径相结合的方式构建。

（1）建立心理矫治实训室。

实训室应从培养学生的实践能力出发，适当参照监狱心理机构的设置，进行建设，安排一定的实验必修课时，可分为以下几个方面：

①从罪犯一般心理现象角度：针对感知觉、记忆、思维等一般心理现象，添置相应的实训仪器，为学生提供心理学基本知识的实践操作平台，巩固基础；

②从罪犯心理测试与评估角度：针对监狱实际中罪犯可能出现的一般和特殊心理问题，提供各种心理测试和评估用具，如焦虑量表、健康状况自评量表、测谎仪等，让学生练习使用，通过分析、评价，提高实际测验评估能力；

③从罪犯心理矫治角度：建立心理矫治实训室（可与学校心理咨询中心联合），为学生提供进行罪犯心理矫治的模拟场所，并设置可能需要的设备，如生物反馈仪、心理康复治疗仪、沙盘、放松椅等，供学生操作使用；

④从罪犯团体辅导角度：建立团体心理辅导室，为学生提供培养处理相似问题罪犯群体能力的场所。

（2）为学生提供校内实训机会。

高校一般均设有心理咨询机构，如学校心理咨询中心以及院系心理咨询室，这些均可成为学生心理咨询的天然实践场所，经过事先沟通，安排一定的课时作为实训选修课，让学生进入机构跟从相关老师实习，从接待个案开始，循序渐进地介入实践咨询。虽然这些机构接待的对象大多是在校学生，问题类型也多关乎学生的学习和生活，与罪犯心理问题实际尚有差距，但学生可在其中积累一定的咨询技巧和经验，某些咨询技术的使用具有跨情境，学生也可事先学习实践。

（3）为学生提供校外实训机会。

学校环境毕竟与刑罚执行场所有着本质区别，因此，学校还应积极地为学生提供真实的实训环境，可以从监狱心理矫治和社区心理矫治两方面考虑，安排一定的实训必修课时：

①监狱心理矫治。监狱心理矫治工作已经在全国开展，在要求相关监狱

人民警察考取国家心理矫治工作者资格的同时，很多监狱陆续建立了心理科。学校经沟通后，可将学生安排到监狱心理矫治的各机构中，跟随监狱心理咨询员进行定期实习。这样，学生可以在真实的监狱环境接触不同类型的问题罪犯，并介入真实的心理矫治工作。这不仅是绝好的实践机会，更是对以往心理学知识积累的检验与补充。

②社区心理矫治。社区矫正是我国近年来行刑制度改革的一项新尝试，与监禁矫正相对，是一种非监禁式刑罚执行方式，[1]心理矫治是社区矫正的重要内容。由于社区不同于监狱环境，因此，心理矫治工作也存在相应的差异。学校可以联系社区矫正机构，将学生安排到其中，进行定期实习，对社区心理矫治工作进行实践，深入了解这种新型的刑罚模式。

五、以心理矫治工作者职业资格培训作为罪犯心理矫治课程体系的心理学辅助平台

为适应罪犯教育改造工作的新形势，2004 年，司法部要求监狱"心理矫治工作者持证上岗"，根据《心理矫治工作者国家职业标准》要求，从事心理咨询工作的人员必须通过考试，取得由人力资源社会保障部颁发的职业资格证书，方可上岗。当前，很多院校都与校外的心理矫治工作者培训机构合作，为学生提供学习心理矫治工作者资格考取相关内容的平台，为今后的职业发展打好基础。心理矫治工作者职业资格培训可作为罪犯心理矫治课程体系的心理学辅助平台：

（1）从事罪犯心理矫治工作需要具备国家心理矫治工作者资格，早些通过考试，可更早参与实践，掌握相关知识和技能，积累更多的经验；

（2）国家心理矫治工作者职业资格考试分为二级和三级，其内容十分广泛，基本涉及心理学学科基础且重要的内容，学生通过准备和复习，不仅对以往学习实践过的内容起到巩固加深的效果，也可以扩展知识面，完善知识结构，准备这项资格考试对罪犯心理矫治课程的学习有很好的辅助作用。

---

〔1〕　张传伟：《我国社区矫正京沪模式的比较分析与选择》，载《北京社会科学》2009 年第 1 期。

第三节 深入：政法类院校心理学课程平台建设探索研究

一、国内外研究现状及研究意义分析

（一）国内外研究现状

心理学在政法类专业中作用明显且独特，为客观的法律知识增添人文色彩。国外政法类院校专业多设有较完整的心理学课程体系，国内实力较强的政法类院校亦是如此，如中国政法大学、华东政法大学等，都设置了与法律专业相近的心理学课程体系，如犯罪心理学、罪犯心理矫治、心理测验、教育心理学等，这些课程紧密围绕法律专业，为法律人才的培养提供了更加完整、全面的培养思路和视角。但是在普通政法类本科和专科院校，此类课程并不是十分完善，虽设置个别心理学相关的课程，却不成体系，对其规范和完善的空间较大。

（二）研究意义分析

1. 助益法律人才培养

法律人才应是知识结构较为全面的人才，心理学可以为法律人才提供法律工作和法律服务过程中与"人"有关的知识保障，如法院、检察院工作中的法律心理学、审判心理学，监狱工作中的犯罪心理学、罪犯心理矫治、罪犯心理测验，社区矫正工作中的社区心理学、矫正心理学，公安部分工作中的侦查心理学、警察心理学，律师行业工作中的人格心理学、社会心理学等。

2. 与教育部建设大学生心理学课程体系的要求相辅相成

《基本要求》在其提供的参考开设课程方式之一中指出，"在第一学期开设一门'大学生心理健康教育'公共必修课程，在其他学期开设相关的公共选修课程，形成系列课程体系……"形成心理学课程体系的要求体现了上级部门的重视，也反映了其对该学科的理性认识，即相比于单一课程，它更益于学生扩展知识面，有效形成知识体系。

3. 与我校作为省内唯一政法类院校的地位相匹配

我校作为省内唯一——所本科类政法院校，建立较体系的为法律人才服务

的心理学课程平台，极有必要。这不仅符合我校"特色发展，错位竞争"育人的鲜明思路，同时也为同类兄弟院校提供典范。

4. 以监狱学专业为突破口意义明显

（1）心理学在司法矫治工作中的重要性。

心理矫治作为服刑人员改造的新型重要手段，越来越凸显出其重要性和有效性。自 1995 年起，司法部一直积极推进全国监狱系统的罪犯心理矫治工作，至 2003 年，完成了心理矫治工作的全国覆盖，很多监狱成立了专门的心理科。培养监狱学专业人才的高校也纷纷建立了罪犯改造心理教研室和罪犯心理矫治实验室，在培养源头上给予了重视，但力度仍然不足。

（2）监狱心理矫治工作水平亟须提高。

近年来的相关调查表明，70%以上的监狱心理矫治工作成效非常一般，以某省监狱为例，2015 年至 2019 年共接待咨询案例近 700 人次，真正取得实质性矫治效果的仅有 20 余例。其中一个很重要的原因就是干警心理矫治水平不高，心理学基础薄弱，直接影响了罪犯改造质量。

（3）当前监狱学专业心理学课程设置不充分。

心理学是一门慢热型的学科，学生无法一蹴而就掌握，真正达到有效应用的水平，需要具备良好的基础，具有较完整的知识体系和一定的实践经验。监狱心理矫治工作水平不高的直接原因就是干警的心理学基础薄弱，因此，监狱学专业应该建立较完备的罪犯心理矫治课程体系。然而，当前监狱学专业中开设的《罪犯心理矫治》《犯罪心理学》等有限的几门相关课程尚不充分，还需要以心理咨询与治疗内容为基础，更需要一般心理学做最基本的铺垫，并辅以相应的实践操作与训练，唯有如此，才能突破心理学学科入门慢的困难，以顺利有效地实施将来的罪犯心理改造工作。

二、研究的理论基础

（一）以学生为中心的教学

"以学生为中心"的观念源于美国儿童心理学家和教育家杜威的"以儿童为中心"的观念和美国心理学家罗杰斯的以学生为中心的课堂教学思想。以学生为中心的教学的特征是重视和体现学生的主体作用，同时又不忽视教师的主导作用，通常采用协作式、个别化、小组讨论等教学形式或采用多种教学形式组合教学。

1. 教学理念

传统的以教师为中心的教学方法，其意图是帮助学生理解学科的基本概念及其相互关系。但认为学生可以通过听课来获得这种理解，学生无须积极参与课堂教学。以学生为中心的教学方法，目的是帮助学生进一步深化他们的知识观念或已有的观念。为了改变已有的观念，学生需要自己建构知识结构，为此必须积极参与课堂教学。当前大多数课堂教学属于以教师为中心的课堂教学，不能充分"挖掘学生的潜能"。希腊哲学家、教育家苏格拉底说过："教育不是灌输，而是点燃火焰。"课堂教学应该是教师点燃学生追求真理思想的火焰。以教师为中心的这种模式有利于发挥教师的主导作用，便于高效率地将前人所创造的知识系统传递给学生，便于教师组织和监控教学过程。其严重不足之处是忽视学生的学习主体作用，不利于培养学习能力，不利于创新思维、创新能力的培养和人才的成长。

2. 教学过程

以学生为中心的教学模式注意在学习过程中充分发挥学生的主动性、积极性，要求学生由知识灌输对象转变为知识信息加工的主体，成为知识意义的主动构建者；要求教师由知识灌输者转变为学生主动意义构建的帮助者、促进者。教材不是传授的知识等内容而成为学生主动意义建构的对象。教学媒体也不是帮助教师传授知识的手段和方法而成为学生的认知工具。

3. 教学要素

在这种教学模式中，教师、学生、教材、教学媒体所形成的要素结构与以往的教学模式截然不同，其基本特征是：（1）学生角色发生变化，成为信息加工的主体，是知识意义的主动建构者；（2）教师角色发生变化，成为学生学习的组织指导者，是学生知识建构的帮助者；（3）教学方法发生变化，由考虑如何高效、系统讲授转变成考虑如何通过创设情景，组织协商会话促进学生主动建构知识意义；（4）教学内容发生变化，学生由单纯从书本获取知识，转变成通过自主学习从其他途径（课本、网络、图书馆）获取大量知识；（5）教学媒体（黑板、教具、电子课件）作用发生变化，成为促进学生自主学习的认知工具。毫无疑问，这种教学模式有利于学生的主动探索发现，有利于学习能力的培养，有利于创造型人才培养。特别是在知识信息爆炸的年代，形成学生主动建构知识意义的能力，甚至比掌握一两门学科知识还重要。当然在这种模式中，由于强调了学生的"学"，因此当自主学习的自由度过大，就容易偏离教学目标的要求；当学生学习能力差别大时，就不容易使学生整体达到培养要求；当学习复杂知识时，就会因主动探索而使得效率降低。

4. 教学模式

（1）自主学习设计。

这是该教学模式的核心内容，常用方法有"支架式""抛锚式""随即进入式"。不管用什么方法均应注意充分发挥学生主动性，有机会让学生在不同情况下应用所掌握的知识，让学生根据自身行动的反馈信息来形成对客观事物的认识。

（2）协作学习环境的设计。

其目的是个人在自主学习的基础上，通过小组讨论、协商，进一步完善和深化对主题的意义建构。教师根据不同的主题设计不同的协商会话形式。

（3）学习效果评价设计。

评价的方式有小组对个人、教师对学生、学生对教师、学生对自己。评价的内容包括学习能力、协作过程中的贡献、是否达到意义建构等方面。评价的形式注重过程评价。

5. 教学特点

体现"以学生为中心"的教学大纲，这样的大纲是教师和学生做必备的指导手册；要求学生了解学习的目标、评估方法和评估过程。教师根据学生学习的不同方式，与学生共同探讨学习中需要解决的问题和解决问题的方法；实行"以学生为中心"的教学方法，引导学生学习、鼓励学生思考提问，上课形式采用回答问题、课堂讨论、角色扮演、小组演讲等形式。教师在整个教学过程中扮演的是导师的角色；采用多次任务式的课程考试评估方式，课程的进行采用讨论、课题研究、案例分析等方式。

（二）认知派的学习理论

认知派学习理论家认为学习在于内部认知的变化，他们注重解释学习行为的中间过程，即目的、意义等，认为这些过程才是控制学习的可变因素。

1. 皮亚杰的认知结构理论

认知结构理论的代表人物是瑞士心理学家 J. 皮亚杰。他认为，学习使新材料或新经验和旧的材料或经验结为一体，这样形成内部知识结构，即认知结构。他所重视的认知结构，就是学习者头脑里的知识结构，它是学习者全部观念或某一知识领域内观念的内容和组织。皮亚杰指出，这个结构是以图式、同化、顺应和平衡的形式表现出来的。采用一定手段有意控制学习者的认知结构，提高认知结构的可利用性、稳定性、清晰性和可辨别程度等，对于有效的学习和解决问题是有作用的。

2. 布鲁纳的认知发现说

布鲁纳的认知学习理论受完形说、托尔曼的思想和皮亚杰发生认识论思想的影响，认为学习是一个认知过程，是学习者主动地形成认知结构的过程。而布鲁纳的认知学习理论与完形说及托尔曼的理论又是有区别的。其中最大的区别在于完形说及托尔曼的学习理论是建立在对动物学习进行研究的基础上的，所谈的认知是知觉水平上的认知，而布鲁纳的认知学习理论是建立在对人类学习进行研究的基础上的，所谈认知是抽象思维水平上的认知。其基本观点主要表现在三个方面：第一，学习是主动地形成认知结构的过程；第二，强调对学科的基本结构的学习；第三，通过主动发现形成认知结构。布鲁纳认为发现学习的作用有以下几点：一是提高智慧的潜力；二是使外来动因变成内在动机；三是学会发现；四是有助于对所学材料保持记忆。所以，认知发现说是值得特别重视的一种学习理论。认知发现说强调学习的主动性，强调已有认知结构、学习内容的结构、学生独立思考等的重要作用。这些对培育现代化人才是有积极意义的。

3. 奥苏伯尔的认知同化论

奥苏伯尔与布鲁纳一样，同属认知结构论者，认为"学习是认知结构的重组"，他着重研究了课堂教学的规律。奥苏伯尔既重视原有认知结构（知识经验系统）的作用，又强调关心学习材料本身的内在逻辑关系。认为学习变化的实质在于新旧知识在学习者头脑中的相互作用，那些新的有内在逻辑关系的学习材料与学生原有的认知结构发生关系，进行同化和改组，在学习头脑中产生新的意义。奥苏伯尔的认知同化论的主要观点是：第一，有意义学习的过程是新的意义被同化的过程。奥苏伯尔的学习理论将认知方面的学习分为机械学习与有意义学习两大类。机械学习的实质是形成文字符号的表面联系，学生不理解文字符号的实质，其心理过程是联想。有意义学习的实质是个体获得有逻辑意义的文字符号的意义，是以符号为代表的新观念与学生认知结构中原有的观念建立实质性的而非人为的联系。第二，同化可以通过接受学习的方式进行。接受学习是指学习的主要内容基本上是以定论的形式被学生接受的。

4. 加涅的信息加工学习论

加涅被公认为是将行为主义学习论与认知主义学习论相结合的代表。加涅认为，学习是学习者神经系统中发生的各种过程的复合。学习不是刺激反应间的一种简单联结，因为刺激是由人的中枢神经系统以一些完全不同的方式来加工的，了解学习就在于指出这些不同的加工过程是如何起作用的。在加涅的信息加工学习论中，学习的发生同样可以表现为刺激与反应，刺激是作用于学习者感官的事件，而反应则是由感觉输入及其后继的各种转换而引发的行动，反应可以通过操作水平变化的方式加以描述。但刺激与反应之间，存在"学习者""记忆"等学习的基本要素。学习者是一个活生生的人，他们拥有感官，通过感官接受刺激；他们拥有大脑，通过大脑以各种复杂的方式转换来自感官的信息；他们有肌肉，通过肌肉动作显示已学到的内容。学习者不断接受到各种刺激，被组织进各种不同形式的神经活动中，其中有些被贮存在记忆中，在作出各种反应时，这些记忆中的内容也可以直接转换成外显的行动。

(三) 情感教学心理学

情感教学心理学是从教师教学的角度研究教学活动中情感心理现象的一门学科，是教育心理学的一门分支。早在 20 世纪 80 年代中后期，我国著名心理学家卢家楣教授就注意到中国课堂教学中"重知轻情"的不合理现象，并着手此方面的研究工作，到今天的四十多年时间里，情感教学心理学已颇具规模，其教学模式的教学目标、教学特征、教学过程、教学策略和教学效果在一定程度上已相当完善。法学专业教学中"重知轻情"的现象尤为突出。

1. 情感教学心理学的教学目标

情感教学心理学的教学目标是挖掘教学过程中的情感现象，主张知情并重，充分挖掘和利用情感的力量与功能为产生好的教学效果服务。它研究教学中的情感现象及规律，简言之就是对"情感"的操作。无论教学内容和形式如何多种多样，教学场合如何不同，它的目的就是充分利用情感现象的作用。

2. 情感教学心理学的教学特征

（1）情感激励性。

情感激励性是指教学以情激思，以情启智，通情而达理。从某种意义上来讲，情感教学心理学就是以此为任务的，奥苏贝尔对教材处理的"先行组织策略"只解决了认知层面的学习难题，却没有涉及情感方面，情感教学心理学正是旨在弥补这个缺失，探究情感教学模式，最大限度地重视和发挥情感的作用，创造良好的情绪情感环境，从知情两个方面共同促进学生的学习。

（2）自由性。

情感教学心理学原理提倡"乐学"，主张"导乐观"，认为"教学活动中学生的学习本无预定的苦乐属性，孰苦孰乐具有动态特点：当学习满足学生需要时便有乐的体验，反之则有苦的体验"。教师和课堂应该为学生"导乐"，满足其需要，为学生带来积极的情感，情感的动力功能此时发挥作用，学生就会兴致高涨、心情愉悦，自我的开放性、自由性和主动性都会增强，学习效果自然就会提高。

3. 情感教学心理学的教学过程

情感教学试图从情感维度上透视教学过程，在知情和谐的前提下，揭示教学过程中可能存在的与情感因素有关的结构和顺序，可有以下几个环节：诱发—陶冶—激励—调控。"诱发"是诱导和引发学生对当前学习内容的兴趣，以便调动学生参与当前认知活动的积极性，引领学生的需要指向当前的教学内容上；"陶冶"是教师在积极推进认知活动的同时，培养学生各种高尚情感及情感能力，教材中的各种情感源点为此提供了良好的操作平台；"激励"是学习过程中不断增强学生学习的胜任感和自信心，激发其学习的后继动力，这体现为教师给予的及时合理鼓励和同学之间友好的称赞和肯定，教师应处理好这些积极因素，使良性情感不断得到强化；"调控"是使学生的情绪在整个教学过程中始终处于有利于学习的状态，这得益于教师能时常创造愉快的氛围。

4. 情感教学心理学的教学策略

情感教学心理学对教材内容的情感性处理策略分为两类。

一类是针对学生学习心向组织教学内容，包括心理匹配策略和超出预期策略。首先，心理匹配策略又分为内容匹配策略和形式匹配策略：内容匹配策略指教师在教学活动中调整学生对教学内容和自己学习需要之间的评价，使学生感到需要得到满足，提高学习积极性；形式匹配策略是教师在教学活动中改变教学内容的呈现形式，使学生感到需要得到满足，进而达到学习积极性提高的目的。其次，超出预期策略是指教师有效处理教材内容，使其超出学生的预期，引发学生的兴趣。

另一类是根据教材内容中蕴含情感因素类型的不同，将其分为显性、隐性、悟性和中性四类情感因素，相应的就有展示、发掘、诱发和赋予情感策略：显性情感因素是指教材中通过语言文字材料、直观形象材料等使人能直接感受到的情感因素，如艺术和语言类教材；隐性情感因素是指反映客观事实、不带明显感情色彩却又隐含情感寓意的内容，如历史教材；悟性情感因素是指教材内容完全反映客观事实，不含显性或隐性情感，但却具有引起情感、体验到美的因素，即科学美，如理科类教材；中性情感因素指不具备任何情感因素，多体现在理科类教材，文科教材也有体现，如法学教材中的说明和陈述等。

5. 情感教学心理学的教学效果

情感教学重视和强调"感情"，因此较之以往重视知识轻视情感的教学便增加了情感对师生的积极作用：

（1）能有效调动教与学的潜能，优化教学过程，提高教学效率。各种情感体验或活泼有趣的情感氛围不仅能激发学生提高主动学习，提高学习效果，引发学习积极性，而且能激发教师高涨的教学情绪，同时也提高了教学效率。

（2）能减轻教与学的心理负担和压力，促进心理健康发展。提倡感情释放产生的自由宽松的学教环境使学生获得安全的心理体验和背景，减轻了学习压力，特别是在当今学生心理负担加重的情况下，更利于保持和促进学生的心理健康。

（3）培养注意，陶冶情操，开发智力，促进一般心理能力的提高。积极的情感体验能主导良好的心境、饱满的热情，增强思维的灵活性与敏捷性，从情感的迁移功能角度来讲，有利于学生将注意力和兴趣转移到需要学习的内容上，使学习效果事半功倍。

（四）小组合作学习

小组合作学习是目前世界上许多国家普遍采用的一种富有创意的教学理论与方略，被誉为近十几年最重要和最成功的教学改革。小组合作学习就是以合作学习小组为基本形式，系统利用教学中动态因素之间的互动，促进学生的学习，以团体的成绩为评价标准，共同达成教学目标的教学活动。教师以学生学习小组为重要的推动性，通过指导小组成员展开合作，发挥群体的积极功能，提高个体的学习动力和能力，达到完成特定教学任务的目的，改变了教师垄断整体课堂的信息源而学生处于被动地位的局面，从而激发了学生的主动性、创造性，自主性也因此得以充分地发挥。

1. 教学过程

小组合作学习中教师的角色定位。教师是全班小组合作学习的组织者和掌控者；是组内研讨的参与者；是小组研讨的引导者。

（1）共同确定目标。

教师根据大纲的要求以及本单元、本课时的重点、难点，学生依据课后练习，共同制定每节课的训练目标。在共同确定训练目标的过程中使学生明确本课的训练目标，使学生对每一堂课的训练目标都做到心中有数。

（2）传递学习方法。

这是从定训练目标过渡到小组合作学习的必要准备阶段，在这个阶段，教师重在提出问题、教给方法，提供给学生从已知到未知的过渡桥梁，学生则重在独立学习思考，初步感知教学内容，做好必要的心理准备。

（3）小组合作学习。

我们把全班学生按"组内异质、组间同质"的原则，根据性别比例、兴趣倾向、学习水准、交往技能、守纪情况等合理搭配，分成学习小组，以便启发引导之后，学生能面对面地进行小组讨论。小组人员分工及分工标准可根据每个人的特长不同进行不同的分工，让每个人都有发言锻炼的机会。

（4）全班交流。

这个阶段的教学主要是通过各小组汇报情况后，教师进行适当的指导，或者是学生通过进一步看书学习，从课本中找到问题的答案。

（5）复习巩固。

让学生自然对照目标，进行检测，以确认目标的达成。这一阶段，学生将对照课堂开始时师生共同制定的训练目标，看一看是否完成目标。同时通过练习，检测自己是否完成目标。

2. 教学特点

（1）有利于培养学生的社会适应性。

小组合作学习，首先使学生在小集体中相互适应，通过适应这个小集体，逐步过渡到适应大集体。首先，它创造了学生互相认识、相互交流、相互了解的机会，在合作学习中，他们学会了把自我融入群体之中。其次，培养了学生善于听取别人意见的好品质。通过小组合作学习，成员之间相互帮助，相互取长补短。

（2）有利于培养学生的自主性和独立性。

一个具有主观能动性、自主性和独立性的人，是一个对事物有自己独创的思维与见解，敢于发表自己的意见，具有社会交往能力的开放型人才。小组合作学习是培养这类人才的有效途径，小组成员能够在小组内进行充分的语言、思维及胆量的训练。通过小组成员之间的交流，他们能够大胆地将自己的见解通过语言表达出来。在交流中逐步培养学生能主动与别人交往，形成自己的独立见解。

（3）为学生提供了更多的锻炼机会。

"需要满足论"认为，学校是满足学生需要最主要的场所。学生到学校里学习和生活，主要需要自尊和归属。小组合作学习在课堂教学中为学生创设一个能够充分表现自我的氛围，为每个学生个体提供更多的机遇。人人都有自我表现的机会和条件，使之在小组中相互交流，彼此尊重，共同分享成功的快乐，使每个学生进一步发现自我，认识自我，他们的主体地位被大大地肯定与提高，促进学生的全面发展。

（4）有利于提高学生学习的正确率。

小组合作学习，可使思考结果不正确的学生及时得到纠正，不愿思考的学生在小组学习的氛围中不得不去思考、讨论，找到了问题的答案，激发了学生的学习兴趣，使组内的每一个学生都树立起集体中心意识，增强学生为捍卫集体荣誉而学习的强烈动机，这种学习积极性的提高，正是发挥个体主观能动性的具体体现。

3. 学习方法

（1）讲读结合。

教师紧扣重点、难点进行适当的讲解，并需做出清晰、简洁的总结。教师的工作就是在学生充分发言的基础上，对他们的答案进行概括、升华，使学生每学习一个问题时能真正有所得。

（2）导学结合。

在学生充分自学的基础上，教师要善于引导和组织学生进行讨论，搜集信息，发现问题及时指导，并重视信息反馈。教师的个别指导是指教师在学生遇到困难与障碍时给予及时的点拨与指导，从而使学生克服困难。如果将学生的自学与教师的指导割裂开，单纯使用一种形式，对培养学生的主体性都是弊大于利的。

（3）问疑结合。

改变传统的问答式教法，让学生通过讨论，善于发现问题，提出疑点。教师要善于组织学生在讨论中大胆质疑。实践证明，由学生自己提出问题、讨论问题到解决问题，他们的求知欲更为强烈，他们迫切希望能从学习中找到解决问题的答案，从而将被动学习转变为主动学习。

4. 知识方法相结合

在学生看书、自学过程中，要求学生手脑并用，划出重要内容，在不解之处标上记号；看结论组织讨论，寻找依据，对讨论中产生的正确与错误的想法与结论多问为什么，让学生逐步掌握认真看书的方法。

综上所述，我们可以看到，小组合作学习可以打破以往单纯注重班级整体教学中一些难以解决的问题，但"教无定法"，更深层次的研究和探索势必要付出更多的劳动，才能使这种方法逐步完善。

（五）团体心理辅导

团体辅导是在团体情境下进行的一种心理辅导形式，通过团体内人际交互作用，成员在共同的活动中彼此进行交往、相互作用，使成员能够通过一系列心理互动的过程，探讨自我，尝试改变行为，学习新的行为方式，改善人际关系，解决生活中的问题。学生在参与团体辅导过程中能够得到成长、改善适应和加快发展。

1. 团体心理辅导的功能

团体心理辅导的功能与目标有三个层次：矫治、预防和发展，且预防、发展重于矫治。也就是说，不是学生出现了心理问题才需要进行团体心理辅导，而是通过辅导，一方面帮助学生掌握有关知识和社会技能，学会用有效的、合理的方式满足自己的需要，提高人际交往水平，学习自主地应付由挫折、冲突、压力、焦虑等带来的种种心理困扰，减轻痛苦、不适的体验，防止心理疾患的产生，保持正常的生活和学习；另一方面协助学生树立有价值的生活目标，认清自身的潜力和可以利用的社会资源，承担生活的责任，发挥个人的潜能，过健康快乐的生活。

2. 团体心理辅导的特点

（1）趣味性。

避免说教，减少抵触。团体辅导采取以趣味性为主要特征的各种活动，强调学生在活动中进行主动地参与和体验，其游戏性质使学生更乐于参与其中，减少了他们对学校和家长"要教育我"的抵触情绪，也降低了在实际学习和生活中遇到真实问题时所产生的压力，使他们可以更自然地展现自己的特长、发挥自己的能力、体会活动过程中可能带来的体验和认识。

（2）一致性。

大学时期是学生心理健康发展的关键时期，在学习、生活、人际交往和自我意识发展过程中会遇到和出现各种不同的心理困扰或问题，而一般来说，同一年龄层次的大学生，心理发展基本上处在同一水平上，他们所遇到的问题和困惑基本上呈现出一种普遍性和规律性。团体心理辅导最适合解决同一类人群的相似问题。

（3）成长性。

团体提供给新生一个现实社会的缩影，使他能将从团体中所获得的洞察与日常生活经验相联结，并在安全、信任的气氛中尝试去学习或改变行为。因此，团体辅导是学生心理健康发展的"安全基地"，实践表明，当学生身处班级中接受团体辅导时，其情感体验和心灵上受到的震撼力是他在个体辅导、主题班会、课堂教学及心理健康理论讲座等其他场合下所无法想象的。

（4）培养性。

学校心理健康辅导所涵盖的内容涉及了学生心理发展过程中方方面面的问题，如自我意识发展、学习潜能开发、情感情绪调控、人际交往训练、青春期心理适应、升学就业指导、团体凝聚力和团队精神培养等。

三、研究设计思路

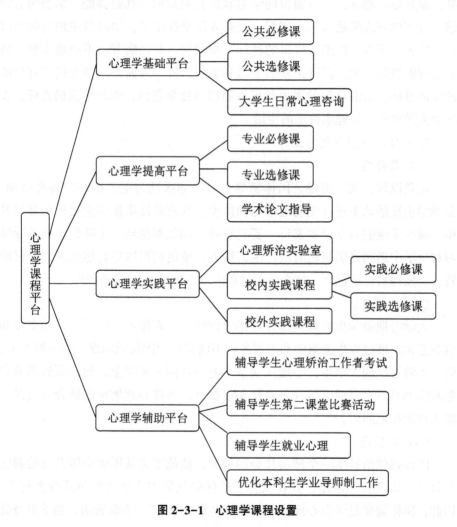

图 2-3-1　心理学课程设置

四、研究内容

（一）研究内容一：心理学课程基础平台

1. 公共必修课：《大学生心理健康教育》

（1）课程设置情况。

《大学生心理健康教育》课程符合并遵循教思政厅〔2011〕5号文件要求，我们先后（2012—2023年）在警官学院、校本部、西校区和研究生处为本专科生、研究生等2000余人次开展授课，授课形式包括课堂教学、讲座和团体心理辅导等，共32学时，课程效果较好。

（2）课程目标。

坚持以心理学及相关理论为依据，努力做到科学性与应用性，理论性与实践性的统一，坚持在教学内容和教学方法上不断改革创新，增强课堂的吸引力和感染力，促进学生心理健康发展。

（3）课程内容。

经过近年的课程教学，本课程教学内容和教学设计不断完善，结合大学生心理现实，兼顾本专科生、警校生和研究生的心理特征，形成了以下课程内容体系：

表2-3-1　《大学生心理健康教育》内容体系

课程名称：大学生心理健康教育	
第一章　绪论	第八章　人际关系与心理健康
第二章　大学生心理健康生物基础	第九章　恋爱、性与心理健康
第三章　大学生心理健康人格基础	第十章　压力及幸福感
第四章　大学生心理健康文化基础	第十一章　焦虑与心理健康
第五章　学习与心理健康	第十二章　抑郁与心理健康
第六章　休闲活动（网络）与心理健康	第十三章　危机干预
第七章　就业与心理健康	

（4）课程特色。

因本课程授课对象多样化，故在以上授课内容的基础上，针对不同授课群体，分别添加不同的特色内容，进行有针对性的教学：

①法学本专科方面。因法学专业的文科性质、与就业相关的全国法考等因素，本课程中的大学生文化心理健康基础、学习心理、就业心理、考试心理和压力心理等，具有法学心理辅导特色。另外，针对专科生的自我认同和定位、专升本考试心理等，也具有针对性辅导特色。

②监狱学专业方面。警官学院学生具有特殊性。因对其施行日常严格的警务化管理制度、开设警察体能课程和日常队列训练，且其就业体系的特殊性等，所以其心理状态较普通专业学生有很大差异。本课程中的休闲心理、就业心理、压力心理、焦虑心理和危机干预等内容具有警察心理健康特色。

③研究生群体方面。研究生群体具有小众化特点，校内生活与本专科生有很大不同，故本课程针对研究生群体的学习心理、人际关系心理、压力心理、就业心理、焦虑和抑郁心理等，进行特色辅导。

④尔雅课程方面。尔雅课程群中亦开设了大学生心理健康相关课程供学生选择学习，其形式采用网络视频模式，在师生互动性、现实性上有短板。故本课程也兼顾尔雅课程内容，对其中的难点、疑问、关键理论等进行补充教学，具有相辅相成的特色。

（5）课程效果。

学生反映良好。能够正确和理性地完成对心理学的初步认知，重视自身和他人心理健康，甚至产生专业兴趣，提升了心理健康素质和水平。

（6）课程展望。

①课程形式有待优化。我校仅对 2013 级全体新生开展过《大学生心理健康教育》36 学时整学期的教师面授课程，后来由于师资短缺，故选择尔雅课程中的心理健康网络视频教学形式而取代了教师面授教学形式，教学互动减少，学生重视程度降低，教学效果受到影响。

②课时量少。因为尔雅课程中的课时量有限，且学生缺少监控和督促，故心理健康教育中心呼吁各学院辅导员额外自主开展心理健康讲座或面授课，在一定程度上弥补了课时量的不足。但是辅导员工作繁重，无暇拿出更多时间授课。警官学院克服困难，近年新生平均学期授课在 40 学时左右。

③课程地位有待提高。因院系心理健康教师面授课没有被教务处统一安排在教学日程中，也没有进入院系日常课程表中，因此教师需要自己协调安

排课程时间、地点、班级等，效率低下。也会因没有体现在课程表中而常常被各类学生活动占用，正常教学活动受到影响。

2. 公共选修课：主持建设完成新课程项目——《性心理与健康》

（1）课程背景。

课程主持人于 2015 年 8 月参加由国内著名性学家、性教育家彭晓辉教授开办的华中师范大学第二届师范院校性教育师资资质能力培养培训班，主题为"人类性学"。认识到大学生性教育是高校通识课中的薄弱甚至空白环节，尤其在山东高校更是如此。于是，课程主持人结合培训班授课内容、自身心理学专业背景和法学类院校的学生特点，开发建设了《性心理与健康》课程。

（2）课程设置情况。

《性心理与健康》是面向全校学生开设的公共选修课程。通过本课程的教学活动，普及性健康教育知识，提升心理健康水平，树立正确的性观念。授课对象为全校本、专科学生。近两年在警官学院为本、专科学生 100 余人次开展授课，授课形式包括课堂教学、讲座和团体心理辅导等，共 32 学时，学生评教为优秀。

（3）课程目标。

坚持以心理学及相关理论为依据，努力做到科学性与应用性，理论性与实践性的统一，坚持在教学内容和教学方法上不断改革创新，增强课堂的吸引力和感染力。提升大学生性教育受教意识和性心理健康水平，学习健康科学的性心理知识，减少性心理创伤和伤害，促进其关爱自身身心健康，鼓励健康发展。

（4）课程内容。

经过近两年的课程教学，本课程教学内容和教学设计不断完善，结合大学生心理现实，兼顾本专科生、警校生的心理特征，形成了以下课程内容体系：

表 2-3-2　《性心理与健康》内容体系

课程名称：性心理与健康	
第一章　性心理学概述	第三章　性心理与生育调节
第二章　性心理与健康生育	第四章　性传播疾病及其防治

课程名称：性心理与健康	
第五章　性心理相关概念与性脚本	第九章　性幻想与性想象
第六章　儿童性心理发展特征	第十章　涉性人际关系交往
第七章　青春期性心理发展特征	第十一章　性暴力概述及类别
第八章　择偶性心理特征	第十二章　性心理教育与性健康促进

（5）课程特色。

①稀缺性。此类课程在山东省内高校开设稀少，除山东大学、山东女子学院开设相关性教育、恋爱等主题公共课以外，其他院校鲜有开设。在全国范围内，除华中师范大学、首都师范大学、武汉大学等院校建设了具规模、有特色的相关课程外，其他可谓空白。

②便利性。本课程建设项目受到了华中师范大学彭晓辉教授课题组"全国师范院校性教育师资资质能力培养培训班"项目和美国福特基金的资助，主持人与包括华中师范大学在内的国内20余所本专科院校建立了联系，可以非常便利地获得支持、相互交流。

③方向性。本课程在理论和教学实践中均具有前沿性和敏感性，我们设置合理的教学目标，使之符合中国特色社会主义建设和精神文明建设的要求，符合教育规律，坚定正确的教育方向。

④院校特色与创新相结合。本课程在学习华中师范大学性学课程的基础上，注意结合山东政法学院警官学院实际和学生自身特点展开教学，如关注性犯罪、性法学等内容。

⑤与心理矫治实验室相结合。本课程以大班讲授为主，同时配合个别辅导，利用警官学院心理矫治实验室，对涉及个人心理或私密性问题进行个别咨询、指导。

（6）课程效果。

当前大学生的性心理有一定的保守性，认为涉性课程不能放在阳光下，因此部分学生在选课时有一定的顾虑，且预想在课堂上也会出现拘谨、不好意思等现象，部分学生在第一节课的确出现了此类情形。但是随着课程的展开，这样的思想认识逐渐被打消，学生学习到了科学的性学知识、建立了正确的性观念、发展了主观正确的性主张。所以，学生对本课程的教学效果反映良好、认可度高。以下是学生的课程感悟节选：

"……对性问题的认识从不知到知的过渡期，对性问题仍然处于一知半解的朦胧状态。随着年龄的增长，感觉到了异性之间的吸引力，往往对异性带有幻想色彩，很少考虑届时会面临的困难和阻力。……直到现在，通过本课程的学习，认清了恋爱和婚姻的界限，恋爱时要互相理解和体贴……了解了两性间单纯睡觉是不会生宝宝的，如果发生关系应该做好避孕措施。如果对方不愿意的话也不能强制对方，不然就上升到法律层面的问题了……回想中小学，代课老师都有明显的回避性方面的教育问题，刻意使学生回避性问题。我认为大学开设这门课程是很有必要的……"

"……通过这几节课的学习我对性心理有了很多全新的认识：首先，我认为我国在性心理教育方面还有很大的欠缺，通过中外对比可以看到中西方的性心理教育有很大的差距。无论是在早期的性教育方面还是对婚前性行为的态度等多个方面，都可以看出差距。中国因为受传统思想的影响，在对子女性心理教育方面比较薄弱，很多父母认为早期性教育是不可思议的，同时他们当然也反对婚前性行为，这就导致了很多青少年缺乏性心理教育。其次，其实性教育所涉及的范围很广，性别意识的确立是孩子在儿童时代完成的，在孩子自我概念形成过程中，性别认同是一个重要的方面，孩子要顺利成为合格的社会成员，就必须知道自己的性别和性别角色的期望……"

（7）课程展望。

①鉴于本课程的初创性，教师在资料上、经验上、数据上还需要进一步积累和补充。

②鉴于本课程的特殊性和初期教学，教师还需要接受进一步的培训和进修，提升业务水平。

③鉴于本课程的敏感性和学生心理的隐私性，教师还需要创新教学方法，积极引导，探索更加适宜的教学方式。

3. 大学生日常心理咨询工作

（1）基本情况。

针对学生心理问题而开展的心理咨询是大学生心理健康工作的重要内容

之一，这项工作艰巨而繁重。学校学生处的心理健康与发展中心负责接待政法学院全体学生的心理咨询工作。笔者兼任警官学院心理辅导员，负责警官学院大学生的心理健康教育工作，这项工作内容的重点是配合学校学生处完成大学生心理健康四级网络体系建设（学校—学院—班级—宿舍），亦是本课题心理学基础平台的重要组成部分。

（2）具体情况。

课题负责人负责完成大学新生的心理健康普测和教育、学生心理健康监控和个别心理咨询工作，其中个别心理咨询一般采用一对一的形式：来访学生和咨询教师。采用谈话交流的方式，来访学生陈述情况和问题，咨询教师进行解答。来访学生大部分来自警官学院，部分来自政法学院本部和西校区，平均每学年累积50~100人次不等，轻微心理问题一般1~2次咨询可有明显缓解，较严重心理问题需要多次解决，更严重的心理问题和心理疾病一般建议到校外医院就诊。

大学生的心理健康水平是保障其顺利完成学业的基础因素，这项工作看起来不太起眼，但是非常琐碎，且要遵守保密原则和谨慎原则。在对学生进行心理咨询的工作过程中，会遇到各种各样的问题，如学业问题、感情问题、发展问题、升学问题、人际关系问题、家庭问题等，每当成功地帮助到学生后，虽然不便随便和他人分享而略感孤独，但助人的喜悦却会带来充实感。

图 2-3-2　沙盘实例

　　通过以上沙盘可以发现，甲的"内在自我"十分孤独、弱小（整个画面中只有一个人，而且是儿童，这个儿童就是他自己）、内心具有封闭性（树木的包围）、走投无路感（桥梁被两座山挡住）等。

　　第四，意象疗法。为了进一步证实，心理矫治工作者带领其进行意象想象，即闭眼想象一座房子，看看他能看到什么。通过想象发现，甲内心孤独、不丰富、脆弱、存在内心危机等，与沙盘情况相吻合。在意象疗法中，心理矫治工作者进行了简单的处理，对其植入了正性意象。

　　第五，家庭动力探讨。通过以上几种方法的处理，终于来到家庭部分。甲说自己有三个姐姐，自己属于被宠爱的。父亲性格温和没有脾气，母亲虽然强势些，但对自己也是放纵多一些。自己也算懂事，由于家人照顾周到，自己没有遇到过什么挫折。甲的所有问题都源于其内心自我力量的弱小，这个弱小的自我是由于家庭一贯的教养方式造成的，即他的自我没有机会承受挫折，没有成长起来，因此现在面对挫折时，手足无措，选择退缩。而这种"脆弱"，恰恰与"父亲形象"的无力有关。

　　第六，精神分析疗法。在经过以上过程的整合，以及结合自身几年的咨询经验，心理矫治工作者作出了大胆的尝试：主持人来替代其"父亲"，把有力的父亲形象展示出来，给予其力量，帮助其退行。接着，主持人一改温和的态度，在体态、表情、语气上均换成有力的"父亲"身份，把对待挫折的正确认识和方法、应有的正确心态、甲自身的脆弱等全部陈词了一遍，帮助他体验了一遍移情过程。

　　（3）效果。

　　令人惊奇且欣慰的是，过了几天，甲跑来找心理矫治工作者说："老师，我不走了，我觉得你对我的帮助很大，之前的问题我想清楚了，我不应该退学！"这个结果令人欣喜，同时总结了以下体会：①凡事只要坚持、认真，就会有结果；②理论需要实践来补充和完善；③初心要从善，古语说"从善如流"，如果不是考虑到学生的前途，有可能会被疲惫打倒；④基础要扎实。总之，学生的心理咨询工作虽然烦琐、孤独，但很有意义。

（二）研究内容二：心理学提高平台

1. 专业必修课：《罪犯矫治心理学》

（1）课程设置情况。

《罪犯矫治心理学》是警官学院监狱学专业的五门专业核心课程之一，是山东省一流本科课程、省级精品课程，也是监狱学本科的专业必修课。本课程所属学科自建立以来，一直是主要课程之一。该课程的设置着眼于监狱学专业人才培养的需要和实际工作的要求，力求把学生培养成一名罪犯心理矫治的准专业人才。使学生获得心理咨询、矫治的基础知识，获得罪犯心理咨询与矫治的基本技能，经过实践锻炼，能够在我国的矫正机构中开展有效的心理咨询与治疗工作。教学过程中注重基础理论的综合性和操作技能的实践性，培养高素质的监狱管理、矫正人才，使学生能够符合现代化监狱管理的要求。

（2）课程目标。

《罪犯矫治心理学》课程的核心目标在于培养学生较高的综合素质，提高学生的理论水平和解决实际问题的能力，造就合格的理论水平较高的实用型监狱管理人才。该课程体系庞大，理论博大精深，具有极强的实践性和应用性。该课程的设置着眼于监狱学专业人才培养的需要和实际工作的要求，力求把学生培养成一名罪犯心理矫治的准专业人才。使学生获得心理咨询、矫治的基础知识，获得罪犯心理咨询与矫治的基本技能，经过实践锻炼，能够在我国的矫正机构中开展有效的心理咨询与治疗工作。

本课程在省一流本科课程、省级精品课程的基础上，以国内外现有的罪犯心理矫治研究成果为基础，深入监狱罪犯心理矫治一线调查，广泛吸收理论前沿的新成果，采用新的研究与教学方法，加强团队协作，共同提高打造一流的课程教学团队，争取完成申请国家级精品课程的远期目标。

（3）课程内容。

经过近年的课程教学，本课程教学内容和教学设计不断完善，结合监狱学专业学生学习现实和就业预期，兼顾警校生的心理特征，形成了以下课程内容体系：

表 2-3-3 《罪犯矫治心理学》内容体系

课程名称：罪犯矫治心理学	
第一章 罪犯心理矫治概述	第八章 罪犯心理治疗
第二章 罪犯心理矫治的学科基础	第九章 对罪犯几类问题的心理矫治
第三章 罪犯心理矫治的体系与实施	第十章 罪犯心理危机干预
第四章 罪犯心理概述	第十一章 罪犯心理矫治效果评估
第五章 罪犯心理健康教育	第十二章 罪犯心理矫治的规范化
第六章 罪犯心理诊断与评估	第十三章 矫治工作者的素质与素养
第七章 罪犯心理咨询	

（4）课程特色。

①省级精品课程。本课程在国内处于先进水平、在山东省内处于领先水平。课程综合了心理学、罪犯心理学、犯罪心理学、心理咨询、心理矫治等相关学科的精华，在综合的基础上形成了自己独到的体系。课程内容丰富、体系完善、理论与实践并重，教师教学水平高，教学资料翔实。

②校内网络精品课程。本课程的网络教学平台建设水平先进，多次获得学校网络课程大赛一等奖。平台上教学条目清晰、内容分类合理、教学资料丰厚，文字图片视频动画等形式多样，便于学生学习利用。不仅包含前沿理论，又涉及实践应用，还专门开辟了"学生讨论学习专区"，便于师生课下随时沟通切磋，效果良好。

③教学方法和教学形式独特。重视教育规律、钻研高等教育理论，潜心学习国际国内先进的教育学心理学原理，在教学过程中采取"以学生为中心"的教学理念，"小组合作学习"的学习形式，"情感教学"和"超出预期原则"的教学方法等。既有案例分析讨论，也有角色扮演、模拟实训；既有课堂内的实训，也有仿真监狱内的实训。力求让每一位学生在课堂上都有收获，提高学习效率，快乐学习。

④与心理矫治实验室协同教学。本课程注重理论与实践相结合，心理矫治实验室为此提供了可能和便利，两者相辅相成。实验室器材完备、场地宽广、设施齐全，是心理矫治理论的良好实践场所。目前，本课程会选择 4~8 课时在实验室进行实践教学。

（5）课程创新。

在近年的教学工作中，笔者积极思考教学，努力发现问题，学习教育思想，探索教育规律，深刻体会到教育是一项"良心活"，应该多站在学生的角度去思考一些问题。因此在"以学生为中心"的心理学教学上，进行了一点探索。对《罪犯矫治心理学》核心主干课的建设，探索新的教学方法和学生学习方法，推广了近年"小组合作学习"的课堂教学形式。

①背景。

第一，心理学课程性质和特点。心理学是研究人的心理现象的学科。科学心理学与一般意义上学生所了解的心理学完全不同，理论艰深、概念繁多、体系庞杂，具有严谨、晦涩、难懂的特点，须具备一定基础。监狱学专业学生没有心理学基础，但所学课程难度相当于心理系学生大三课程，因而急需新的讲授方法。

第二，监狱工作实践。监狱中与"人"有关的工作都是活生生的、有温度的，问题解决与否，个人自有衡量。监狱学专业学生毕业后的工作实践，绝大部分都是与"人"打交道。因此，其在校的心理学课程学习就显得非常重要。每年实习回来的学生，都会带来与罪犯心理相关的问题。这些事实更让我们认识到一定要有效地教给学生知识和技能，把课堂教学这个阵地利用好。

第三，美国著名的心理学家、教育学家罗杰斯在20世纪提出"以学生为中心"的教学思想影响深远。他发现以往传统的教学都是教师讲、学生听，学生处于被动地位，效果很差，他称之为"脖子以上的教学"，没有温度和乐趣。因此他在美国施行教学改革，认为课堂应该在教师的引导下，把主动权交给学生，让学生体会学习过程、成为认知过程的主人，如此才会有成效。他的思想促成了美国的"课程改革运动"，也间接地推动了我国的"素质教育"。

第四，"错位竞争，特色发展"思想。我校法学教学存在满堂灌的现象。结合以上分析，决定把"以学生为中心"的教学实践化。在心理学的教学实践中逐步摸索，将这个思路运用到授课中。

②方法。

第一，统一思想。让学生认识到课程的重要性和实用性，引领学生体会先进教学和学习理论，更重要的是让学生产生"认同感"，不要把学习任务当作压力，真正做到课堂学习不白学、不浪费时间。拿出一定的课时进行"小组讨论学习"，把主动权交给学生。实践证明，学生的接受度较高。

第二，任务安排。首先根据教学大纲和课程内容，将适合学生自己学习、思考、讨论的重点内容部分筛选和分解，然后根据学生人数进行分组，按合理顺序分配，组成"学习小组"，产生组长，每个小组准备一个专题。

第三，小组准备。根据教育心理学中"先行组织策略"，教师先引领学生概览专题，让学生在头脑中"先行组织"，然后，小组成员一起详细准备该专题，可通过图书馆、网络课程平台、网络资源、提问教师等渠道进行准备。每个小组成员均分内容，都要自己亲自动手做PPT，内容不仅局限于教材，还可以发散思路。讲授内容做完后，由教师审阅，和学生一起讨论、调整。

在小组讨论阶段，教师参与小组学习，并对小组学习的过程做必要的指导、调控。教师在学习前提出如下要求：

一是在组内交流之前，每个学生先独立思考、自学（有的还要求学生写出思考的要点）。

二是组内交流方式要多样化，主要方式可以是：中心发言式、指定发言式、组内议论式或两两配合式等。总之，要让每位学生都能充分发表自己的见解。

第四，学生讲授。这是最重要的环节。每轮到一个小组，小组成员均坐在第一排。所有小组中的每一位同学都要亲自站在讲台上讲授自己准备的内容，讲授过程中随时面临教师、同学的提问，讲授者要当即回答，如果回答不上来，其他成员可帮助解答。教师对每一位成员进行点评，讲授过程中，教师也会视情况穿插讲解，教师还会就某些关键问题引导大家讨论（事实证明，学生讨论是很热烈的）。在坐的学生也不能置身事外，讲授者可以随机提问他们，同时，教师也会提问其他组的学生。

第五，教师讲授。每一个小组讲授完毕后，教师进行总结点评，纠正错误，查漏补缺。教师主要在理论思想、内容、思路、表达和体态（结合公务员面试）方面给予指导。

第六，问题提问和讨论。对教师来讲，这是最考验人的部分，会面临很多挑战。一方面，学生的问题五花八门；另一方面，需要考虑如何结合大纲抓住问题重点展开讨论、激发讨论、结束讨论。

第七，网络课程平台。利用网络课程教学平台，把课堂教学效果最大化、平时化。首先，在平台上发布课程通知，及时督促学生；其次，上传大量课程资源，便于每个小组的课程准备；最后，在互动讨论区和学生继续进行互动，为学生答疑解惑。

③学生成绩评价。

第一，闭卷考试。利用期末考试成绩进行评价。

第二，教师评价。教师根据每个学生课前准备的文字材料、PPT，以及课上讲授的内容、回答问题的效果等，进行打分。

第三，学生他评。所有同学对讲台上讲授的同学进行评分。

第四，小组互评。每一个学习小组之间都进行互评打分，每个学习小组都有一个成绩，这个成绩与每个成员的成绩相挂钩。目的在于促成团队学习氛围。

第五，平时表现。考察学生的学习态度、到课率等。

以上几种评价方式通过量化后折合计算，最终对每一位同学给出学习成绩。

④效果。

第一，整体效果。课程建设课题组全体教师均获得学生很高评价，学生对老师的教学效果普遍满意，评教成绩全部为优秀。学生认为课堂气氛活跃，语言幽默风趣，结合实际特别是主讲教师结合咨询矫治实务的经验，使理论变得清晰和容易理解。并通过课堂教学、案例讨论与实践实训等形式相结合，引导学生自己思考，亲自操作实践，操作增强了学生分析问题与解决问题的能力。

第二，问卷效果。为了得到更准确的数据，课程教师编制了《罪犯矫治心理学》课程问卷（后文附问卷）对学生进行调查。问卷共17个题目7个维度：其中第1题调查学生对课程目标的认识程度，第2题调查学生对课程意义的认识程度，第3~4题调查学生对课程的认同程度，第5~7题调查学生对课程形式的认识程度，第8~10题调查学生对课程的学习态度，第11~13题调查学生对课程学习的过程情况，第14~16题调查学生对课程的学习效果，第17题调查学生的其他建议。

从监狱学专业随机选取 38 名学生进行问卷调查，收回的问卷中无效问卷 1 份，有效问卷 37 份。37 名同学中男生 32 人，女生 5 人，男生占 86.5%，女生占 13.5%（监狱学专业女生人数占比约为 10.4%）。

结果分析：

从表 2-3-4 中可以看到，学生对本课程的课程目标、课程意义、课程认同度和课程形式都非常满意，各项均值都在 2.9 左右，接近满分 3 分。自我感觉学习效果也不错，均值 d=2.9279，接近满分 3 分。在学习态度和学习过程方面，学生的得分不如前几项高，均值 d 分别为 2.5586 和 2.2973。学习态度反映的是学生对知识内容自主准备的看法和感受，可以看出，学生对自主学习的认识还没有达到十分正确的程度，依然有传统课堂讲授的被动性。学习过程反映的是学生课下自己对知识的学习和准备过程，可以看出学生课下自主学习的努力程度、自我监控和自我要求也有待进一步提升。

表 2-3-4　各项维度的均值得分

描述统计量					
	问卷数量	极小值	极大值	均值	标准差
课程目标	37	2.00	3.00	2.9189	.27672
课程意义	37	2.00	3.00	2.8649	.34658
课程认同度	37	2.00	3.00	2.9189	.22090
课程形式	37	2.00	3.00	2.9279	.19461
学习态度	37	2.00	3.00	2.5586	.27278
学习过程	37	1.67	3.00	2.2973	.36670
学习效果	37	2.33	3.00	2.9279	.17804
有效的 N（列表状态）	37				

总之，通过教学实践和探索，发现"以学生为中心"的教学效果明显。学生在访谈中表达了对此种教学方式的认可。教师们认为这种形式虽然较之传统教学有更多的付出和辛苦，但自己也有收获，积累了宝贵经验。

附：《罪犯矫治心理学》课程问卷

请根据自己的情况作答，作答没有好坏评价之分，在符合自己情况的分数上打"√"。

	是	一般	不是
1. 本课程"小组讲授学习"的目的在于"以学生为中心"，把主动权交给学生自己，我觉得：	3	2	1
2. "小组讲授学习"的意义是让学生体验主动，体会知识在头脑中生长，我觉得：	3	2	1
3. 我觉得自己上台讲授知识，对自己胆量提升有帮助。	3	2	1
4. 我觉得自己上台讲授知识，对公务员面试有帮助。	3	2	1
5. "小组讲授学习"的形式不同于其他课程的形式。	3	2	1
6. 与传统的教学形式相比，我觉得小组讲授学习更有收获（你自己讲授的那部分内容）。	3	2	1
7. "小组讲授学习"的形式更利于培养学生的能力。	3	2	1
8. 我是认真准备的。	3	2	1
9. 我内心是接受"小组讲授学习"这种方式的。	3	2	1
10. 这个过程让我感到紧张。	3	2	1
11. 我觉得课下的知识准备过程难度大。	3	2	1
12. 我觉得上台讲授过程难度大。	3	2	1
13. 准备知识的过程让我觉得有乐趣。	3	2	1
14. 我觉得这个过程让我收获了很多。	3	2	1
15. 我所准备的那部分知识现在我理解的挺透彻。	3	2	1
16. 这个自主学习的方法对我以后的学习有启发。	3	2	1
17. 对于"小组讲授学习"，我还有其他建议：			

（6）课程展望。

一是学生学习态度和学习过程的努力程度有待提升。我国大学生历来的教育环境均为传统的应试教育，习惯了"教师讲、学生听"的模式，一旦颠倒过来，学生难免需要一个适应过程。

二是学生的学习目标和学习氛围有待提升。大学生的学习应以自主支配为主，应养成自学的习惯，应有良好的学习氛围，应有吃苦耐劳的精神。我们需要探索学生课下学习过程的督促和监控方法，教育管理部门也应多管齐下，积极引导学生，培养学习兴趣，找到自己的学习目标，并为之努力。

2. 专业选修课：《教育心理学》

（1）课程设置情况。

《教育心理学》为监狱学专业的专业选修课程，是专业课程的辅助补充课程，夯实专业基础，拓宽学生视野。本课程使学生获得教育心理学基础知识，懂得教育心理学的基本原理，经过实践锻炼，能够在矫正机构中开展有效的改造教育工作。该课程在同类政法类院校中处于领先水平。教育心理学多在师范类院校开设，政法类较少，本课程结合政法类专业学生的背景和特点，有针对性地融合教育心理学原理，做到法学与教育学的有机结合，完善法学专业学生的知识结构。本课题主持人先后于2012—2022年在警官学院为各专业本科生等近900人次开展授课，授课形式包括课堂教学、讲座和团体心理辅导等，共32学时，督导评价和学生评教均为优秀。

（2）课程目标。

该课程的设置目标着眼于监狱学专业人才培养的需要和实际工作的要求，力求把学生培养成罪犯教育矫治的准专业人才。使学生获得教育心理学的基础知识，懂得教育心理学的基本原理，经过实践锻炼，能够在我国的矫正机构中开展有效的罪犯教育工作。本课程要求注重基础理论的综合性和操作技能的实践性，培养高素质的监狱管理、法律矫正人才，使学生能够符合现代化监狱管理的要求。

（3）课程内容。

经过近年的课程教学，本课程教学内容和教学设计不断完善，结合大学生心理现实，兼顾本科生、警校生的心理特征，形成了以下课程内容体系：

表2-3-5 《教育心理学》内容体系

课程名称：教育心理学	
第一章 绪论	第四章 教育心理学的起源与发展
第二章 教育心理学的研究对象	第五章 教育心理学的研究原则与方法
第三章 教育心理学的性质和意义	第六章 休闲活动（网络）与心理健康

课程名称：教育心理学	
第七章　行为主义学习理论	第十二章　学习中的心理效应
第八章　认知学派学习理论	第十三章　育人中的心理效应
第九章　人本主义学习理论	第十四章　行为塑造中的心理效应
第十章　建构主义学习理论	第十五章　人际关系中的心理效应
第十一章　记忆中的心理效应	第十六章　管理中的心理效应

（4）课程特色。

①基础性。在监狱学专业的人才培养方案中，《罪犯心理矫正学》作为专业核心必修课程设在大三学年第一学期开设，本课程属于心理学课程领域中的高级课程，需要学生具备一定的基础，对心理学、心理咨询与治疗的理论知识有所了解和掌握。《教育心理学》作为大二学年即可选修的课程的专业选修课，为学生提供了事先建立心理学基础的机会，为后续心理学核心课程的学习做了铺垫，有利于更好地完成人才培养目标。

②针对性。法律工作者在实际工作中离不开教育，如监狱里对犯人的教育、法检部门对原、被告等的法律相关教育、各类政府机关、律师事务所承担的大众普法教育等，教育过程必然离不开教育心理学。作为培养法律人才的政法院校，《教育心理学》的开设有针对性的发挥了此功能。

③独特性。《教育心理学》多开设在师范类院校，在政法类院校中开设较少。本课程结合政法类专业特征以及"错位竞争，特色发展"的目标，对传统的教育心理学内容进行了相应调整，着重突出法律实践中教育过程的心理现象，同时降低部分环节的难度，使其适应本校学生的特点。因此，本课程的内容与其他院校的同类课程不同，其更适合法律专业学生，具有独特性。

④兼顾性。该课程作为监狱学专业人才培养方案的一部分，在能够很好地完成人才培养目标的同时，还兼顾完善其他专业学生知识结构、专业素养，对教师和学生而言，掌握教育过程中的心理规律，在教学和学习中都起到了很好地促进作用。

⑤实践性。该课程同时依托警官学院心理矫治实验室，将其中的实践教学内容和环节放到心理矫治实验室完成，更加贴近工作实际，培养学生的实

践能力，这是其他高校不具备的优势。

⑥发展性。该课程作为心理学课程的分支之一，对作为个体的"人"的发展具有全方位的促进作用，如学生自我的发展、对下一代培养的能力、对家庭代际关系的认识等，都具有正性的启悟作用。

（5）课程展望。

①"以学生为中心"的教学改革力度还不够。虽然在教学过程中采取了让学生讨论、辩论、自由发言等形式，学生反映也良好，但由于课时限制，力度还有待增强。

②教学案例库还有待更加丰富。由于我校是非师范类院校，相关案例的收集和积累有限，此方面还需紧跟学科发展，积极补充，及时更新，丰富课程资源。

3. 辅导学生学术论文写作

（1）辅导学生心理学类本科毕业论文写作。

心理学是监狱工作不可或缺的部分，尤其是罪犯的心理矫治工作，需要干警掌握心理学原理和技术。学生的毕业论文中必然也涉及心理学类的论文，因此这又是一个心理学论文写作教学的课程平台。

（2）辅导学生心理类及其他主题学术论文写作。

学术论文写作是我校锻炼大学生学术写作水平的一项比赛，旨在提升大学生学术涵养，夯实学术底蕴。

（三）研究内容三：心理学实践平台

警官学院心理学实践平台由"一体两翼"组成：一体是心理矫治实训室；两翼是两种实践形式，包括校内实践课程和校外实践课程，其中，校内实践课程包括实践必修课和实践选修课。

1. 心理矫治实训室

心理矫治实训室投资近 60 万元，总建筑面积近 140 平方米。由办公及接待室、个别咨询室、团体活动室、心理测评室、治疗室和宣泄室六个部分组成。该实验室主要承担监狱学专业心理矫治实训课程的教学工作，旨在提升学生实际应用能力，为学生进入监狱系统工作提供实践平台。同时，根据警官学院学生的心理特点，通过心理科学的各种手段和方式，有针对性地对学生进行心理健康教育和指导，优化心理品质，提高心理健康水平。各功能室及简介如下：

（1）办公及接待室。

功能说明：教师办公场所；教学资料、档案存放场所；学生个别测量场所、咨询前学生的等待休息区；阅览区。

（2）个别咨询室（冷、暖）。

功能说明：作为个案咨询的主要场所，布置要求安全、温馨，以降低学生的心理防卫和抵触情绪，提高个案咨询效果。同时，能够让学生了解在监狱中如何与服刑人员在此场所进行沟通。

（3）团体活动室。

功能说明：以小组或小集体的方式组织学生，开展有针对性主题的团体心理辅导活动、团体心理讲座、心理交流沙龙等，促进团体的互动交流与思考，帮助个体获得成长与提升。同时，能够让学生在此场所中学会观察服刑人员的互动情况，从而进一步了解服刑人员的心理成长状态。

（4）心理测评室。

功能说明：帮助学生学会对各种心理测验进行了解、鉴别、使用、分析和解释。利用电子阅览室平台，提供13类近百种心理测验量表，可针对不同心理问题，提供量化指标，建立心理档案，并有针对性地给予干预建议。同时，能够让学生在此场所中学会对服刑人员的心理状态进行测评，提出有针对性的意见。

（5）治疗室。

功能说明：

①团体型沙盘器材：运用荣格的分析心理学，让学生在一个自由、安全、受保护的环境下，教师借助沙盘这一非语言性沟通工具，引导来访学生作潜意识精神分析。

②智能音乐放松系统：通过音乐的催眠放松作用，将学生引导到浅睡眠、低防御状态，教师再进行有针对性的心理咨询与辅导，实时掌握其内心变化，从而使咨询整体效果得到全面地提升。

③自我行为调节认知系统：通过对学生进行多种类、多项目的心理放松训练法的引导学习，结合系统反馈的练习过程，检验学生对心理放松训练法

的掌握程度。

④生物反馈系统：让学生了解人体心理生理信息的客观参数，在行为认知调节的基础上，可以更为准确地判断训练方法运用是否得当，方向是否正确，从而克服训练中的盲目性。

同时，在此场所也能够让学生学会如何洞察服刑人员的内心变化，来进一步提高心理指导效果。并学会如何让服刑人员掌握一套自觉调整和疏导自我不良情绪的方法。

（6）宣泄室。

功能说明：提供一个安全可控的范围，用消耗体力、运动击打、注意力转移的方法，将心中不良情绪宣泄出来。有助于缓解情绪沮丧、消极抵触、自杀自残，或严重暴力倾向问题。同时，在这个场所能够让学生学会如何分散服刑人员的情绪沮丧及消极面，让服刑人员彻底释放内心压力，从而实现心理的平衡调节。

2. 校内实践课程一：实践必修课《罪犯心理矫治技术》

（1）课程设置情况。

实践课《罪犯心理矫治技术》是专业必修理论课《罪犯矫治心理学》的重要补充，两者互为兄弟课程，为理论课提供实践操作平台，提升专业技能。学习《罪犯心理咨询与治疗技术》具有重要的意义，为今后从事罪犯心理咨询与治疗提供训练平台，锻炼学生今后解决罪犯各种心理问题的能力。通过本课程的教学活动，使学生掌握罪犯心理咨询与治疗技术、学会相关心理咨询与治疗材料与仪器的使用，培养学生观察、分析、解决实际案例的能力，为毕业后能实际解决罪犯各种心理问题奠定学习基础。课程建设于2014年立项，本课题主持人先后于2014—2023年在警官学院为监狱学本科生1400余人次开展授课，该课程时长为32学时，督导评价和学生评教均为优秀。

（2）课程目标。

本课程是警官学院心理矫治实训室的支撑课程，旨在帮助学生在学习罪犯心理矫治理论的基础上，提升解决罪犯各种心理问题的实践能力。实践教学项目化，在罪犯心理咨询的形式和技巧、沙盘治疗技术、宣泄技术、团体活动的开展和掌控、音乐放松椅的使用、认知行为调节系统的使用、罪犯心理测评技术7大模块16个教学项目中，每个教学项目均要求学生进行实践体验、亲自带领、完成体验报告。

（3）课程内容。

经过近年的课程教学，本课程教学内容和教学设计不断完善，结合大学生心理现实，兼顾警校生心理特征和监狱工作实践，形成了以下课程内容：

表 2-3-6　《罪犯心理矫治技术》内容体系

课程名称：罪犯心理矫治技术	
实训项目一　音乐放松技术训练	实训项目九　心灵成长技能训练
实训项目二　认知行为调节训练	实训项目十　环境适应技能训练
实训项目三　个别心理咨询技能（一）	实训项目十一　人际交往技能训练
实训项目四　个别心理咨询技能（二）	实训项目十二　团队合作技能训练
实训项目五　心理宣泄技术训练	实训项目十三　沙盘技术训练（一）
实训项目六　自我意识技术训练	实训项目十四　沙盘技术训练（二）
实训项目七　时间管理技术训练	实训项目十五　心理测评技术训练（一）
实训项目八　创新能力训练	实训项目十六　心理测评技术训练（二）

（4）课程特色。

唯一性。山东政法学院监狱学专业为山东省内大学中独设，因此，《罪犯心理咨询与技术》在省内甚至国内大学属首次开设。

便利性。监狱学专业是山东政法学院与山东省监狱管理局的合办专业，具有与省内监狱合作、沟通和交流的先天便利优势。因此，我们可以借鉴各监狱心理矫治中心的先进经验，并聘请有关专家来校指导工作。

先导性。当前监狱实践中从事罪犯心理咨询与治疗的干警，其自身业务能力和心理健康水平的学习和提升，均起始于从警以后，具有滞后性和非系统性。本课程恰恰可弥补此缺憾，提前完善其知识结构、实践能力和心理健康水平。

必要性。本课程属专业必修课，与其他必修课程相辅相成，共同支撑学生心理学知识结构，不可或缺。

应用性。本课程旨在提升学生从事与罪犯有关的心理咨询与治疗的实践操作能力，具有很强的应用性。

真实性。本课程主要依托罪犯心理矫治实验室授课，该实验室实况与各监狱心理矫治中心大致相当，具有很强的真实性。这为监狱学专业学生今后从事相关工作奠定了珍贵的实践基础。

实践性。本课程属于实践实训课程，旨在提升学生在理论学习基础上的实际操作能力，给学生提供体验理论应用的实践平台。

（5）课程效果。

学生反映良好。能够正确和理性地完成对心理学的初步认知，重视自身和他人心理健康，甚至产生专业兴趣，提升了心理健康素质和水平。

（6）课程展望。

①鉴于本课程的初创性，在资料上、经验上、数据上还需要进一步积累和补充。

②鉴于本课程的难度，教师还需要接受进一步的培训和进修，提升业务水平。

③鉴于场地面积有限，本课程部分教学内容尚需扩充场地，建设更为先进的团体活动场所。

3. 校内实践课程二：实践选修课《团体心理游戏》

（1）课程设置情况。

实践选修课《团体心理游戏》也是依托心理矫治实训室开设的系列课程之一，属于小学分课程（1学分），16课时，于2017年年底通过学校课程审批立项。笔者在《罪犯心理矫治技术》的课程教学过程中，发现学生对团体心理辅导项目兴趣浓厚，积极性高，且由于学生人数众多，导致很多团体辅导项目参与不充分，且无法满足每位同学都做领导者的需求，因此，《团体心理游戏》课应运而生。

（2）课程目标。

本课程旨在帮助学生在学习罪犯心理矫治理论的基础上，提升解决罪犯各种心理问题的实践能力，主要是提升学生对罪犯团体心理活动项目的带领能力。以教师带教为辅，以学生带领为主，充分给学生机会进行实践实操。

（3）课程内容。

让学生学会破冰技术训练、沟通技术训练、人际促进训练、思维训练、环境适应训练、创造力训练、团队建设训练等项目，并运用到罪犯团体上。

在巩固《罪犯心理矫技术》课程中团体活动项目的基础上，通过对本课程的学习，更重要的是让学生学会变换和创造活动项目，能够做到举一反三。

（4）课程优势。

①针对性。《团体心理游戏》对当前司法实践工作中的困难提出有针对性的解决方案。既有利于监狱干警的心理健康、价值观建设、团队凝聚力，更有利于解决服刑人员犯罪心理、刑罚心理和各种共性问题的改造。

②辅助性。当前监狱实践中从事罪犯心理咨询与治疗的干警，其自身业务和心理健康水平的学习和提升，均起始于从警以后，具有单一性和非系统性。本课程恰恰可弥补此缺憾，辅助完善其知识结构、实践能力和心理健康水平。

（5）课程特色。

①趣味性。本课程内容轻松、形式多样，可变性强，学生发挥想象力空间大，且活泼自然，深受学生喜爱。

②提高性。本课程内容是对《罪犯心理矫治技术》团体活动项目基础上进行的拔高，主要是要求每位学生学会带领团体，并且最重要的是可以随机应变，在原活动基础上进行创造性变通，作为提高课具备一定的难度。

4. 校外实践课程

监狱学专业在全省23个省直监狱建立了校外实践实训教学基地，每年均接收监狱学专业的学生进行校外实践实训，内容包括感知监狱实训、监狱见习实训、顶岗教学实训和提交实习实训报告。相应地，这也为心理学教学提供了校外实践实训的平台。教师会给学生布置心理矫治实践内容，由学生在监狱实践完成。

（1）监狱心理矫治工作实践。

监狱的罪犯心理矫治工作一般由心理矫治科或教育改造科承担。学生在实习中轮流转科的过程中会对心理矫治科或教育改造科有全方位的认识，尤其是罪犯心理矫治现状、政策、方法、效果等内容，对书本上学习的内容是一个很好的补充，鼓励学生知行合一。

（2）心理矫治的实战学习。

学生还没有执法权，在监狱不能直接对罪犯开展心理矫治工作，但可以跟随干警进行实战矫治学习，同时也可以作为助手帮助干警完成任务，这是一个很好的学习过程。学生在其中认识问题、发现问题、协助解决问题，收获良多。在这个过程中，监狱学专业学生积极收集各种罪犯案例，包括罪犯心理矫治案例、罪犯教育案例、狱政管理和狱内侦查案例，开阔了眼界，积累了知识。

（3）实习总结。

学生回校后要完成实习报告撰写、案例收集整理、实习反思、学年课程论文等任务，其中很多主题涉及心理矫治。教师根据每个学生的情况和特点，开展有针对性的指导，包括案例分析、论文撰写、投稿发表、小组讨论等，全方位提升实习效果。

（四）研究内容四：心理学辅助平台

1. 辅导学生通过心理矫治工作者考试

建立心理学辅导平台，对学生进行适当的培训，保证顺利通过资格考试。在以下几个方面对学生进行有针对性的指导：

（1）为学生提供考试内容指导。

首先，基础知识方面，督促学生对教材熟知，加强记忆，提醒学生在夯实理论的基础上，熟悉和熟练习题集。其次，技能能力方面，帮助学生梳理考试重点，反复斟酌，熟悉常见考点，加强短期记忆。最后，案例分析方面，帮助学生分项归纳要点，补充细节，提升通过率。

（2）为学生提供复习方法指导。

我们从复习的过程上为学生提供了可以借鉴的学习方法，以供参考。首先，提示其构建知识框架，建立认知结构。其次，要求学生制订学习计划，把任务分解到每一天，循序渐进。再次，提醒学生多联系，用模拟试卷做检验。最后，要求学生识记、领会，回归课本。

（3）在必修课中加强指导。

心理矫治工作者考试对于没有心理学基础的考生来说有一定难度，需要掌握一定的理论知识。专业必修课《罪犯矫治心理学》就具备夯实心理矫治工作者考试基础的作用。基于这一点，我们在本课程中有意识地针对心理矫治工作者考试内容进行点拨，教师在不影响本课程教学计划的基础上，对考试内容和课程重合的部分进行深化讲解。同时，也对考试动向、复习策略和方法、考前准备等方面进行辅导。

（4）加强课余辅导。

学生在复习过程中会遇到各种各样的困难，课堂上的时间以及自己的复习不足以解决这些困难。教师可额外承担起学生课余辅导的任务，通过面谈、电话、线上联络等多种形式为同学们答疑解惑，同时也有针对性地调整学生的考试心理，确保学生在知识和心理上均能过关。

2. 指导学生举办"阅读的重量，人生的力量"读书活动

我们在日常教学中发现学生存在以下问题：对学业甚至人生缺少规划、学习兴趣不浓厚、轻专业课重公考、轻学习重学生会、迷茫等。认为"不会思考、不去思考"是问题的关键点，那么如何促进学生思考呢？阅读是一个好方法，通过阅读，丰富内涵，增加知识储备，可以深化思考。现将活动内容介绍如下：

（1）组织。

号召学生认识到"阅读的重量，人生的力量"读书活动是为了督促同学们更加丰富、充实且有效地过好警院生活，旨在扩充同学们的知识结构，提高内涵，增强素质，提醒大家珍惜时间，脚踏实地，为今后各项考试奠定文化基础，更重要的是帮助并促使大家建立终身阅读的意识和习惯，不断发展。

①由兴趣出发，让同学们自愿准备书目（如图书馆借阅、自行购买、团体订阅等），在不影响正常学习的前提下，自由阅读。

②原则上要求同学们坚持读完每一本书，并写高质量的读书笔记，以便与大家分享，其中必须有自我感悟或体验。

③由学习委员统计或个人自愿报名等，在不影响学院开展的日常活动的前提下，灵活安排时间，以区（中）队为单位，进行个人报告。

④报告书目不限，报告形式不限，基本要求是"简洁"，要有对作品总体或部分内容的陈述、总结和感悟等，均力争做到简明扼要、直击本质。

⑤报告完毕，设置提问环节，报告人回答，同学们反馈。这是对阅读过程和效果的检验，也是对应变思维的锻炼。

⑥为了建立长效机制，特建立奖励措施。对报告次数、报告效果、提问人的问题质量等进行考核与评议，量化加分。

⑦要求大家本着自我发展的态度，充分准备好每次报告，并保证质量。

此活动可与大学生素质拓展项目挂钩，但前提是质量合格。

⑧监督机制。每位同学每两个月内最少要有一次质量过关的读书报告（不设上限），否则量化扣分并由队长约谈。

（2）过程。

①开源——丰富图书资源。"问渠那得清如许？为有源头活水来。"为了提供纯净、富含养分的高品位读物，我们从以下几个方面做了安排：首先，开展全员读书活动，动员学生积极参加。其次，制订读书活动方案的时候，提供了推荐阅读书目，鼓励学生买自己喜爱的、有助于开阔视野的书籍。最后，鼓励学生到图书馆借书。"书非借不能读也"，借的书，学生大多能认真阅读，因此，收到了较好的效果。

②激趣——增强阅读动机。首先，以展促读。我们将校园的一草一木都当成教育资源，对学生进行耳濡目染的熏陶，让学生浸润在书香氛围中。充分利用板报、学习园地建设中队文化阵地。其次，以赛促读。分别举行了读书报告和读书笔记评比；精彩片段摘抄与朗诵比赛；日积月累，聚沙成塔，丰厚了学生的文学底蕴。最后，以写促读。要求学生多写多练。

③强志——养成读书习惯。为了让活动更好地开展，中队内还建立了相应的奖励监督机制，要求区队内部对报告次数、报告效果、提问人的问题质量等进行考核评议，可与大学生素质拓展项目直接挂钩。同时也规定每位同学每两个月内至少有一次质量过关的读书报告，并且对积极性不高的学生进行相应量化和约谈。

（3）效果。

在读书的过程中，同学们的知识结构得到改善，人文素养不断增厚。培养了学生的阅读能力，发展和提高了口头语言、书面语言的理解和表达能力。

3. 辅导学生就业心理

就业不仅是一个全球性的问题，而且是一个持续存在的问题，每一位大学生都要面对。就业难、就业复杂的社会形势，势必会对大学生的心理带来冲击，因此，大学生需要就业方面的心理辅导。监狱学专业学生因其专业的特殊性，就业面相对狭窄，大部分学生指向公务员考试，因此，这个群体的就业心理学相对特殊，需要特别对待。课题负责人一直比较关注监狱学专业学生的就业心理，每年都会在下半学期为三年级学生开展讲座，进行就业心理学指导，累积已达 400 余人次，这也是心理学辅助平台的重要方面。

根据监狱学学生特点，辅导内容包括公考心理及应对、考研心理及应对、法考心理及应对、企业就业心理及应对、学士后流动站心理、考试失败心理调节和人际关系协调等主题，深受学生欢迎。

4. 优化本科生学业导师制工作

本科生学业导师制工作是我校为了提升人才培养质量，促进教学发展的良好举措。导师制具有导师指导学生周期长、指导范围涵盖面广的特点，在四年时间里进行全方位的指导。因此，过程中导师和学生之间的关系、沟通的质量、指导沟通的方式等很多方面都会涉及心理学。课题负责人开展以下两个方面的工作：

（1）为所指导学生提供心理支持。

在入学心理适应、学业规划、选课听课、学习心理、考试心理、人际关系心理、家庭关系、职业规划等方面，为学生答疑解惑，提供心理支持。

（2）为其他学业导师进行心理学培训。

课程负责人利用专业优势，对其他学业导师进行培训，主要体现在识别和理解学生心理问题上，对学生的心理问题进行分类，并提供解决方法和建议。分为三个方面：

①认知类心理问题：此类问题的根源在于学生的思维水平缺乏深度和广度，导师需要帮助其调整思维角度、更换认知方式、深入分析问题、改变错误认知即可解决问题，注重思维锻炼。

②人际关系类心理问题：此类问题的根源在于学生缺乏换位思考和共情能力，导师需要帮助学生自我反省、感知他人、换位思考即可解决问题，注重感情换位。

③情绪情感类心理问题：此类问题的根源在于学生负性情绪情感的释放和排解，导师需要先引导其释放情绪，而非生硬的认知调节，待其情绪情感平复后，方可调节认知，注重先疏后导。

五、任务完成情况

（一）平台建设

完成四大心理学课程平台和 14 个子平台建设（原计划五个平台之一的就

业心理指导平台，已被融合到心理学辅助平台中)，四位一体，相辅相成。

（二）课程建设

以平台为基础，累积建设完成《大学生心理健康教育》《性心理与健康》《罪犯矫治心理学》《教育心理学》《罪犯心理矫治技术》《团体心理游戏》《矫治心理学》《监管信息管理》《毕业论文》9门课程，胜任大学生心理问题咨询、五四论文指导、社团活动指导、就业心理指导、心理矫治实验室建设、心理矫治工作者考试指导、本科生导师制优化7项工作任务。

（三）授课效果

累计授课学生达7000余人次，教学效果良好，教学督导、学生评价和同行评价达到优秀，学生评优、获奖项目丰富。

六、主要改革成果和实践效果

（一）改革成果

1. 理论方面

监狱学的发展离不开心理学，心理学理论体系的成熟反过来推动监狱学的发展。心理学课程平台探索的成功，对监狱学理论有积极作用。我们初步探索的适合监狱学发展的心理学课程体系理论，也符合学校"特色发展、错位竞争"的理念。

2. 人才培养方案方面

高等教育时刻在变革，监狱学人才培养方案也在不断优化。心理学课程平台的建设，为人才培养方案的修订和改进提供了理论支撑和实践探索。同时在教学目标、基础理论教学、实践实训教学方面，都有裨益。

3. 教师方面

教师们获得了一种行之有效的教学理念——以学生为中心的教学，把课堂还给学生，把主动性还给学生，引导学生有效合作学习，学生的积极性提高了，教师的教学情感自然会丰满，课堂自然也就翻转起来。

4. 学生方面

学生学会了一种行之有效的学习理念——自主探索与合作学习，通过自身主动性的提高，学生自己对自己负责，且学习主体相互结合和合作，学习热情高涨，学习效果显著。

（二）实践效果

1. 心理矫治实训室

在课程平台的建设理念下，心理矫治实训室设施完善，功能齐全，建设水平高，在全省同类机构中名列前茅。并且陆续开设了相关的实践实训课程，效果良好。

2. 大学生心理健康水平

警官学院大学生心理咨询工作是相对独立运行的，这在全校并不多见。通过此项实际且有挑战性的工作，学生的心理健康水平较好，且能持续保持，问题学生能够及时被发现和辅导。一直以来，没有发生过重大心理危机的情况。

3. 校外实践实训

理论与实践相结合，通过校外监狱实践，学生在其中认识问题、发现问题、协助解决问题，收获良多。在这个过程中，监狱学专业学生积极收集各种类型的罪犯案例，最终整理完成了《罪犯心理矫治案例集》的收集积累工作，共计40余个。资料珍贵，有利于进一步的实践或案例教学，提升教学质量。

七、特色及创新点

（一）特色

1. 统一性

四个课程平台分别具有基础功能、提高功能、实践功能和辅助功能，每个平台下的子平台之间也相辅相成、互为补充。四个平台理论与实践并重、难易有度、结构合理、互为一体。

2. 全面性

针对监狱工作实践需要的知识和技能，这四个课程平台能够很好地覆盖和满足。课程平台能为学生提供理论性课程、提高性课程、兴趣性课程、实践性课程等，满足不同学生的特点和专长。

（二）创新点

1. 平台创新

建立法学相关专业的心理学基础平台、提高平台、实践平台和辅助平台四位一体的课程平台，具有系统性、科学性、逻辑性，在省内尚属首例，全国范围内也为数不多。

2. 课程创新

实践课《罪犯心理矫治技术》、公共课《性心理与健康》等课程在省内尚属首例，全国范围内也为数不多。心理矫治实训室和校外实践实训课程，新颖特别，学生具有得天独厚的优势和机会进行学习。

3. 方法创新

在专业必修课《罪犯矫治心理学》采用"翻转课程""以学生为中心的教学""小组合作学习"等教学方式，学生喜闻乐见，效果较好。

八、成果水平和实际推广应用价值

（一）成果水平

笔者指导的监狱学 2013 级毕业论文《探析我国监狱循证矫正模式的发展》获得山东省优秀学士学位论文；笔者参与申报的"协同育人理念下特殊岗位专业人才培养'1+1+N'模式的创新与实践"，获得山东省教学成果一等奖；笔者参与撰写的教材《国外矫正制度》，已在中国政法大学出版社出版。另外，课题组成员指导学生参加的五四学术论文、毕业论文、模拟法庭大赛、社团活动等，均获得很好的名次。本课题获得的成果类型多、水平高、效果好。

（二）推广应用价值

1. 校外推广

在全国监狱学论坛上，课题组多次受邀介绍我院心理学课程平台的建设情况，获得同行的一致认可和好评。其中，心理矫治实训室的成功建设吸引校外专家前来参观学习。

2. 校内推广

专业必修课《罪犯矫治心理学》入选学校"品质课堂"观摩课。课题负责人将"以学生为中心的教学""翻转课堂""小组讨论学习"等教学思想和理念在课堂上进行了展示，听课教师评价良好，起到了推广应用的作用。

3. 教学督导专家

督导专家对本课题给予了充分认可，对课题负责人的教学理念表示赞同，认为其授课灵活度高、学生参与度好、有很强的启发性。同时，就课题负责人提出的"超出预期原则"和"情感教学原则"进行了讨论，认为应大力发扬。督导专家建议将本课题取得的成果进行更大范围的推广。

九、需要进一步研究的问题

（一）进一步完善课程平台体系

因本课题建设周期短，且学校课程立项和人才培养方案修订周期长的原因，平台准备建设的其他课程只能循序渐进，但均在准备过程中。包括接下来要建设的必修课《犯罪心理学》，选修课《罪犯心理测验》《社区矫正心理学》《未成年犯矫正心理学》《绘画心理治疗》《催眠心理治疗》，就业指导课《面试心理素质》《考前心理辅导》《考试心理》等。

（二）以学生为中心教学的困难

虽然以学生为中心的教学方法有很多优点，我们也取得了较好的成绩，但是在现阶段还是存在困难，主要有以下几个方面：教师理念转变慢、部分教师掌握难度大、教师教学工作量增加、班级人数过多、评价指标和评价方法变得复杂化、学生学习过程缺乏监控等。但是我们认为应该发展以学生为中心的教学模式，毕竟学生是学习的主体也是最终受益者。同时，这些困难促使我们继续钻研，争取把这种先进的教学方式做得更好。

第四节　成熟：心理矫治人才实战型实践实训体系建设

山东政法学院警官学院心理矫治人才实战型实践实训体系，包括校内实践教学体系、校外顶岗实践实训教学体系两部分。

一、校内心理矫治人才实战型实践实训教学体系建设

山东政法学院警官学院建立了以心理矫治实训室、侦查实训室、安全防

范实训中心、武器使用与射击实训室、警体训练馆、图书馆、微机室、语音室，形成了监狱学和社区矫正专业专用的八个馆室，构建了较为完备的校内实践实训体系，为学生创造了良好的校内实战实训条件。其中，心理矫治实训室、侦查实训室、安全防范实训中心为山东省普通高校所独有的实践实训设施，具有鲜明的山东政法学院警官学院特色。心理矫治实训室在学生心理矫治实践实训的培养方面起主导作用，其他场所起辅助作用。

（一）心理矫治实训室的主导作用

山东政法学院警官学院心理矫治实训室预计投资近 60 万元，由接待与个别咨询室、团体活动室、心理测评室、沙盘室、放松室和宣泄室六个部分组成。该实训室主要具有监狱学和社区矫正专业心理矫治技术相关课程的实训功能，旨在提升学生实际应用能力，为学生进入监狱系统工作提供实践平台。

1. 心理矫治实训室课程的概况

心理矫治技术课程的内容包括服刑人员心理咨询的形式和技巧、宣泄技术、团体活动的开展和掌控、音乐放松技术、认知行为调节技术、沙盘治疗技术和服刑人员心理测评技术。学习和掌握心理矫治技术是监狱学和社区矫正专业本科学生的基本要求。由于本课程内容较多，难度较大，为达到本课程的教学目标，对本课程的教学提出具体要求是：通过教学活动，使学生掌握服刑人员心理咨询的形式和技巧、服刑人员宣泄技术、团体辅导活动的开展和掌控、音乐放松椅的使用、认知行为调节系统的使用、了解沙盘治疗技术、服刑人员心理测评技术等，培养其针对具有心理问题服刑人员的咨询与治疗技能。

具体包括：（1）精神分析取向咨询与治疗技术中的自由联想、释梦，主要包括自由联想的步骤，引出自由联想状态的关键，对梦种类的划分，梦中意象的发散与联想，梦的解释技巧等技能；音乐放松设备的使用能力。（2）认知行为取向咨询与治疗技术中，包括认知行为调节设备的使用，生物反馈理论，身心关系的理解；放松训练的步骤、练习和指导。（3）人本主义取向咨询与治疗技术中的个别咨询室简介、谈话技巧，包括个别咨询的注意事项、咨询室的布置、谈话技巧如聆听、反应、同感等的应用。（4）服刑人员心理测评技术，包括心理行为综合评定、人格和气质评定、智力评定、情绪评定、家庭评定、自我评定、生存质量等评定、应激和支持等评定、职业生涯评定、孤独评定、自杀评定、精神障碍评定等 13 种类型 72 种量表的使用和解释方法。（5）服刑人员心理宣泄技术，包括对宣泄室的了解，对基础类宣泄设备和智能呐喊放松系统的使用等。（6）沙盘技术，包括对沙盘技术背后荣格理论的理解、对沙盘整体的了解、沙盘技术的领会与操作。（7）团体辅导技术，包括破冰技术、团队建设技术、沟通技术、人际信任建立技术、学习指导技术、压力管理技术、创造力培养技术、领导力培养技术 8 类主题的活动，关键是培养学生针对服刑人员改造的组织和掌控能力。

2. 心理矫治技术实训课程的具体内容

心理矫治技术实训课程具体包括以下内容。

第一章　罪犯心理咨询与技术概述

第二章　个案咨询与治疗技术

第一节　精神分析取向的咨询与治疗技术

一、自由联想

自由联想法的具体做法是：让病人在一个比较安静与光线适当的房间内，躺在沙发床上随意进行联想。越是荒唐或不好意思讲出来东西，越可能最有意义、对治疗方面价值最大。

二、释梦

梦——潜意识内容的反映；显梦——梦境中所显示的具体内容；隐梦——显梦内容所代表的潜意识含义。可通过以下形式进行：象征；移置；凝缩；投射；变形。

三、音乐放松椅的使用

（一）音乐治疗的生理作用

（二）音乐治疗的心理作用

（三）音乐放松椅介绍

第二节　认知行为取向的咨询与治疗技术

一、认知行为调节系统

（一）认知行为调节的理论依据

1. 生物反馈理论

它基于著名美国心理学家、生物反馈学说的创始人米勒（Neal E. Miller），于

1967 年提出的内脏学习理论，能及时提供人体心理生理信息的客观参数。

2. 专业心理放松训练

应用美国 Edmund Jacobson 博士创立的渐进式放松训练、德国医学博士舒尔茨创立的自律训练法、呼吸调整训练、意像放松训练及其他放松训练等 16 种专业的心理放松训练方法。

3. 心率变异性（HRV）理论

美国心脏数理研究所（The Institute of HeartMath，IHM）通过 16 年的科学试验，发现心率变异性取决于自主神经系统两个分支系统的相互作用。

4. 自主神经系统

通过监测 HRV 即能实时监测人体情绪与压力的变化状况。

（二）认知行为调节系统介绍

该系统采用全新的智能训练模式，将示范教学心理专业放松训练、分项练习反馈训练与应用评估反馈训练三者有机结合起来，通过传感器采集生理指标状态，实时反馈生理指标变化，让训练者在了解自身生理、心理变化的情况下，有针对性、有意识地进行自我身心调节。

（三）工作原理（此处省略）

二、放松训练

渐进式放松训练（progressive relaxation training）是指一种逐渐的、有序的、使肌肉先紧张后放松的训练方法。为了进一步要求参与者在肌肉收缩和放松后，通过比较从而细心体验所产生的那种放松感。同时它还要求参与者在放松训练时，自上而下有顺序地进行，放松一部分肌肉之后再放松另外一部分，"渐进"而行。

第三节　人本主义取向的咨询与治疗技术

一、个别咨询室简介

（一）咨询接待室与咨询室

1. 地点的选择

咨询接待室与咨询室地点选择本着安静方便的原则。咨询接待室用于接待前来咨询的学生，主要有两个方面的用途：一是为来访者登记，预约咨询时间；二是为来访者提供等候的空间。会谈咨询室用于咨询，是正式进行心理咨询的场所。

2. 咨询室的室内设计

咨询室的光线要比较柔和，色彩感觉与光环境应融为一体。以有利于咨询工作的开展为原则，建议咨询室的墙壁粉刷为暖色，使用浅绿色的窗帘，采用凸显灯具，将灯具作为空间的视觉焦点来设计。以使咨询室显得温馨、亲切。

3. 室内设施配备

柔软、舒适的座椅、钟表、纸笔、纸巾、办公桌椅、沙发、茶几、书架、资料橱等。

（二）心理矫治工作者

（1）专业道德素质；（2）专业修养；（3）专业经验。

（三）咨询工作制度

完善的咨询制度是顺利开展学校咨询工作的必要保证。学校咨询工作制度主要包括两个方面内容：一是学校对学生心理咨询工作的管理章程；二是学校心理咨询室的日常管理章程。

（四）来访者心理发展与咨询档案

来访者心理发展与咨询档案一般包括以下内容：（1）基本情况；（2）家庭背景；（3）重要生活经历；（4）学习情况；（5）智力发展水平；（6）个性与性格特征；（7）心理健康状况。掌握以上细节后，可同样复制到服刑人员心理矫治的档案上。

二、谈话技巧

利用案例引入的方式引导大家掌握"倾听""询问""积极关注"技术。

第三章　罪犯心理测评技术

第一节　罪犯心理测评操作（一）

（1）心理行为综合评定：症状自评量表、康奈尔医学指数（女）、康奈尔医学指数（男）、艾森克情绪稳定性测验。

（2）人格、气质评定：气质问卷、卡特尔16项人格因素问卷、艾森克人格问卷（成人）、艾森克人格问卷（儿童）、明尼苏达多项人格调查表（题量：399）、明尼苏达多项人格调查表566。

（3）智力评定：瑞文标准推理测验、瑞文高级推理测验。

（4）情绪评定：抑郁自评量表、汉密尔顿抑郁量表、流调用抑郁自评量表、焦虑自评量表、汉密尔顿焦虑量表、惧怕否定评价量表、状态焦虑量表、Beck抑郁问卷、单位焦虑抑郁量表、特质焦虑量表、贝克焦虑量表、老年抑郁量表。

（5）家庭评定：家庭环境量表、Olson婚姻质量问卷、家庭功能评定、家庭关怀度指数问卷。

社交关系等评定：人际信任量表、信任量表、社交回避及苦恼量表、情绪-社交孤独问卷。

（6）自我评定：A 型行为类型问卷、爱德华个人偏好测验、个人评价问卷、意志力测验问卷、自尊量表。

（7）生存质量等评定：TDL 生命质量测定表、总体幸福感量表、纽芬兰纪念大学幸福度量表、生活满意度评定量表、生活满意度指数 A、生活满意度指数 B、情感量表、疲劳量表。

第二节　罪犯心理测评操作（二）

（8）应激、支持等评定：生活事件量表、社会支持评定量表、应付方式问卷、简易应对方式问卷、防御方式问卷。

（9）职业生涯评定：霍兰德职业倾向测验量表、职业兴趣调查问卷、威廉斯创造力倾向测评量表。

（10）孤独评定：UCLA 孤独量表。

（11）自杀评定：自杀态度调查问卷、自杀意念自评量表。

（12）精神障碍评定：精神症状全面量表、简明精神病量表、简易智力状态检查、躁狂量表、阳性症状量表、阴性症状量表、副反应量表、社会功能缺陷筛选量表、锥体外系副反应量表、缺血指数量表、日常生活能力量表。

（13）其他量表：阿森斯失眠量表、密西根酒精依赖调查表、抗抑郁药副反应量表、药物成瘾者生命质量测定量表、阿片戒断症状评价量。

第四章　罪犯心理宣泄技术

一、基础类宣泄系统

（一）宣泄室简介

心理实验中心提供了宣泄室，让来访学生在一个安全可控的范围内，用消耗体力、运动击打、注意力转移的方法，将心中不良情绪宣泄出来。同时，在这个场所能够让学生学会如何分散服刑人员的情绪沮丧及消极面。让服刑人员彻底释放内心压力，从而实现心理的平衡调节。

（二）宣泄室设备认识

（三）宣泄室的布置原则

采用安全、私密、可控的布置格局。房间采光透通、面积宽敞，尤其要注意安全性；墙面采用软性材料包裹，起到隔音和保护人体的效果；提供摆放了鞋柜、衣架休息小区域，供休息和换鞋使用。

（四）宣泄器材及其功能

宣泄人、宣泄棒等。

二、智能呐喊放松系统、智能击打放松系统

第五章　沙盘技术

第一节　沙盘技术初识

一、沙盘游戏疗法简介

沙盘游戏疗法，其理论基础是瑞士著名心理学家荣格（Carl Gustave Jung）的分析心理学，是"通往心灵的捷径"，也是让来访者在"自由和受保护"的时空里自发地展现个人的心理冲突和心理问题，并获得自愈的方法。与其他心理治疗方法相较，沙盘游戏疗法给予来访学生更多的是非言语性的支持，更容易深入来访者的无意识，更能够洞察当事人的心理轨迹。20世纪60年代，沙盘游戏疗法由日本临床心理学家河合隼雄教授介绍到日本，称之为"箱庭疗法"，并在日本临床心理学界、教育机构、企业得以推广，并得到更大范围的应用，特别是在健康、亚健康人群压力释放，团体训练等方面的应用得到了全新的发展。90年代中期，沙盘游戏疗法传入中国，主要应用于教育和临床，已有一定的效果。

二、沙盘游戏疗法的作用

沙盘游戏疗法已不仅仅是一种心理治疗方法，能够广泛地适应诸多心理疾病工作，而且是心理教育的一种技术，在培养自信与健全人格，发展想象力和创造力等方面发挥着积极的作用。

（1）个案辅导和咨询应用：对来访人员进行情绪疏导，释放不良情绪，树立正确信念，实现自我接纳；对来访者的自我解压。

（2）团体辅导和培训应用：培养合作意识，改善来访者之间人际关系，激发内在潜能，提升团队凝聚力，创造力，释放不良情绪，学会自我接纳。

（3）促进沙盘游戏分析师自我成长：通过个案的积累，提升分析师的洞察能力和精神、心理分析能力；通过与同行的沟通与交流，提高沙盘游戏分析师的综合治疗水平。

三、沙盘器材的版本

根据沙盘大小、沙具个数不同，分别有个体沙盘简易型、标准型、专业型、团体型四个版本。

四、沙盘器材技术参数

第二节　沙盘技术领会与操作

第六章　罪犯团体心理辅导技术

第一节　破冰活动技术

第二节　团队建设技术

第三节　沟通技术

第四节　人际信任建立技术

第五节　学习指导技术

第六节　压力管理技术

第七节　创造力培养技术

第八节　领导力培养技术

3. 心理矫治实训室课程的优势

（1）前瞻性。本课程在省内大学属首次开设，填补省内空白，在全国高校中也极具特色，具有很强的前瞻性。当前司法系统心理矫治实践中从事罪犯心理矫治的干警，其自身业务和心理健康水平的学习和提升，大多始于从警以后，心理矫治实践具有滞后性和非系统性。本课程可提前完善其知识结构、实践能力和心理健康水平。

（2）便利性。由于我校与省监狱管理局合作办学，具有与省内司法系统合作、交流的先天便利优势。因此，可以借鉴各司法系统心理矫治中心的先进经验，并聘请有关专家来校指导工作。

（3）专业性。承担本课程建设的教师，均是双师型教师，并具有在司法系统挂职实践学习经验，具有很强的专业性。

4. 心理矫治实训室课程的地位

（1）本课程属专业实训必修课，与其他必修课程相辅相成，共同支撑学生知识结构，在提升学生从事服刑人员心理矫治的实践操作能力方面，不可或缺。

（2）本课程对于构建监狱学和社区矫正专业应用型、立体化实训教学体系具有独特作用。

（3）本课程对检验心理矫治实训室的实训功能具有重要作用。

5. 心理矫治实训室课程的特色

（1）仿真性。本课程主要依托心理矫治实训室授课，该实训室实况与各司法系统心理矫治中心大致相当，具有很强的真实性。这为监狱学和社区矫正专业学生今后从事相关工作奠定了珍贵的实践基础。

（2）应用性。本课程属于实训课程，旨在提升学生实际操作能力，为学生提供服刑人员心理矫治体验的实践平台。

（3）针对性。教学中经常与司法系统合作，便于加强服刑人员心理矫治技术的交流。

6. 心理矫治实训室课程的教学方法与手段

教学方法及教学手段主要包括课堂讲授、实训、作业、课程设计、课外教学等教学过程中所使用的主要教学方法和手段。其中，课堂讲授教学方法主要包括在课堂教学中充分发挥心理矫治实训室各功能室的作用，利用各项心理设备，让学生参与其中。主动操作，习得能力，辅助以多媒体教学、主题讨论、小论文等形式，并利用校园网络平台教师与学生进行网上交流答疑的手段，课外教学方法及手段主要采用如参观司法系统心理矫治中心、组织学生自助开展团体辅导活动、实证调查等形式。

7. 大学生心理咨询和健康教育工作的开展

（1）提供心理咨询服务。

提供发展咨询，即帮助心理比较健康、无明显心理冲突、能基本适应环境的学生更好地认识自我和开发潜能，充分发展；适应咨询，即帮助心理比较健康，但在学习生活中存在各种烦恼和心理矛盾的学生解除困扰，改善和提高适应能力；障碍咨询，即帮助有心理障碍或心理疾病的学生克服障碍，缓解症状，恢复心理健康。

本实训室的工作形式有：

个别心理辅导与团体心理辅导；电话咨询、信函咨询和网络咨询；专家现场咨询；心理行为训练和团体培训；学术与科研活动等。

此外，心理矫治实训室还充分利用学校内的广播、影视、计算机网络、校报、板报、橱窗等宣传媒体和第二课堂活动等途径，广泛宣传、普及心理健康知识，强化学生的参与意识，提高广大学生的兴趣，陶冶学生高尚的情操，促进学生全面发展和健康成长。

（2）开展学生心理健康教育。

配合学校心理咨询中心完成心理健康教育相关工作，如开展心理咨询及时解决个别学生在生活中遇到的心理问题，负责对大学生学习和生活中出现的问题进行宏观研究，面向省内外承担大学生心理健康课题的研究，进行学生的心理健康测量和心理档案的建立，配合毕业生教育工作开展择业心理测量，并提供相应的就业指导等。

开展心理咨询活动，帮助大学生排解、消除心理困惑和心理障碍，进行危机干预，预防和减少心理危机事件的出现；进行心理保健培训，建立和完善学校、院系、班级和宿舍四级心理保健网络。

（二）侦查实训室的辅助作用

山东政法学院警官学院狱内侦查实训室预计投资近 60 万元，由教学实训室、检验室、模拟监房和数字化审讯室四部分组成。该实训室主要承担监狱学专业侦查技术、侦查心理相关课程的实训功能，旨在提升学生实际操作能力，为学生进入司法系统工作提供实践平台。

1. 侦查实训室课程的内容

侦查技术课程由八个部分组成：一是分析指纹系统及作案心理；二是分析指纹细节特征及作案心理；三是分析手印遗留部位及作案心理；四是分析打击痕迹特征及作案心理；五是分析撬压痕迹特征及作案心理；六是分析剪切痕迹特征及作案心理；七是分析弹头结构、痕迹特征及作案心理；八是分析弹壳结构、痕迹特征及作案心理。根据司法系统刑事案件的种类比较确定、侦查范围相对明确的特点，对课程内容进行了整合，在学生掌握了案件侦查一般手段和方法的前提下，以刑事执行场所常见的犯罪案件侦查作为教学内容，既考虑了课程内容前后的逻辑联系，又突出了狱内犯罪案件侦查的特点，实现了课堂教学与实际工作的提前对接。

2. 侦查实训室课程的优势

由于是针对刑事执行场所服刑人员的犯罪侦查，优势、地位、特色明显，具有不可替代性。狱内侦查技术实训就是指导学生针对理论知识的学习，通过自身的实践和具体的操作，真正掌握该知识的全部内涵，使理论知识更加牢固和生动。通过实践性教学，促使学生在学习期间就可以将抽象的理论细化为可操作的具体案件、具体工作，从而实现侦查理论和实践的有机融合。通过实践性教学，还能够锻炼学生的侦查心理和思维，在实践训练中深化学生的程序意识、侦查意识和证据意识。侦查技术的应用性和综合性要求在教学和学习过程中，既要理论学习，又要实际操作，课程组设计实验教学和实训教学环节正是适应了这一特点和需要。课程组在进行实践性教学时始终坚持规范性、开放性、基础性、突出性、应用性和综合性的指导思想，以切实提高学生的实际操作能力和创新能力。

3. 侦查实训室课程的地位

本课程属专业实训必修课，与其他必修课相辅相成，共同支撑学生知识结构，在提升学生的侦查实践能力方面必不可少。

4. 侦查实训室课程的特色

本课程属于实训课程，旨在提升学生实际操作能力，为学生进入监狱系统工作提供实践平台。

5. 侦查实训室课程的教学方法和手段

该课程的教学方式采取基础知识讲授与前沿问题介绍相结合，专业理论与司法实践相结合，课堂教学与实践实训教学相结合。基于此，本课程采用的教法是课堂讲授法、案例分析法和角色模拟法三种。

（1）授课教师通过课堂讲授法，可以系统地传授知识，充分发挥教师的主导作用。我们要求课程组授课教师在课堂教授中要具体引导学生的学习兴趣，提前预习，把握重点，语言生动，气氛活跃，教学互动，把沉闷的讲授变为欢快和谐的接受知识的过程。

（2）案例教学法是以传统案例教学法为基础，发展和运用设计型案例教学法和失误案例教学法。在课堂教学中，由教师提供真实案例的信息，提出问题，组织学生以小组讨论分析、集体分析或案情分析会的形式对案例开展讨论，教师从旁加以引导启发，以学生为学习主体，完成从特殊到一般的归纳推理，进而掌握刑事侦创性思维，有意识地培养学生分析问题、解决问题的能力。

（3）模拟教学法是指在课堂教学中模拟刑事侦查中的各种情境，让学生当场处理、解决，以培养学生的应变能力和解决问题的能力。在现场勘查部分，课程组设置了模拟教学环节，组织学生进行模拟现场调查访问、模拟现场勘验、模拟现场分析等，提高学生的感性认识和实际动手能力。

（三）监狱安全防范实训中心的辅助作用

监狱安全防范实训中心是正在筹建的一个服务于监狱学和社区矫正专业

教学的综合实训基地，体现了学校对监狱学和社区矫正专业的重视。中心建成后，将对监狱学和社区矫正教学、网络监控、实践实训等多个方面起到很大的促进作用。

（四）武器使用与射击实训室的辅助作用

山东政法学院警官学院武器使用与射击实训室组建于 2012 年，投资 158 万元，经多地考察后，建成了实弹和激光训练兼容的 25 米标准手枪射击靶场。实弹射击实训室建成使用两年来，为监狱学和社区矫正专业教学、全省监狱系统干警培训教学以及部分监狱单位干警实弹射击训练等发挥了重要作用。为更好地满足教学及训练需要，根据近年来的使用情况，我们对射击馆部分硬件设施进行改造，经过论证，编制了包括加设射击馆顶层防护板、墙面修复、原靶场成品保护等七项内容在内的 9 万余元的改造项目预算。修缮后的射击馆更加现代、实用和安全。

1. 武器使用与射击实训室课程的内容

武器使用与射击技术课程的内容包括：人民警察使用枪支概论、手枪的武器常识、简易射击学理、使用准备动作、据枪、瞄准和击发技巧、射击方法、实弹射击、各种枪种知识以及警察射击心理等。

能熟练使用武器是对监狱人民警察的心理素质和基本素质要求，为此，手枪射击实训教学成为监狱学专业的主要教学内容和环节之一。目的在于通过实训教学使学生掌握与心理相关的手枪基本构造、射击基本原理、要领以及目标命中，为学生毕业后从事司法警察工作打下良好基础。共包含理论教学、手枪构造及拆装、模拟射击、实弹射击、射击心理五大部分内容，其中理论教学、手枪构造拆装教学在我院警体训练馆进行；模拟射击、实弹射击在山东政法学院警官学院射击馆进行，是两个实训教学基地首次联动。

2. 武器使用与射击实训室课程的优势

警官学院武器使用与射击技术教员全部毕业于高校体育教育专业、高水平运动员或体工队专业运动员出身，经过武警指挥学院系统的武器理论、技术战术等方面的专业的培训，经过多年教学实践，形成了丰富教学训练经验。在教学过程中，注重武器基本理论教学环节，在武器维护保养使用等方面，更加制度化，对学生的武器使用心理的养成起到关键作用。

3. 武器使用与射击实训室课程的地位

武器使用与射击技术课程的实训功能，旨在提升学生实际操作能力，为学生进入监狱系统工作提供实践平台。武器使用目前省内只有山东政法学院警官学院及山东警察学院开设此课程。武器使用课程是警察类院校警察实战技能中的重要组成部分，是直接关系到学生今后在工作岗位上能否熟练使用武器，具备良好心理素质，完成工作任务，履行工作职责的重要技能之一。

4. 武器使用与射击实训室课程的特色

本课程目前只在国内少数高校开设，是警察类院校警察实战技能中的重要组成部分，直接影响学生的心理素质及今后在工作岗位上的任务完成，可见此平台的重要性。本实训室中设备的先进性和教师队伍的高水平化，也是此课程的一大特色。

5. 武器使用与射击实训室课程的教学方法和手段

教学方法及教学手段主要包括：讲解与示范法、分解与完整法、集体与分组法等教学手段。讲解与示范法以教师讲解为主，以学生接受为辅，增加学生的感性认识；分解与完整法采用教学相长的方式，在教师的指引下，学生模仿教师对武器进行分解和组装，是感性认识到理性认识的过渡；集体与分组法以学生动手为主，以教师指正为辅，由学生分组后自己动手操作，教师适当指点，增强实践能力。

（五）警体训练馆的辅助作用

山东政法学院警官学院警体训练馆是为学生提供的警察实战心理、技能训练、擒拿格斗、各类活动和演出场地等的综合训练场所，对学生实操技能和心理素质的培养和提升起着重要作用。

首先，警察实战技能课程的开设依托警体训练馆，该课程包括体能、拳法、倒功和擒敌拳、擒拿格斗、队列指挥、实战心理等，是警察实战技能教授与实训的必要场地，警体训练馆宽敞和相对静谧的环境满足了这一课程的需要。其次，我院的武器使用技术类实训课程中的理论教学、手枪构造拆装教学部分，也在警体馆开展。再次，我院学生自发组成了擒拿格斗队，由学生们利用课余时间自行操练，警体训练馆为学生提供了绝好的场所，学生们的操练效果也非常明显。最后，警体训练馆还承担各中队及全院的学期队列会操演练、各类晚会演出的功能，为学生们社会实践能力的提升发挥作用。

（六）图书室的辅助作用

山东政法学院警官学院图书室藏书 14 万余册，涵盖心理学、法学、监狱学、社会学等多门学科，面向监狱学和社区矫正专业学生开放，为学生提供了良好的阅读资源与环境。是对校本部图书馆的有效补充，更加针对监狱学和社区矫正专业本身，拓展学生的专业视野。

（七）微机室

为实现与校本部的资源共享，更好地为教学工作服务，山东政法学院警官学院将网络与校本部通过光缆实现对接，建立起了由 80 台电脑组成的微机室。微机室有两项功能：一是学生的选课、评教，减轻了监狱学师生往返政法学院本部上网评教的奔波劳累；二是为学生提供上网场所，学生可以使用一卡通在课外活动和周末时间在电子阅览室上网，如查阅资料、学习视听课程等。

（八）语音室

山东政法学院警官学院语音室由 100 余台微机组成，为监狱学学生学习外语、练习口语、视听训练提供良好平台。

二、校外心理矫治人才实战型实践实训教学体系建设

自 2008 年以来，在省监狱管理局的协调下，在全省 23 个省直监狱建立了监狱学专业的校外实践实训教学基地，每年均接收监狱学专业的学生进行校外实践实训，内容包括感知监狱实训、监狱见习实训、顶岗教学实训和提交实习实训报告。其中，服刑人员心理矫治是校外实训的重要组成部分。分布情况如下：

表 2-4-1　校外实践实训教学基地

序号	监狱名称	地址	序号	监狱名称	地址
1	山东省监狱	济南市	3	山东省新康监狱	济南市
2	山东省女子监狱	济南市	4	山东省潍坊监狱	潍坊市

序号	监狱名称	地址	序号	监狱名称	地址
5	山东省潍北监狱	潍坊市	15	山东省泰安监狱	泰安市
6	山东省淄博监狱	淄博市	16	山东省临沂监狱	临沂市
7	山东省鲁中监狱	淄博市	17	山东省聊城监狱	聊城市
8	山东省微湖监狱	济宁市	18	山东省德州监狱	德州市
9	山东省运河监狱	济宁市	19	山东省齐州监狱	德州市
10	山东省鲁宁监狱	济宁市	20	山东省鲁南监狱	日照市
11	山东省任城监狱	济宁市	21	山东省菏泽监狱	菏泽市
12	山东省鲁西监狱	济宁市	22	山东省郓州监狱	菏泽市
13	山东省邹城监狱	济宁市	23	山东省未成年犯管教所	济南市
14	山东省滕州监狱	枣庄市			

（一）开展感知监狱实训

安排在新生入学进行军事训练后，时间为一个星期，主要到监狱参观，了解监狱的性质，监狱的结构，初步形成对监狱管理罪犯、监狱刑罚执行、监狱组织罪犯生产劳动、对罪犯教育改造、心理矫治、奖惩、会见、亲情电话等监狱管理活动的感性认识，培养其职业倾向力。

（二）监狱见习实训

安排在学生学习相关专业课之后的暑期进行，时间为一个月，主要是到监狱获得感性认识，如了解监狱内部的组织结构、监狱的日常运行、监狱管理的常规内容、监狱警察的具体职责等，属于"观、闻、问、思"阶段。如入监监区对罪犯的收监登记、日常管理中对罪犯的刑事和行政考核、出监监区对罪犯的刑满释放等刑罚执行的完整程序。对监狱基础设施，如心理矫治科、民警值班室、罪犯监舍、狱政科、教育科、侦查科、生活卫生科、刑罚执行科、谈话室、罪犯生产场所等进行了解。内容设计如下：

（1）了解监狱的机构设置情况；

（2）了解监狱工作的性质、任务；

（3）了解监狱在押犯的基本情况；

（4）了解监狱各职能部门的工作范围和职责；

（5）了解狱政管理的基本内容；

（6）了解教育改造的内容和方法；

（7）了解监区、分监区干警的工作职责。

（三）顶岗教学实训

主要教学形式为在监狱派出的指导教师的具体带领下，熟悉监狱管理工作的各种程序及工作具体内容。为学生深入学习理解和准确把握监狱学专业课程的内容精髓以及为将来参加具体工作奠定良好的基础。学生有选择地参与部分监狱管理工作，但只是作为指导教师的助手，无任何处置权（学生无执法权），通常安排在毕业前的学期，为期两个月。主要内容如下：

（1）学习罪犯心理矫治的操作；

（2）学习罪犯劳动现场的管理；

（3）学习罪犯生活现场的管理；

（4）学习罪犯学习现场的管理；

（5）学习狱政科、狱内侦查科、教育科、生活卫生科的工作处置。

（四）提交实习实训报告

实训结束后，学生要根据实训情况提交实训报告，总结实训中的收获及存在的不足，存入学生个人档案。

（五）监狱学专业特色实训基地教学的组织过程

（1）实训教学领导机构的确定：实训教学领导机构由学校和监狱共同派出人员组成，负责协调实训教学的策划、协调、实施和保障。

（2）"双师"的选定："双师"是指监狱经过筛选后选取的专门负责指导学生实训的监狱警察和由学生所在学校派出的在校期间教授监狱学专业课程的教师，具体负责实训过程的业务指导和组织管理。

（3）实训教学的实施：将学生分成若干小组，分别进入监区、分监区及管教业务科室，本单位的领导介绍基本情况；然后在实习单位指导教师和学校带队教师的具体指导下有选择地参与刑罚执行活动。

第五节　拓展：习近平法治思想融入高校育人工作的 N·（4+X）路径探究

一、概述

（一）背景

自 2020 年 11 月 16 日，习近平总书记在中央全面依法治国工作会议上强调坚定不移走中国特色社会主义法治道路以来，习近平法治思想在各行业、各领域迅速掀起了学习和实践的热潮。大学生作为国家培养的专业人才，接受习近平法治思想的教育显得尤为重要。2021 年 5 月 19 日，教育部办公厅发布了《教育部办公厅关于推进习近平法治思想纳入高校法治理论教学体系的通知》，明确指出"推进习近平法治思想进教材、进课堂、进头脑工作部署，切实将习近平法治思想纳入高校法治理论教学体系"，开展面向全体学生的习近平法治思想学习教育。

近年来，习近平法治思想与高校的相关研究在不断增多。主要集中在大学生法治观念培养的途径，[1][2][3]这些文章主要是从整体上对大学生法治观念教育和培养进行阐述，从理论上对大学生法治观念进行探讨。部分针对课程思政与习近平法治思想相结合进行研究。习近平法治思想针对监狱学专业的大学生育人途径目前还没有相关研究，监狱学专业学生作为提前批次的预备警官，将来更多地去作为刑罚执行者，对监狱学专业学生的习近平法治思想育人途径的研究具有必要性。并且，在此基础上，逐步扩展到各个专业，增加习近平法治思想对高校育人的具体实施路径。

作为新时代法治建设的总纲领，习近平法治思想对进一步做好司法行政工作具有重要意义。山东省在深入学习贯彻习近平法治思想，推动司法行政工作发展中稳步前进，山东省各个监狱机关都在全面贯彻落实习近平法治思想。下面就山东省部分监狱将习近平法治思想与日常工作结合具体情形进行梳理：

---

〔1〕　王亮亮、李凡章：《大学生法治意识培养研究》，载《陇东学院学报》2022 年第 3 期。
〔2〕　张凡、梅萍：《新时代大学生法治观念培育探究》，载《学校党建与思想教育》2022 年第 9 期。
〔3〕　刘长秋：《论习近平法治思想中的法学教育》，载《广西社会科学》2022 年第 2 期。

（1）生产劳动方面。监狱作为刑罚执行机关，担负着改造和教育罪犯的重要使命。为了使罪犯重新回归社会，不再犯罪，改掉好逸恶劳的坏习惯，让罪犯进行相应的劳动生产是非常必要的。在劳动过程中，始终对罪犯贯彻"感党恩，听党话，跟党走"的精神，在劳动车间的屏幕上时刻标注着党的重要讲话。罪犯每天在出工和收工的路上都要唱红歌，劳动生产的空余时间进行队列训练，这些都是习近平法治思想在基层工作中逐步落实的体现，针对这些特殊群体，培养罪犯的纪律意识和法治精神。针对在劳动生产中出现问题的罪犯，监狱干警对罪犯的谈话也不是传统影视作品刻板印象中颐指气使的样子，而是针对问题，指出错误，并且帮助其找到原因，做到万事讲方法，事出找原因，同时，对罪犯的谈话中能够润物细无声地将习近平法治思想进行灌输，潜移默化地去改变罪犯固有的一些错误思想，以此培养罪犯的法治思想和法治观念。

（2）教育改造方面。罪犯的教育改造是罪犯改造中的重点，也是一项需要长时间的付出和努力才能起到效果的活动。罪犯的教育改造与劳动改造具有同等重要的地位。教育改造是习近平法治思想对罪犯的主要传输路径。教育改造负责对罪犯进行政治思想、文化和技术教育；负责监区文化建设、社会帮教、服刑人员改造质量评估、改造积极分子的评选审定等工作。可以说教育改造的每一项工作都可以应用到习近平法治思想的传播。山东省各个监狱规定每周固定时间学习观看习近平新时代中国特色社会主义思想的文件或视频，将习近平新时代中国特色社会主义思想作为罪犯教育的重要内容。加强对罪犯的学习教育，不仅观看相应的政治理论视频，而且每天按时上课，由教育改造科的监狱干警为大家上课，针对性地讲解我国政治理论，培养罪犯相应的法治理论和法治观念，切实加强罪犯的思想教育，将思想教育放在重要高度。不仅如此，监狱还定期举办文化活动，通过罪犯亲自融入文化活动这种形式，将习近平法治思想密切融合，潜移默化地增强罪犯的法治观念和法治意识。同时，也将这种成果向其他罪犯进行展示，扩大成果范围。定期组织罪犯集体观看红色电影也是山东省部分监狱进行法治思想宣传的方法之一，用罪犯喜欢的形式，将习近平法治思想进行传播，更有利于罪犯法治思想和意识的提升。每个监狱，甚至每个监区都有自己的文化宣传，其文字背后映射的正是对习近平新时代中国特色社会主义思想的学习贯彻，将文化上墙，把思想传播。

（3）心理教育方面。罪犯心理矫治是每个监狱必需的工作，心理矫治是监狱干警切实维护监狱安全，促进罪犯有效改造，重新回到社会，不再犯罪的重要抓手。将罪犯心理矫治与习近平法治思想融合是罪犯心理矫治工作的必然趋势。在罪犯入监初始，要进行心理测试，对罪犯的心理状况有一定的了解，鉴别那些暴力倾向严重、自伤自残风险高、逃脱风险指数高的罪犯，将其列为重点关注人群，进行必要的预警，防止监狱事故的发生。对罪犯进行不定期心理谈话或者开放心理咨询工作室与有心理问题的罪犯谈话，了解罪犯的心理状况，将习近平法治思想与心理矫治方法进行融合，既能解决罪犯的心理问题，还能强化罪犯的爱国主义思想和法治观念。山东省每个监狱都持有心理矫治工作者证书的监狱干警，保证了心理矫治工作的正常进行，尤其是在新冠疫情发生期间，罪犯的心理会产生一定的波动，通过心理矫治，使罪犯内心恢复平静，强化法治教育，推动习近平法治思想的传播。不仅如此，省监狱管理局带头或者监狱内部都会定期或不定期对监狱干警开展心理职业培训，增强监狱干警心理矫治水平；将习近平法治思想融入心理矫治的培训使得培训更加专业化和技术化，大幅提高了司法行政工作的高质量发展。

（4）政治理论学习方面。政治理论学习是对监狱干警常抓不懈的任务，日常管理工作与政治理论学习同步。两手抓，两手都促进，先进的思想、方法论在工作中得以发挥，工作中的一些思想、方法也能得以升华，相互促进。山东省各监狱自行制定《学习安排》和《学习计划》，将政治理论学习切实落到实处，以山东省某监狱为例，该监狱要求每名监狱干警每周都要进行政治理论学习，按月为标准，将每周的学习内容、学习要求等填写到表格中，进行备案。同时，山东省司法厅为推动司法行政工作高质量发展，助推习近平法治思想的广泛深入，从提升学习实效、从严治党管警，践行法治为民等方面进行提升，提出了"读、写、看、听、讲"的五位一体学习方法，用丰富的形式提升学习效果，将阅读资料、调研考察、集中研讨、撰写文章、专家讲座等形式有机地结合起来，探索分享式、互动式学习，增强每位监狱干警的政治理论水平，强化法治管理水平，用科学理论引领监狱工作发展，用法治理念推动法治发展。

监狱治理现代化是监狱系统发展的必经之路，也是贯彻习近平法治思想的必然要求。监狱治理现代化离不开政治建设、法治建设和智治建设，坚持党对监狱的绝对领导，政治建设放在首位。法治是国家治理体系和治理能力的重要手段，用法治思维和法治手段管理监狱各项活动，规范监狱日常工作，提升监狱法治管理能力水平，将习近平法治思想与监狱工作融合。面对科技飞速发展的今天，监狱治理要充分运用现代化信息技术，改变监狱管理模式，运用云计算、物联网、大数据、人工智能技术、数据挖掘可视化技术等，打造智慧监狱，催生监狱治理现代化动力。时代的发展离不开习近平法治思想，监狱治理现代化离不开习近平法治思想，习近平法治思想的发展推动监狱治理现代化。

（二）意义

1. 助推全面依法治国，确保党和国家长治久安

全面依法治国的实现，需要全方位、多领域地依法治国。首先，高校教育与习近平法治思想的融合，是全面依法治国的一部分，推动全面依法治国的实现。其次，从长远来看，高校作为培养国家专业人才的基地，习近平法治思想与高校育人的融合成果扩散到各个领域，使得法治理念和法治思维更加深入人心，将成果不断扩大，是巩固党的领导和国家长治久安的重要保证。

2. 立德树人，培养高素质人才

习近平法治思想是马克思主义法治理论中国化的最新成果，是习近平新时代中国特色社会主义思想的重要组成部分，将最新的重要成果应用于大学生的日常教育中，潜移默化地加强学生的法治观念和法治素养的培育，为我国高素质人才的培养奠定良好基础，提高我国的整体法治水平。

3. 贯彻落实习近平法治思想，为高校育人提供思路

习近平法治思想与高校育人的融合是大势所趋，亦是建设中国特色社会主义法治体系的必然要求。通过 N·（4+X）路径研究，探寻各专业、各学科习近平法治思想与高校育人的融合途径，为高校育人提供思路。

4. 借鉴监狱的优良做法，应用于监狱学专业学生培养

监狱作为国家的刑罚执行机关，全面贯彻和落实习近平法治思想是监狱机关的一项重要任务。通过借鉴监狱机关的一些优良做法，推动监狱学专业学生的习近平法治思想教育。

（三）思路

（1）收集资料：关于习近平法治思想的理论知识、高校大学生法治教育的内容、监狱部门开展习近平法治思想教育的相关文件等。

（2）非结构化访谈：访谈内容为非结构化、开放式，全面了解习近平法治思想在监狱机关的具体实施情况等，为调查问卷的编制提供思路。选取 13名顶岗实习的监狱学学生为访谈对象。

（3）编制问卷：根据非结构化访谈获得的信息，结合心理学原理，编制习近平法治思想的监狱育人问卷，从习近平法治思想的"十一个坚持"方面编制题目，共 55 道题项（附录 1）。

（4）正式调研：面向山东政法学院监狱学 2019 级学生。

（5）发放并收回问卷：共发放问卷 200 份，回收有效问卷 195 份，有效率 97.5%。

（6）数据统计和报告撰写：利用 SPSS 社会统计软件包对问卷数据进行描述、分析、解释，并撰写调研报告和智库建言报告。

（四）研究内容

对调研对象进行考察的变量包括班级、性别、政治面貌、生源地等。在此基础上，具体考察以下内容。

1. 习近平法治思想在监狱顶岗实习学生中的育人情况调研——前期访谈

2. 习近平法治思想在监狱顶岗实习学生中的育人情况调研——正式调研

（1）顶岗实习学生的基本情况；

（2）习近平法治思想方面；

（3）关于全面依法治国方面；

（4）关于坚持以人民为中心方面；

（5）关于坚持中国特色社会主义法治道路方面；

（6）关于坚持依宪治国、依宪执政方面；

（7）关于坚持在法治轨道上推进国家治理体系和治理能力现代化方面；

（8）关于坚持建设中国特色社会主义法治体系方面；

（9）关于坚持依法治国、依法执政、依法行政共同推进方面；

（10）关于坚持全面推进科学立法、严格执法方面；

（11）关于坚持统筹推进国内法治和涉外法治方面；

（12）关于坚持建设德才兼备的高素质法治工作队伍方面；

（13）关于坚持抓住领导干部这个"关键少数"方面；

（14）其他方面。

3. 习近平法治思想在监狱顶岗实习学生中的育人情况调研——统计分析

（1）班级的差异；

（2）性别的差异；

（3）政治面貌的差异；

（4）生源地的差异。

4. 习近平法治思想在高校育人中的 N·（4+X）路径探究

（1）目标；

（2）内容。

总之，从罪犯的生产劳动、教育改造、心理教育，再到监狱干警的政治理论学习和监狱治理现代化的发展，监狱的各个方面、各个主体及监狱的未来发展都与习近平法治思想有着深度联系，监狱工作的各个方面与习近平法治思想的高度融合是司法行政工作高质量发展的重要表现。以习近平法治思想与山东省监狱融合的优秀模型为研究基础，以山东政法学院监狱学专业学生为模板，探索习近平法治思想融入高校育人的 N·（4+X）路径，为习近平法治思想与高校教育的深度融合寻找途径。

二、习近平法治思想在监狱顶岗实习学生中的心理育人情况调研——前期访谈

2019 级监狱学专业学生的顶岗实习工作为期 2 个月，安排在 2021—2022 年学年第二学期进行，具体时间为 2021 年 2 月 9 日至 4 月 29 日，4 月 29 日撤离专业实习单位，专业实习结束。在实习工作开展的中期，根据随机抽样法原理，在山东省内 9 所监狱的 200 个顶岗实习学生的学号中随机选取 13 个，对 13 名学生进行网络访谈，访谈主题为"实习工作、实习场所与习近平法治思想的关系，你有什么想法或感受？"以下是访谈中学生反馈的核心思想：

"干警生活区的学习场景运用墙画等方式展现出来。"

"工作中，场所都充满法治观念。"

"治监必先治警，治警务必从严。"

"作为一名预备党员，应自觉加强理论学习，厚实理论功底，自觉用新时代党的创新理论观察新形势、研究新情况、解决新问题，从而推动工作高效有序开展。"

"人民就是江山，江山就是人民。要多为人民干实事。"

"法治是基石之一，而监狱是维护法治的拼图之一，也是不可或缺的一部分。"

"习近平法治思想时刻提醒着监狱人民警察正确行使国家赋予的刑罚权。"

"实习场所贯彻落实习近平法治思想，为我们的未来生涯指明了方向，提供了榜样。"

"非常认同，在实践中探索真知，知行合一，并将习近平法治思想贯彻到监管改造的每一个环节。"

"单位将习近平法治思想有关内容融入日常工作中去，创造了一个文明、公正的执法环节和改造监管环境。"

"要做到始终坚持，始终维护，着眼于小处，从实际出发。"

"通过实习工作，我充分认识到习近平法治思想对提高监狱执法水平的重要作用，有利于推进监狱严格执法、公正司法。"

"习近平法治思想深刻推动了实习工作进展。"

"实习工作和场所中处处透露出习近平法治思想，每个地方都有习近平法治思想的映射。"

可以看出，在习近平法治思想的育人方面，实习场所和实习工作对学生的正面影响效果显著，覆盖面大、深入度强，学生普遍对实习工作帮助理解习近平法治思想上给予高度认同。因此，在此基础上，我们又进一步开展正式调研。

三、习近平法治思想在监狱顶岗实习学生中的心理育人情况调研——正式调研

（一）顶岗实习学生的基本情况

在 2 个月的顶岗实习工作结束之际，面向山东政法学院监狱学 2019 级学生，共发放问卷 200 份，收回有效问卷 195 份，有效率 97.5%。其人口学变

量的统计情况如下。

1. 学生所在班级

监狱学 2020 级 1~4 班学生分布：1 班 47 人，占 24.1%；2 班 48 人，占 24.62%；3 班 50 人，占 25.64%；4 班 50 人，占 25.64%。

2. 学生性别

男性 174 人，占 89.23%；女性 21 人，占 10.77%。

3. 学生政治面貌

中共党员或预备党员：77 人，占 39.49%；入党积极分子：74 人，占 37.95%；共青团员：22 人，占 11.28%；群众：22 人，占 11.28%。

4. 户口类型

来自城镇 138 人，占 70.77%；来自农村 57 人，占 29.23%。

5. 实习过程中服务过的岗位关键词

"监区""办公室""特警队""医院""监控室""档案室""车间""外勤""政治处""巡查岗"等。

（二）习近平法治思想方面

（1）对"习近平法治思想，形成了内涵丰富、科学系统的思想体系，为建设法治中国指明了前进方向，在中国特色社会主义法治建设进程中具有重大政治意义、理论意义、实践意义"的认识和理解。

统计结果显示，通过实习单位和实习工作的影响，98.46%的学生认为实践实训帮助和非常能帮助自己认识到习近平法治思想的重要政治意义、理论意义和实践意义。

（2）对"习近平法治思想内涵丰富、论述深刻、逻辑严密、系统完备，从历史和现实相贯通、国际和国内相关联、理论和实际相结合上深刻回答了新时代为什么实行全面依法治国、怎样实行全面依法治国等一系列重大问题"的认识和理解。

统计结果显示，通过实习单位和实习工作的影响，97.44%的学生认为实践实训帮助和非常能帮助自己认识到习近平法治思想回答了新时代为什么实行全面依法治国、怎样实行全面依法治国等一系列重大问题。

（3）对"习近平法治思想是顺应实现中华民族伟大复兴时代要求应运而

生的重大理论创新成果，是马克思主义法治理论中国化最新成果，是习近平新时代中国特色社会主义思想的重要组成部分，是全面依法治国的根本遵循和行动指南”的认识和理解。

统计结果显示，通过实习单位和实习工作的影响，97.95%的学生认为实践实训帮助和非常能帮助自己认识到习近平法治思想习近平新时代中国特色社会主义思想的重要组成部分，是全面依法治国的根本遵循和行动指南。

（三）关于全面依法治国方面

（1）习近平法治思想既是重大工作部署，又是重大战略思想，必须深入学习领会，抓好贯彻落实，对此工作的认识和理解。

统计结果显示，通过实习单位和实习工作的影响，96.93%的学生认为实践实训帮助和非常能帮助自己认识到习近平法治思想在全面依法治国中的重要性。

（2）对“坚持党对全面依法治国的领导”的认识和理解。

统计结果显示，通过实习单位和实习工作的影响，95.39%的学生认为实践实训帮助和非常能帮助自己认识到党的领导的重要性。

（3）对“党的领导是推进全面依法治国的根本保证”的认识和理解。

统计结果显示，通过实习单位和实习工作的影响，96.41%的学生认为实践实训帮助和非常能帮助自己认识到党的领导是推进全面依法治国的根本保证。

（4）对“全面依法治国是要加强和改善党的领导”的认识和理解。

统计结果显示，通过实习单位和实习工作的影响，96.92%的学生认为实践实训帮助和非常能帮助自己认识到全面依法治国是要加强和改善党的领导。

（5）对“全面依法治国推进党的领导制度化、法治化”的认识和理解。

统计结果显示，通过实习单位和实习工作的影响，96.92%的学生认为实践实训帮助和非常能帮助自己认识到全面依法治国要推进党的领导制度化、法治化。

（6）对“全面依法治国是通过法治来保障党的路线方针政策的有效实施”的认识和理解。

统计结果显示，通过实习单位和实习工作的影响，97.44%的学生认为实践实训帮助和非常能帮助自己认识到全面依法治国是通过法治来保障党的路线方针政策的有效实施。

（四）关于坚持以人民为中心方面

（1）对"坚持以人民为中心"的认识和理解。

统计结果显示，通过实习单位和实习工作的影响，97.44%的学生认为实践实训帮助和非常能帮助自己认识到坚持以人民为中心的正确性。

（2）对"全面依法治国最广泛、最深厚的基础是人民，必须坚持为了人民、依靠人民"的认识和理解。

统计结果显示，通过实习单位和实习工作的影响，98.46%的学生认为实践实训帮助和非常能帮助自己认识到全面依法治国最广泛、最深厚的基础是人民，必须坚持为了人民、依靠人民。

（3）对"要把体现人民利益、反映人民愿望、维护人民权益、增进人民福祉落实到全面依法治国各领域全过程"的认识和理解。

统计结果显示，通过实习单位和实习工作的影响，98.46%的学生认为实践实训帮助和非常能帮助自己认识到要把体现人民利益、反映人民愿望、维护人民权益、增进人民福祉落实到全面依法治监各领域全过程。

（4）对"推进全面依法治国，根本目的是依法保障人民权益。要积极回应人民群众新要求新期待，系统研究谋划和解决法治领域人民群众反映强烈的突出问题，不断增强人民群众获得感、幸福感、安全感，用法治保障人民安居乐业"的认识和理解。

统计结果显示，通过实习单位和实习工作的影响，98.46%的学生认为实践实训帮助和非常能帮助自己认识到推进全面依法治国，根本目的是依法保障人民权益。

（五）关于坚持中国特色社会主义法治道路方面

（1）对"要坚持中国特色社会主义法治道路"的认识和理解。

统计结果显示，通过实习单位和实习工作的影响，98.97%的学生认为实践实训帮助和非常能帮助自己认识到坚持中国特色社会主义法治道路的重要性。

（2）对"中国特色社会主义法治道路本质上是中国特色社会主义道路在法治领域的具体体现"的认识和理解。

统计结果显示，通过实习单位和实习工作的影响，98.46%的学生认为实践实训帮助和非常能帮助自己认识到中国特色社会主义法治道路本质上是中国特色社会主义道路在法治领域的具体体现。

（3）对"要立足当前，运用法治思维和法治方式解决监狱发展面临的深层次问题"的认识和理解。

统计结果显示，通过实习单位和实习工作的影响，97.43%的学生认为实践实训帮助和非常能帮助自己认识到运用法治思维和法治方式解决监狱发展面临的深层次问题的重要性。

（4）对"要着眼长远，筑法治之基、行法治之力、积法治之势，促进各方面制度更加成熟更加定型，为监狱事业发展提供长期性的制度保障"的认识和理解。

统计结果显示，通过实习单位和实习工作的影响，97.43%的学生认为实践实训帮助和非常能帮助自己认识到要着眼长远，筑法治之基、行法治之力、积法治之势，促进各方面制度更加成熟更加定型，为监狱事业发展提供长期性的制度保障。

（六）关于坚持依宪治国、依宪执政方面

（1）对"党自身要在宪法法律范围内活动"的认识和理解。

统计结果显示，通过实习单位和实习工作的影响，98.98%的学生认为实践实训帮助和非常能帮助自己认识到党自身要在宪法法律范围内活动。

（2）对"监狱负有维护宪法尊严、保证宪法实施的职责"的认识和理解。

统计结果显示，通过实习单位和实习工作的影响，97.43%的学生认为实践实训帮助和非常能帮助自己认识到监狱负有维护宪法尊严、保证宪法实施的职责。

（七）关于坚持在法治轨道上推进国家治理体系和治理能力现代化方面

（1）对"法治是监狱治理体系和治理能力的重要依托"的认识和理解。

统计结果显示，通过实习单位和实习工作的影响，99.49%的学生认为实践实训帮助和非常能帮助自己认识到法治是监狱治理体系和治理能力的重要依托。

（2）对"只有全面依法治监才能有效保障监狱治理体系的系统性、规范性、协调性"的认识和理解。

统计结果显示，通过实习单位和实习工作的影响，97.95%的学生认为实践实训帮助和非常能帮助自己认识到只有全面依法治监才能有效保障监狱治理体系的系统性、规范性、协调性。

（3）对"要更加重视法治、厉行法治，更好发挥法治固根本、稳预期、利长远的重要作用"的认识和理解。

统计结果显示，通过实习单位和实习工作的影响，100%的学生认为实践实训帮助和非常能帮助自己认识到要更加重视法治、厉行法治，更好发挥法治固根本、稳预期、利长远的重要作用。

（4）对"应当坚持依法应对重大挑战、抵御重大风险、克服重大阻力和解决重大矛盾"的认识和理解。

统计结果显示，通过实习单位和实习工作的影响，99.49%的学生认为实践实训帮助和非常能帮助自己认识到应当坚持依法应对重大挑战、抵御重大风险、克服重大阻力和解决重大矛盾。

（八）关于坚持建设中国特色社会主义法治体系方面

（1）对"中国特色社会主义法治体系是推进全面依法治国的总抓手"的认识和理解。

统计结果显示，通过实习单位和实习工作的影响，99.49%的学生认为实践实训帮助和非常能帮助自己认识到中国特色社会主义法治体系是推进全面依法治国的总抓手。

（2）对"要深化司法责任制综合配套改革，加强司法制约监督，健全社会公平正义法治保障制度，努力让人民群众在每一个司法案件中感受到公平正义"的认识和理解。

统计结果显示，通过实习单位和实习工作的影响，99.49%的学生认为实践实训帮助和非常能帮助自己认识到监狱内要加快形成完备的法律规范体系、高效的法治实施体系、严密的法治监督体系、有力的法治保障体系，形成完善的监狱党内法规体系。

（3）对"要坚持依法治监和以德治监相结合，实现法治和德治相辅相成、相得益彰"的认识和理解。

统计结果显示，通过实习单位和实习工作的影响，100%的学生认为实践实训帮助和非常能帮助自己认识到要坚持依法治监和以德治监相结合，实现法治和德治相辅相成、相得益彰。

（九）关于坚持依法治国、依法执政、依法行政共同推进方面

（1）对"坚持依法治监、依法执政、依法行政共同推进"的认识和理解。

统计结果显示，通过实习单位和实习工作的影响，98.97%的学生认为实践实训帮助和非常能帮助自己认识到坚持依法治监、依法执政、依法行政共同推进的重要性。

（2）对"全面依法治监是一个系统工程，要整体谋划，更加注重系统性、整体性、协同性"的认识和理解。

统计结果显示，通过实习单位和实习工作的影响，98.43%的学生认为实践实训帮助和非常能帮助自己认识到全面依法治监是一个系统工程，要整体谋划，更加注重系统性、整体性、协同性。

（3）对"要推进严格规范公正文明执法，提高司法公信力"的认识和理解。

统计结果显示，通过实习单位和实习工作的影响，99.49%的学生认为实践实训帮助和非常能帮助自己认识到要推进严格规范公正文明执法，提高司法公信力。

（十）关于坚持全面推进科学立法、严格执法方面

（1）对"公平正义是司法的灵魂和生命"的认识和理解。

统计结果显示，通过实习单位和实习工作的影响，98.97%的学生认为实践实训帮助和非常能帮助自己认识到公平正义是司法的灵魂和生命。

（2）对"要深化司法责任制综合配套改革，加强司法制约监督，健全社会公平正义法治保障制度，努力让人民群众在每一个司法案件中感受到公平正义"的认识和理解。

统计结果显示，通过实习单位和实习工作的影响，98.97%的学生认为实践实训帮助和非常能帮助自己认识到要深化司法责任制综合配套改革，加强司法制约监督，健全社会公平正义法治保障制度，努力让人民群众在每一个司法案件中感受到公平正义。

（3）对"要加快构建规范高效的制约监督体系"的认识和理解。

统计结果显示，通过实习单位和实习工作的影响，98.97%的学生认为实践实训帮助和非常能帮助自己认识到要加快构建规范高效的制约监督体系的重要性。

（4）对"要推动扫黑除恶常态化，坚决打击黑恶势力及其'保护伞'"的认识和理解。

统计结果显示，通过实习单位和实习工作的影响，99.49%的学生认为实践实训帮助和非常能帮助自己认识到要推动扫黑除恶常态化，坚决打击黑恶势力及其"保护伞"。

（十一）关于坚持统筹推进国内法治和涉外法治方面

（1）对"坚持统筹推进国内法治和涉外法治"的认识和理解。

统计结果显示，通过实习单位和实习工作的影响，97.97%的学生认为实践实训帮助和非常能帮助自己认识到要坚持统筹推进国内法治和涉外法治的重要性。

（2）对"要加快涉外法治工作战略布局，协调推进国内治理和国际治理，更好维护国家主权、安全、发展利益"的认识和理解。

统计结果显示，通过实习单位和实习工作的影响，98.98%的学生认为实践实训帮助和非常能帮助自己认识到要加快涉外法治工作战略布局，协调推进国内治理和国际治理，更好维护国家主权、安全、发展利益。

（3）对"要强化法治思维，运用法治方式，有效应对挑战、防范风险"的认识和理解。

统计结果显示，通过实习单位和实习工作的影响，99.49%的学生认为实践实训帮助和非常能帮助自己认识到要强化法治思维，运用法治方式，有效应对挑战、防范风险。

（十二）关于坚持建设德才兼备的高素质法治工作队伍方面

对"要强化法治思维，运用法治方式，有效应对挑战、防范风险"的认识和理解。

统计结果显示，通过实习单位和实习工作的影响，99.49%的学生认为实践实训帮助和非常能帮助自己认识到要强化法治思维，运用法治方式，有效应对挑战、防范风险。

（十三）关于坚持抓住领导干部这个"关键少数"方面

（1）对"坚持抓住领导干部这个'关键少数'"的认识和理解。

统计结果显示，通过实习单位和实习工作的影响，97.94%的学生认为实践实训帮助和非常能帮助自己认识到要坚持抓住领导干部这个"关键少数"的重要性。

（2）对"监狱各级领导干部要坚决贯彻落实党中央关于全面依法治国的重大决策部署，带头尊崇法治、敬畏法律，了解法律、掌握法律"的认识和理解。

统计结果显示，通过实习单位和实习工作的影响，99.49%的学生认为实践实训帮助和非常能帮助自己认识到监狱各级领导干部要坚决贯彻落实党中央关于全面依法治国的重大决策部署，带头尊崇法治、敬畏法律，了解法律、掌握法律。

（3）对"要不断提高运用法治思维和法治方式深化改革、推动发展、化解矛盾、维护稳定、应对风险的能力，做尊法学法守法用法的模范"的认识和理解。

统计结果显示，通过实习单位和实习工作的影响，98.46%的学生认为实践实训帮助和非常能帮助自己认识到要不断提高运用法治思维和法治方式深化改革、推动发展、化解矛盾、维护稳定、应对风险的能力，做尊法学法守法用法的模范。

（4）对"要力戒形式主义、官僚主义，确保全面依法治国各项任务真正落到实处"的认识和理解。

统计结果显示，通过实习单位和实习工作的影响，97.95%的学生认为实践实训帮助和非常能帮助自己认识到要力戒形式主义、官僚主义，确保全面依法治国各项任务真正落到实处。

（十四）其他方面

（1）你认为实习单位的工作理念关键词是：

"认真无价""纪律严明""惩罚与改造相结合""务实""干在实处""听党指挥""服从命令""奉献""规范""安全""高效""以人为本""创新""为人民服务""执法公正""忠诚""尽职尽责""践行改造宗旨""实事求是""脚踏实地""法治""担当""从严治警""廉洁"等。

（2）你认为实习单位的工作文化关键词是：

"担当""忠诚""服务""认真""教育""奋进""文明""奉献""安

全""崇德""效率""一丝不苟""严格执法"等。

（3）你认为实习单位的工作作风：

统计结果显示，通过实习单位和实习工作的影响，96.41%的学生认为能够感受到实习单位良好的工作作风。

（4）你认为实习单位的工作纪律：

统计结果显示，通过实习单位和实习工作的影响，97.95%的学生认为能够感受到实习单位良好的工作纪律。

（5）对监狱工作进行习近平法治思想方面的关键词描述：

"法治""思想""习近平""工作""发展""场所""理念""治警""理论"等。

可以看出，一方面，通过顶岗实习，学生深刻感受到监狱的工作作风、工作理念和工作纪律，认为与习近平法治思想高度统一。另一方面，这也说明监狱对习近平法治思想的贯彻深入且彻底，很好地体现在了工作作风、工作理念和工作纪律中。

四、习近平法治思想在监狱顶岗实习学生中的心理育人情况调研——统计分析

利用 SPSS 社会科学统计软件包 21.0 进行进一步推论性统计发现，在人口学变量的多个方面并没有发现差异。

（一）班级的差异

在有关习近平法治思想的所有题项上，对学生所在班级进行单因素方差分析，发现所有题项均不存在显著的差异。说明实习单位和实习工作在帮助学生对习近平法治思想的认识和学习上，有效度是一样的，不存在班级差异。

（二）性别的差异

在有关习近平法治思想的所有题项上，对学生性别进行独立样本 t 检验，发现所有题项均不存在显著的差异：P 值>0.05。说明实习单位和实习工作在帮助学生对习近平法治思想的认识和学习上，有效度是一样的，不存在性别差异。我们看到，虽然被调查学生的男女性别比例悬殊，但也没有出现性别差异，可以看出实习单位全方位育人的效果所在。

（三）政治面貌的差异

在有关习近平法治思想的所有题项上，对学生的政治面貌进行单因素方差分析，发现所有题项均不存在显著的差异：P 值>0.05。说明实习单位和实习工作在帮助学生对习近平法治思想的认识和学习上，有效度是一样的，没有出现因政治面貌不同而育人效果不同的现象。

（四）生源地的差异

在有关习近平法治思想的所有题项上，对学生的生源地进行独立样本 t 检验，发现所有题项均不存在显著的差异：P 值>0.05。说明实习单位和实习工作在帮助学生对习近平法治思想的认识和学习上，有效度是一样的，不存在城镇与农村的生源地差异。

可以看出，不管学生的班级、性别、政治面貌和生源地如何，监狱对顶岗实习学生的习近平法治思想育人方面，并没有表现出显著差异。这说明，监狱在这方面的工作秉持了全方位、全过程、全人员的理念，才能得到扎实的育人效果。

五、习近平法治思想在高校育人工作中的 N·（4+X）路径探究

习近平法治思想在监狱对顶岗实习学生中取得良好育人效果，这与监狱工作全方位、全过程的开展、推动、实施相关工作密不可分。监狱在劳动改造、教育改造、心理改造、政治理论学习方面，对干警和服刑人员进行全覆盖多角度的熏陶，在此启发下，我们也根据高校教育实际，从全方位、多角度、个性化等方面，探索了习近平法治思想在高校育人工作中的实施平台和路径。

（一）目标

本部分的核心目标是，在习近平法治思想融入学校教育的背景下对高校所有不同专业的学生实施各不相同且带有专业特色的教育设置，所有专业均借助四个平台开展，最终创新习近平法治思想育人体系。"N·（4+X）"，是指将学科门类（N）、4 个高校育人平台（4）和根据学科专业设置的育人手段（X）有机结合的创新体系。"N"是指高等教育体系中所划分的 14 个学科门类；"4"是指高校育人的基础、提高、实践和拓展 4 个平台；"X"是根据不同专业设置的育人手段，体现专业特色和多样化（X_1，X_2，X_3，…）。三个

要素的不同组合可以产生多样的、更有针对性的教育形式。

N·（4+X）："N"是指高等教育体系中所划分的学科门类共 14 个。按照教育部 2021 年修订的《学位授予和人才培养学科目录》，分为哲学、经济学、法学、教育学、文学、历史学、理学、工学、农学、医学、军事学、管理学和、艺术学和交叉学科 14 大学科门类，共下设 113 个一级学科和 506 个二级学科。"4"是指习近平法治思想育人体系的基础、提高、实践和拓展 4 个平台。"X"是根据各专业设置的育人手段（X_1，X_2，X_3，…）。（见图 2-5-1）

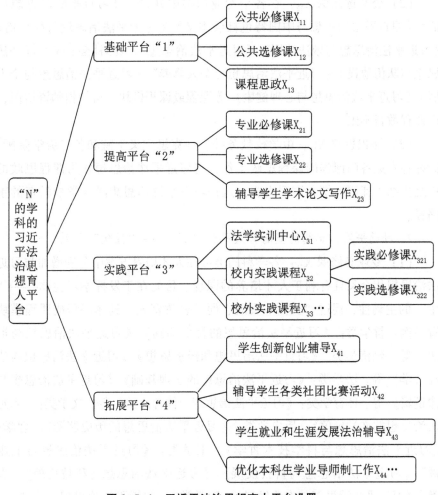

图 2-5-1 习近平法治思想育人平台设置

（二）内容

1. 习近平法治思想的基础育人平台"1"——"普及"体系

（1）公共必修课 X_{11}：首先，积极开设《习近平法治思想概论》新课，面向所有专业的学生，这也是紧扣教育部《关于推进习近平法治思想纳入高校法治理论教学体系的通知》要求的体现。其次，在新生入学军训中添加习近平法治思想教育因素，如依法治国治军、社会法治、遵纪守法、国防教育、忠诚教育等。最后，总结课程背景、目标、内容、特色、效果等教学要素。

（2）公共选修课 X_{12}：在各个专业门类中开设：《习近平法治思想与生活》《习近平法治思想与中国特色社会主义》《习近平法治思想与社会治理》《习近平法治思想与依法治国》《习近平法治思想与国际社会》《习近平法治思想与队伍建设》《习近平法治思想与个人修养》《习近平法治思想与个人发展》《习近平法治思想与心理健康》等课程或课程模块。可根据师资情况，开设课程数目不限。

（3）课程思政 X_{13}：由学校教务处、马克思主义学院和各二级学院配合，做好各专业各门课程的课程思政工作，将习近平法治思想作为课程思政的重中之重纳入课程大纲和讲授内容，这是习近平法治思想融入学校教育的重要路径。

2. 习近平法治思想的提高育人平台"2"——"强化"体系

（1）专业必修课 X_{21}：各学科门类可在人才培养方案中分别增加与习近平法治思想相交叉且有利于人才培养的课程。目的在于发挥学习主体——"学生"的主动性、促进"全面"发展、促进思政育人。具体课程或课程模块设置举例：哲学类：《习近平法治思想的哲学基础》《习近平法治思想与辩证法》等。经济学类：《习近平法治思想和经济思想》《习近平法治思想与法治经济学》等。法学类：《习近平法治思想的法理基础》《习近平法治思想与法律逻辑》等。体育学类：《习近平法治思想与体育法治》等。文学类：《习近平法治思想的文学价值》。历史学类：《习近平法治思想的历史渊源》。理学类：《习近平法治思想与科学技术哲学》。工学类：《习近平法治思想与工业发展》《习近平法治思想与科技发展》《习近平法治思想与科技伦理》。农学类：《习近平法治思想与农业发展》。医学类：《习近平法治思想与公共卫生》

《习近平法治思想与医学伦理》。军事学类：《习近平法治思想与军事国防》。管理学类：《习近平法治思想中的管理艺术》。艺术学类：《习近平法治思想的艺术价值》等。

（2）专业选修课 X_{22}：专业选修课的作用在于拓展学生的视野，因此可在各学科门类中设置数量丰富的心理学选修课，供学生选择。具体课程或课程模块设置举例：哲学类：《习近平法治思想与唯物史观》《习近平法治思想与中国哲学》《习近平法治思想与西方哲学》《习近平法治思想与政治学》等。经济学类：《习近平经济思想与法治》《习近平法治思想与经济》等。法学类：可与各部门法学相结合，如《习近平法治思想与刑法》《习近平法治思想与民法》《习近平法治思想与罪犯改造》等。政治学类：《习近平法治思想与治国理政》。社会学类：《习近平法治思想与社会学》。民族学类：《习近平法治思想与族群治理》。马克思主义理论类：课程设置已相对成熟。公安学类：《公安学中的习近平法治思想》《警察管理中的习近平法治思想》《侦查学中的习近平法治思想》。体育学类：《习近平法治思想教学法》《习近平法治思想与学校教育》《习近平法治思想与社会体育》。文学类：《习近平法治思想与文化》《习近平法治思想传播研究》。历史学类：《习近平法治思想发展展望》《习近平法治思想与历代法治思想比较研究》。理学类：《习近平法治思想与辩证法》《习近平法治思想的心理基础》《习近平法治思想与统计学》。工学类：《习近平法治思想与安全生产》《习近平法治思想与科技伦理》。农学类：《习近平法治思想与农业安全》《习近平法治思想与自然和谐发展》。医学类：《习近平法治思想与药品安全》《习近平法治思想与生命安全》。军事学类：《习近平法治思想与人类命运共同体》。管理学类：《习近平法治思想中的人的要素》《习近平法治思想中的组织管理》。艺术学类：《习近平法治思想与艺术创作》《习近平法治思想与艺术伦理》。其中，军公类专业可挖掘体能训练里的法治因素：培养忠诚度、纪律性、意志力、忍耐力、抗压度、团结性、心理弹性等。

（3）辅导学生学术论文写作 X_{23}：①辅导学生对习近平法治思想主题的学年论文、学术论文等进行写作；②辅导法学门类、哲学等专业学生对习近平法治思想主题毕业论文的写作指导，总结结果、经验。

3. 习近平法治思想的实践育人平台"3"——"实战"体系

（1）法学实训中心 X_{31}：高校可借助法学实训中心或同类机构，建立习近平法治思想师生宣讲团，开展习近平法治思想育人实践活动，如模拟法庭、法治辩论赛、专题讲座、法学案例分析实践等活动。同时，中心人员或教师可提供智力支持，开展实践教学活动、教学指导、学术讲座等。

（2）校内实践课程 X_{32}：高校可设置习近平法治思想相关的实践实训课程。具体课程或课程模块可设置如下：经济学类：商业责任与习近平法治思想，银行、保险、证券、税务中的依法行政等。法学类：立法中的习近平法治思想实践、民法中的习近平法治思想实践等。社会学类：习近平法治思想的社会基础调研等。公安学类：鉴定技术中的习近平法治思想实践、侦查技术中的习近平法治思想实践等。教育学类：习近平法治思想教学技能实践等。文学类：习近平法治思想文学创作实践等。历史学类：文物保护中的习近平法治思想实践等。理工农医类：科技发展中的习近平法治思想实践、实验技术中的习近平法治思想实践、科技伦理中的习近平法治思想实践等。管理学类：习近平法治思想领导力实践、习近平法治思想管理能力实践等。艺术学类：艺术创作中的习近平法治思想等。

（3）校外实践课程 X_{33}：学校可以和用人单位沟通，在学生实习实践过程中提取与习近平法治思想育人有关的因素，设计大纲，让学生完成，形成实习报告。各专业校外实践平台可包括：经济学类：银行、保险、证券公司中的法务部门；法学类：公安派出所、监狱、法院、检察院、社会团体等；教育学类：赛场、学校、俱乐部、健身房等；文学类：电台、大使馆、电视台、出版社、报社、广告公司、传媒机构等；历史学类：博物馆、考古现场等；理学类：研究所、实验室等；工学类：研究所、实验室、企业等；农学类：研究所、实验室、企业等；医学类：医院、诊所、药店、司法鉴定机构、疗养院等；管理学类：公司、企业、图书馆、物流、旅游景点等；艺术类：剧院、舞台、广告设计公司等。

4. 习近平法治思想的拓展育人平台"4"——"保障"体系

（1）辅导学生参加创新创业项目 X_{41}：鼓励学生以习近平法治思想为主题参与创新项目、创业项目和创业实践项目，让习近平法治思想更富活力。

（2）辅导学生参加各类社团比赛活动 X_{42}：①指导学生参加习近平法治思

想征文演讲、知识竞赛活动；②指导学生参加各级各类相关社团活动等。

（3）学生就业和生涯发展法治辅导 X_{43}：鼓励学生将自身就业、生涯发展与习近平法治思想相结合，将思想精髓融入职业理想和人生价值观，注重职业道德和职业规范。

（4）优化本科生学业导师制工作 X_{44}：①为学生提供习近平法治思想支持；②组织学生开展相关研讨活动。

第三章 创新：中介学习经验理论视角下的心理矫治优化

——以未成年服刑人员为例

第一节 中介学习经验理论及其现状

未成年服刑人员作为特殊群体，有别于成人罪犯，他们的身心状态均未成熟，很多方面没有定型，犯罪心理结构不稳定，可改造性强（余慕 & 向巍，2010）。因此，在矫治工作中应与成年服刑人员进行本质性的区分。这在哲学、社会学、犯罪学，特别是心理学上均可找到理论依据。然而，这些理论均未涉及过中介学习经验理论。该理论提及了由监护人改变和选择环境刺激后再传递给未成年人，与未成年人发生相互作用，继而使其认知结构发生改变，最终达到良好行为养成的目的。这不仅是一种新的理论基础，非常适于未成年服刑人员的心理矫治，而且容易得到心理矫治工作者的认同，也便于心理矫治工作者进行学习和使用。

以往针对未成年服刑人员的心理矫治研究多从价值理念、分类标准、制度起源和流变等方面展开（朱久伟 & 姚建龙，2012），对如何提高未成年服刑人员实质性矫治效果的探索比较稀缺。中介学习经验理论从成人和青少年互动的角度，具体到罪犯心理矫治问题，即从心理矫治工作人员和未成年服刑人员的"代际互动"角度探究如何提升矫治效果。

综述弗斯坦中介学习经验理论及发展现状，介绍中介学习经验的含义、特征、缺乏的原因，以及在代际传递中的渠道；介绍中介学习经验理论在国内外未成年人发展中的现状、未成年犯罪发展及预防的现状，及其在中介学习经验应用方面的不足；对普通未成年人和未成年服刑人员两个群体进行实证研究，对两个群体分别进行测查，对比两个群体的中介学习经验；对未成年犯罪预防和心理矫治提升进行探索，分析其犯罪原因，提供新思路，启发新措施。

一、弗斯坦中介学习经验理论

（一）中介经验的含义

以色列心理学家鲁文·弗斯坦（Reuven Feuerstein），在对大量认知缺陷未成年人思维研究的基础上，于20世纪提出了"中介经验理论"。

他认为个体认知结构的发展是有机体与环境之间两种形式相互作用的产物，这一过程包括直接接触刺激源与中介学习。前者指与个体直接发生相互作用并引起有机体产生行为储存和认知定向变化的客体环境；后者实质上指的是一种代际互动关系，是人类种族的特征。通常是由父母、兄长或其他监护人改变和选择环境刺激后再传递给未成年人，继而在认知层面与未成年人发生相互作用。父母、兄长及其他监护人等即"中介者"，他们所提供给未成年人的经验亦即"中介学习经验"。

中介者按照自己的文化、意图和情绪状态为未成年人选择和组织刺激物，中介者选择那些最适当的刺激，并把它们进行建构、筛选和安排。中介者决定着一定刺激的出现或消失，刺激物的一部分可能得到重视，有的部分可能被忽略。通过这种中介过程，未成年人的认知结构就受到了影响，未成年人所习得的行为模式和学习定势，又反过来会成为他们在直接接触环境时发生变化的能力的重要组成部分。

中介学习经验代表着未成年人及其环境之间一定的相互作用，这种相互作用以一代人向下一代人传递其本族文化的过去、现在和将来的若干方面以及行为结构的需要为显著特征。家族的功能在文化的世代传递中占首要位置，虽然文化传递作用的表现形式多种多样，但他们都着重于代际相互作用的丰富化，因此中介学习经验也是一种团体性行为，它的产生来源于人类社会保持其文化连续性的需要。

（二）中介学习经验的特征

1. 中介作用的超越性和意图性

中介学习的形式包括广大范围的行为，但并不是所有的内容都必然引起中介作用。中介作用首先必须发生在中介者有超越被中介者当时当地直接需要之时，相互作用的有意超越性是中介学习奏效的关键特征。例如，母亲给婴儿喂食是为了克服婴儿的饥饿，满足其生理需要，但是如果母亲不仅仅为了喂食而喂食，而是有意超出婴儿眼前的有限需要，同时给予了眼神、动作上交流的话，婴儿就可以学习把母亲恒常、稳定的特征与其他有可变性的方面区分开来，如不同的进食地点和时间。如此婴儿就能够专注和集中、并把环境中变化着的各种事件联系起来。母婴间的这种相互作用就超越了对营养的直接需要，婴儿学习到的这些与母亲意图有关的经验对于当前需要的满足虽不是必需的，但它们对于婴儿更复杂机能和认知结构的长远发展却是重要的。

中介学习对中介者要求的超越性还与意图性不可分割。例如，牧民在训练自己孩子制作长矛和弓箭时，要求孩子跟着他做，在孩子看着他时他会故意放慢节奏，这就是意图性。如此，孩子就可在头脑中根据动作系列与具体结果之间的关系对中介者的动作变换作记录。

2. 中介作用不必依赖于具体内容和形式

弗斯坦认为虽然中介经验的具体内容可使个体对物体、作业和事件的熟悉程度有所改变，对其在具体情况下的机能有一定影响，但认知结构的发展却不受具体内容的直接限制。未成年人能被教会建独木桥或猜出一个谜语，不一定也被教会处理问题的基本方式。在学习掌握一定的内容时，未成年人必须学会处理有一定时间顺序的事件，把手段和目的加以区分。只有当认知过程脱离具体内容时，认知结构才能够建立，这些认知结构比具体作业的学习更具普遍性，因而能够在个体身上塑造出更具适应性的行为。中介经验除了不依赖于内容以外，也不直接依赖于表现这种中介的形式和语言。例如各种姿势、模仿、观察等一般意义上的行为和语言一样都可作为有力的中介工具，中介者向被中介者展示自己的动作，只使用很有限的语言或甚至不太有语义的相互作用，却均可促其发展。

（三）导致中介学习经验缺乏的因素

多数情况下，中介经验的缺乏是作为文化群体现象发生的，是缺乏在某种社会经济的、文化传递的结果，主要表现为成年一代向未成年一代传递本群体的价值观念、态度和过去历史经验方面力有不逮，具体可体现在两个方面，即环境因素和个体内部因素。

1. 环境因素

（1）文化传递的中断。

人类社会中许多知识与经验都是由上一代人传给下一代人的，然而在文化剥夺群体中未成年人所获得的只是通过自己的感知和运动所能接触到的知识，其本质是直接性和即时性，没有经过中介者筛选或解释过。因此，这种与环境间的交互作用只能在反复经验的横向水平上进行，而不是在两代人之间对过去和未来经验的纵向交流，如此，文化传递便中断了。

在家庭中因缺乏中介经验而导致的文化传递的中断，可能是由不同的历史条件引起的。某些文化群体可能经历过重大事件或变迁，致使他们把自己的过去（同时也是未来）看作必须尽快抛弃的包袱来对待，有时甚至拒绝认同本民族的先前文化，并割断与它的联系。于是，为了使他们自己和年青一代在优势文化中获得自由，父母便选择忘却过去，不向下一代传递任何过去的经验，致使中介学习经验的缺失。因为每个民族、群体都有自己一贯的文化传递方式，一旦他们迫于重大变迁、移民或社会结构调整等因素需要改变甚至摒弃原有方式时，蕴含其中的积极中介经验也会随之消逝。

（2）贫困。

弗斯坦是辩证地看待贫困因素对中介学习经验的影响的，他认为贫困并不必然会导致中介经验的缺乏，当贫困的物质生活条件影响到中介作用的发挥时，它才与中介经验的缺乏联系起来。比如，由于家庭满足孩子的基本需要尚感艰难时，做父母的就只能把精力放在孩子最迫切和最直接的需要上，甚至顾不上孩子的基本需要，这样，提供中介经验的机会自然也就减少了。

2. 个体内部因素

（1）情绪情感因素。

如果亲子之间由于某些因素而缺乏深厚的情感联系时，那么他们在身心上的接近程度就不是那么紧密。家长除了满足孩子的生物需要以外，不会有情感上的动力去推动自己做出超越生物需要的活动，有的家长还承认对孩子有过厌恶情绪，甚至想把孩子委托给别人照顾。因此紧随而来的固定的或意外的中介经验就会缺失了。家长的这种情绪限制了正常的亲子关系，使他们的互动变得狭隘，这种情感纽带的脱离不能保证儿童认知层面的适当发展。

（2）儿童的内部条件。

缺乏中介经验的另一类主要因素是机体本身的条件，机体本身的条件可以不同程度地加强或降低外部中介努力的作用。如感觉缺陷（登记刺激的能力局限于某种感觉通道或某种特定刺激）可能导致中介经验的缺陷；中枢神经过程以及儿童个性方面的情感与情绪动力的缺陷，也可能影响中介经验的接受能力。

（四）中介学习经验的主要传递渠道

1. 文化传递

即年长者对年幼者的文化传递，其内容须通过有知识、有经验的人来传递，否则个体就无法得到信息。早期的事件是个体无法直接体验的，关于这些事件的知识只有通过中介过程才能获得。个体能够与无法接触的信息打交道，这比知识储存本身更重要。因为学习这类知识的过程产生了对更大范围知识的探索和好奇心。因此，在对过去和未来的中介传递过程中，充实个体的不仅仅是内容本身，更重要的是它使个体产生了新的需要以及与世界发生了更广泛联系的方式，这些都超越了感官能够接触到的直接经验。

2. 刺激的选择

成人所提供的中介学习经验通常是为了保护未成年人避免过度刺激，尤其是新生儿，为他们避免不愉快的经验，这些选择过程包括三个阶段：第一个阶段是把简单的知觉要素与儿童感觉系统联系起来；第二个阶段是给两者赋予一定的关系；第三个阶段是赋予一定的社会意义。但即使在最初步的水平上，作为中介者的监护人对于刺激的选择也是与他们特定的育儿模式相适应的，这种育儿模式又是由他们的社会和文化需要所决定的。比如，中介者可以有三种选择：把刺激撤离未成年人（"这个不能给你"）；把一定的刺激与时间维度联系起来（"今天不行，明天可以"）；把刺激与空间维度联系起来（"这边不行，那边可以"）。如此，未成年人就学会了区分事物的是非、属性和时空等要素了。

在高级心理过程的发展和它们的有效运用中，对刺激的选择有两个重要功能：第一个功能赋予一定刺激以意义或特点，从未成年人所面对的大量刺激物中，监护人帮其选出从某角度看更有意义、更主要的刺激，这为后续的发展阶段能够进行范畴化（分类）提供了条件；第二个功能与未成年人的持续探索行为相联系。

二、中介学习经验理论在国内外未成年人发展中的发展现状

国外学者在弗斯坦理论的基础上开展了大量的研究，这些研究包括对弗斯坦本人理论的验证、弗斯坦理论相应中介学习经验训练工具的开发、学习缺陷儿童的智力训练、成人中介经验缺乏者的再训练等。我国有学者也将中介学习经验应用于成长有缺陷未成年人的发展研究，如利用中介学习经验理论构建学习潜能评估工具，诊断未成年个体的认知缺陷；将中介学习经验方法应用于问题未成年人情感因素（如成就感、归属感）、个性特征（如合作性、乐观态度、社会适应性等）的培养中。

中介学习经验是改变认知结构、促进认知发展的有效途径，为预防未成年犯罪提供了崭新的视角。研究认为中介学习经验的作用可以归结为赋予有机体各种定向和策略，而这些定向和策略又会凝结为定势和习惯，成为认知机能的前提条件。在问题解决过程中的"冲动性和控制性"就是一个很好的说明，在新奇和陌生条件中解决问题时，中介学习经验充分的儿童或未成年人可以良好地控制自己的思维和情绪、有条不紊地分析思考，进而顺利解决问题。中介学习经验匮乏的儿童或未成年人则具有冲动性，没有思路和章法地处理刺激，很难做到有条理地解决问题，甚至会不耐烦，情绪失控。可以预测，在面临各种情境时，中介学习经验丰富的儿童或未成年人不仅会比中介学习经验贫乏的儿童和未成年人表现要好，而且会更少地导致事件负性结果的出现。在一定程度上，自然成熟促成了个体认知特点的共性，中介学习经验决定了个体认知特点的差异。

国内外学者的研究成果表明，未成年时期作为个体认知形成和发展的重要阶段，中介学习经验的丰富、有效与否不仅决定着未成年成长阶段的认知和行为，也是预测其今后认知和行为发展的重要参考变量。

第二节　未成年人犯罪发展及预防状况分析

一、未成年人犯罪发展现状调查

1. 未成年人犯罪上升趋势明显

目前，未成年犯罪在世界各国均存在犯罪低龄化的趋势，25 岁以下的未成年占据着犯罪大军的主体。我国未成年出现不良行为的平均年龄为 12.2 岁。在发生犯罪行为未成年人中，14～16 岁年龄段所占比重逐年提升，至 2013 年已突破 50%，未成年人犯罪呈现低龄化趋势。近年来，我国未成年犯罪人数逐年增加，未成年人犯罪人数占未成年犯罪总人数比例在扩大，未成年犯罪案件占总的刑事案件比例也在增大。这反映出我国未成年犯罪问题越来越严重，同时也需要更多的研究人员和实际工作者投入更多的时间和精力来研究我国的未成年犯罪问题。

2. 未成年人犯罪特点多样

（1）冲动盲目特点明显。未成年人正处于青春期，身体和心理都尚未完全成熟。对问题的思考仍带有幼稚特点，心理的整体发展尚不成熟稳定，情绪情感也带有冲动性，不能良好地控制自己。因此，在受到外因诱发或刺激时，容易在感情冲动的状态下实施犯罪。

（2）手段暴力残忍。未成年人的模仿能力强，喜欢探索新鲜事物，求知欲望亦强烈，但仍缺乏辨别是非的能力，容易受错误和负面信息的误导和影响。受到逞强、模仿和从众的目的，常模仿影视作品和视频中的犯罪手段和作案方式，手段暴力残忍，案件性质恶劣，并迅速在群体中传播不良影响。

（3）累犯惯犯增多。未成年服刑人员多因为家庭中存在问题而犯罪，如留守儿童、父母离婚、父母无精力教育引导和家庭暴力，等等。这些顽疾如果较难改变，未成年人回归家庭后，体会不到温暖，仍会犯罪。同时，如果社会对其接受度低、排斥性高，容易受到歧视的话，就很容易重新走上违法犯罪的道路。

（4）涉网络犯罪逐渐增多。网络中仍然存在不良信息和文化，随着网络的普及，其中与犯罪有关的内容或道德失范现象极易对未成年人造成影响，进而诱发犯罪。且网络这个虚拟环境更容易为未成年人提供现实无法满足的犯罪空间，这与现实犯罪特点不同。近年来，由网络引发的未成年犯罪呈逐年上升趋势，因上网资金不足而发生的盗窃、抢劫甚至杀人案件屡见不鲜。

（5）团体犯罪日益增长。未成年人喜欢从众，自尊心强，重视存在感，需要得到他人的支持。这就造成他们会在团体中寻找自尊，这就容易形成"小团体"。如果团体中有逃学、辍学或问题未成年人，且文化层次较低，法治观念淡薄，就会影响他人，导致共同犯罪。

随着社会经济的发展，我国未成年犯罪的类型、性质和手段越来越呈现出多样化、复杂化的特点，这增加了未成年犯罪治理和预防工作的难度，也带来了新的挑战。

二、未成年人犯罪预防的现状

导致未成年人犯罪原因的方面有很多，因此在预防方面也应多方配合，需要社会、学校和家庭的共同努力，密切配合。关于未成年犯罪的预防可以从以下几个方面进行努力：

1. 加大社会治理的力度

加大清除社会丑恶现象的力度，尤其是大力清除对未成年人影响较大的"黄、赌、毒"等社会死角。加强对重点对象和重点地区的管控，如旅游及娱乐场所等。建立对社会死角进行有效监督的举报机制，将专业部门预防、学校预防和社会大众预防相结合，共同构筑全民预防未成年犯罪的坚固长城。

2. 完善网络立法和网络执法

从教育与引导入手，力图有效控制和防范未成年人的网络犯罪问题。引导健康的主流文化氛围，提倡良好的网络文化，培育未成年人正确的网络伦理道德。完善相关立法，对与网络相关的不法行为进行系统的、科学的界定，为有效打击未成年人网络犯罪提供正当的法律依据。建立专业专门化的执法机构和执法队伍，有效防控未成年人网络犯罪。重视教育和引导，将预防作为重点，对未成年人的网络犯罪问题进行综合防范和治理。

3. 重视家庭家长的作用

重视家庭这个社会基本单位，对家长进行法治教育，提高家长的法制水平，促使其模范守法。身先示范，引导和规范其子女的言行，营造良好的家庭氛围。优化教育方法，对家长进行培训，让家长认识到简单粗暴和娇惯纵容的极端性，选择折中的教育态度，获得子女的认可和尊重。加强和家庭成员之间的沟通，在重视子女学业成绩的同时，也要重视孩子的道德修养和行为规范。

4. 提高法治教育的实际效果

法治观念淡薄是未成年服刑人员误入歧途的重要原因。应重视社会和学校的法治教育，提升教师的教育教学水平，使其具备丰富的法律知识法律实践经验，有能力解决学生学习生活中遇到的各种法律问题，把法治教育与现实生活密切联系起来，提升法治教育的实效性。

5. 提升未成年人的心理健康水平

当前未成年人群体的心理健康水平仍需提升。对未成年人心理健康问题的重视仍显薄弱，需要加大对未成年人心理健康方面的宣传和推广力度，提高对未成年群体的心理支持和引导水平，加强对问题较为严重未成年群体的心理咨询与矫治力度。同时，应当教育和引导未成年群体正确认识心理学，积极接受和学习科学心理学知识，形成正确的自我认知，保持健康、愉快的心态。

三、中介学习经验在未成年人犯罪预防应用方面存在的不足

从心理学角度出发开展未成年人犯罪预防的研究并不丰富，通过检索中国知网，以"未成年犯罪预防"为关键词检索到的结果是，从2012年至今，共有1082篇文章，每年发表论文数为100篇左右。其中，以"心理"为主题的只有159篇，平均每年约1.6篇，寥寥可数。与中介学习经验有关的研究更是空白。因此，中介学习经验与未成年人犯罪预防的交互是一种创新。在此我们先讨论不足之处：

1. 学术研究不足

关于中介学习经验的研究，美国以及欧洲已经发表了大量论文，特别聚焦在未成年人行为再塑造以及问题未成年人的再发展方面，而我国的研究尚少，只有少数学者介绍过此理论，个别学者以此理论做过相关实验。

2. 预防措施有待深入

上述内容均提到对未成年人犯罪的预防措施，在我们看来，从广度上讲，

已经涉及社会、个人等各个方面，但是从深度上讲，还有待加强。深度的预防措施应该从心理学角度出发，将问题引导到未成年人成长的历程中，即其道德心理形成的阶段，而这个阶段恰恰是父母抚养的关键时期，抚养者在这个过程中起到关键作用，这就不得不涉及中介经验，但是鲜有人将问题或研究目的聚焦在此处。

第三节　对未成年人犯罪预防和心理矫治水平提升的探索

一、中介学习经验视角下未成年犯罪的原因分析

（一）文化失传的症结

家庭是最重要的文化群体之一，许多未成年犯罪均与家庭因素有关。心理矫治工作者如果能从家庭中介经验失传的角度看待未成年犯犯罪，则人文关怀的意味会更加浓厚。长辈因对家庭或家族过去的不认同而拒绝传递给下一代的经验中，可能蕴含着积极的中介学习经验。类似的情况也可见于家庭的重大变迁、移民或社会结构调整带来的变化等。

（二）贫困带来的心理伤害

心理矫治工作者应该理解贫困对中介经验传递的特别作用，即贫困带来的心理伤害只出现在其影响了未成年服刑人员无法满足基本需要时。既要重视贫困给未成年服刑人员带来的负面影响，又不能使其泛化。

（三）未成年服刑人员的内部因素

心理矫治工作者应该关注未成年服刑人员过去与家庭长辈间的互动模式和情感联系，如果这些部分缺失，未成年人便失去了中介经验传递的源泉，其内部情感就欠丰富，中介经验的传递自然就会中断，犯罪概率相应增大。另外，心理矫治工作者还应注意鉴别机体存在生理缺陷的未成年服刑人员，他们的内部经验接受机制尚不完善，需要区别对待。

二、中介学习经验为未成年犯罪预防和心理矫治提升提供新方法

（一）连接文化传递的断层

心理矫治工作者应充分觉察和寻找未成年服刑人员以往文化传递中的断层，有目的、有计划地将其已有的经验和目标经验连接起来，达到更好的改造效果，更重要的是使其得到充分的发展。连接的内容和互动过程应充分且丰富，要让个体产生新的需要以及与世界发生更广泛的联系。

（二）刺激的选择和安排

未成年服刑人员的心智水平仍处于发展过程中，心理矫治工作者可以提供专门的刺激进行训练，并进行选择与安排，如刺激的选择、呈现方式、呈现顺序、呈现的空间与时间，都给予不同的组合，让刺激更有效果和意义。也可将众多刺激进行分类，针对不同的心智缺失模式设计不同的刺激方式，以达到认知结构和行为模式的改善。弗斯坦后期开发的系列思维强化工具即可作为很好的借鉴。

（三）提高预期和模仿的能力

这与行为主义心理学有一定联系。首先，个体对自己有意识的行为结果都会产生预期，心理矫治工作者的任务之一就是帮助提高未成年服刑人员对自己行为结果进行积极或消极的有效预期，即超越当下经验，对因果关系进行判断，以达到预期行为并且控制行为的目的。另外，心理矫治工作者还可以在行为主义观察学习的框架下，为未成年服刑人员提供正向行为的模仿榜样，并在此过程中引入积极的中介经验，进行反复练习且提供反馈，以加速正向行为的养成。

（四）把握超越性和意图性

把握中介作用有效发生的超越性和意图性，一方面对未成年服刑人员矫正工作者提出了要求，另一方面也为其提供了实践操作的可行性。中介作用要求心理矫治工作者超越未成年服刑人员当时当地的直接需要，即在合理前提下，对矫正任务进行设计前，就把矫正内容的内核和外延界定好，外延需囊括未成年服刑人员的矫正需要。这样，在矫正过程中，心理矫治工作者就可以像哺乳婴儿的母亲一样，不仅帮助未成年服刑人员完成了基本的矫正任

务，而且满足了其额外的需要。值得注意的是，超越性和意图性不一定均要求参加中介过程的双方都有清晰且明确的意识。只要超越性和意图性存在于相互作用中，不论是由心理矫治工作者精心计划，还是暗含于矫治规则之中，其结果形式均是推动未成年服刑人员改造的中介经验。

（五）把握中介作用发生的关键

中介学习经验的传递不依赖于具体内容，也不依赖于表现这种中介过程的形式和语言，而关键在于被中介者认知结构的改变。如此一来，中介学习经验可以被看作一种普遍现象，而不管未成年服刑人员的文化背景、技术发展水平、语言特点和技能水平如何，对于所有个体来说，都需要健康的心理来应对发生的变化和适应新环境。心理矫治工作者需要对此进行深入的认识和理解，把握中介作用发生的关键，这本身也对心理矫治工作者提出了更高的要求。

参考文献

[1] 潘懋元、吴玫:《从师范教育到教师教育》,载《中国高教研究》2004 年第 7 期。

[2] 杨眉:《以实战为导向的警察心理教育培训改革初探》,载《公安教育》2018 年第 7 期。

[3] 徐丽华、卢正芝:《试析主体性教师教育观》,载《教育发展研究》2005 年第 7 期。

[4] 杨淑芳:《基于组织行为学的警察教育研究》,载《湖北警官学院学报》2022 年第 6 期。

[5] 武永江:《基于心理咨询思想的师生数学交流研究》,南京师范大学 2006 年硕士学位论文。

[6] 傅安球:《实用心理异常诊断矫治手册》,上海教育出版社 2011 年版。

[7] 郑日昌等主编:《当代心理咨询与治疗体系》,高等教育出版社 2006 年版。

[8] 凌文辁、滨治世编著:《心理测验法》,科学出版社 1988 年版。

[9] 金含芬主编:《学校教育管理系统分析》,陕西人民教育出版社 1993 年版。

[10] 李进主编:《教师教育概论》,北京大学出版社 2009 年版。

[11] 张厚粲、刘昕编著:《考试改革与标准参照性测验》,辽宁教育出版社 1992 年版。

[11] [美] 丹尼尔等著:《异常儿童特殊教育概论》,高卓、张葆华译,华夏出版社 1992 年版。

[12] 雷学军:《心理测量与教育管理》,载《开发研究》1997 年第 2 期。

[13] 刘国英:《福柯与胡塞尔的〈逻辑研究〉:意想不到的法国联系》,载《中国现象学与哲学评论》2003 年第 A1 期。

[14] [美] 杜·舒尔茨:《现代心理学史》,沈德灿等译,人民教育出版社 1981 年版。

[15] 倪梁康选编:《胡塞尔选集》(上),上海三联书店 1997 年版。

[16] 徐信华:《弗洛伊德传》,河北人民出版社 1998 年版。

[17] 车文博主编:《西方心理学思想史》,湖南教育出版社 2007 年版。

[18] [奥] 弗洛伊德:《精神分析引论新编》,高觉敷译,商务印书馆 1987 年版。

[19] [德] 埃德蒙德·胡塞尔著,[美] 托马斯·奈农、[德] 汉斯·莱纳·塞普编:《文章与讲演(1911—1921 年)》,倪梁康译,人民出版社 2009 年版。

［20］［美］E. G. 波林：《实验心理学史》，高觉敷译，商务印书馆 1981 年版。

［21］刘放桐等编著：《新编现代西方哲学》，人民出版社 2000 年版。

［22］［法］拉康：《拉康选集》，褚孝泉译，上海三联书店 2001 年版。

［23］朱建军：《我是谁：心理咨询与意象对话技术》，中国城市出版社 2001 年版。

［24］刘跃敏：《当代腐败犯罪的若干心理特征与行为趋向》，载《重庆理工大学学报（社会科学版）》2010 年第 7 期。

［25］孙红日：《腐败犯罪的心理分析与心理预防》，复旦大学 2010 年硕士学位论文。

［26］陈毕君等：《腐败犯罪心理实证分析》，载《公安学刊（浙江公安高等专科学校学报）》2004 年第 6 期。

［27］张文：《论官商勾结犯罪的心理基础——以胡长清、成克杰、王怀忠、郑筱萸案件为例》，载《宁波大学学报（人文社会科学版）》2009 年第 1 期。

［28］吴燕武、顾宏伟：《精神分析学的犯罪原因说》，载《法制与社会》2006 年第 15 期。

［29］刘建清：《三大心理学流派对犯罪心理学的影响》，载《政法学刊》2004 年第 1 期。

［30］张厚粲：《行为主义心理学》，浙江教育出版社 2003 年版。

［31］殷保家：《行政腐败心理预防机制研究——法治与心理学、相结合的角度》，山东大学 2009 年硕士学位论文。

［32］庞昊迪：《中美大学生心理健康教育比较研究》，吉林大学 2016 年硕士学位论文。

［33］王亮亮、李凡章：《大学生法治意识培养研究》，载《陇东学院学报》2022 年第 3 期。

［34］张凡、梅萍：《新时代大学生法治观念培育探究》，载《学校党建与思想教育》2022 年第 9 期。

［35］刘长秋：《论习近平法治思想中的法学教育》，载《广西社会科学》2022 年第 2 期。

［36］徐亚琼等：《课程思政在刑法教学中的实践探索》，载《湖北开放职业学院学报》2022 年第 23 期。

［37］侯明、李梦茹：《习近平法治思想引领西藏法治人才培养探索》，载《西藏发展论坛》2022 年第 2 期。

［38］王良：《论法治视域下的公安机关疫情防控工作》，载《上海公安学院学报》2020 年第 1 期。

［39］梁玉红：《加强战疫基层干部的心理关怀》，载《学习时报》2020 年 3 月 30 日，第 A2 版。

［40］周殷华等：《感觉剥夺视域下新型冠状病毒肺炎防控中医护人员心理应激反应研究》，载《中国医学伦理学》2020 年第 3 期。

［41］程辉等：《新型冠状病毒肺炎疫情期间医务人员应激状况及对策》，载《中国医院管理》2020 年第 3 期。

［42］郭磊等：《重大疫情下我国公众急性应激障碍对负性情绪的影响——社会支持的调节作用》，载《西南大学学报（自然科学版）》2020 年第 5 期。

［43］黄韵芝等：《大学生新型冠状病毒知识、防护技能与压力应激反应》，载《中国健康心理学杂志》2020 年第 9 期。

［44］陈星宇：《基于科技创新的智能防控机制构建——以公安应对公共卫生危机为视角》，载《科学管理研究》2020 年第 5 期。

［45］范良松等：《疫情防控体系中大数据作用路径探析》，载《中国工程咨询》2021 年第 2 期。

［46］徐艳江等：《生活质量量表在皮肤科的应用》，载《皮肤病与性病》2020 年第 3 期。

［47］房馨等：《护士专业生活品质与 D 型人格、正念的相关性分析》，载《齐鲁护理杂志》2021 年第 18 期。

［48］颜丽霞等：《养老机构安宁疗护护士专业生活品质及影响因素研究》，载《中华护理教育》2020 年第 7 期。

［49］孟萌等：《ICU 护士专业生活品质对工作投入的影响》，载《中国护理管理》2019 年第 11 期。

［50］梁宝勇：《"非典"流行期民众常见的心理应激反应与心理干预》，载《心理与行为研究》2003 年第 3 期。

［51］童辉杰：《"非典（SARS）"应激反应模式及其特征》，载《心理学报》2004 年第 1 期。

［52］杨蕴萍：《由 SARS 认识应激与应激反应》，载《中国全科医学》2003 年第 7 期。

［53］汤芙蓉：《警察组织支持感与职业承诺的现状及关系研究》，载《职业与健康》2018 年第 18 期。

［54］谭亚莉：《企业新进员工工作适应的发展模式研究》，华中科技大学 2005 年博士学位论文。

［55］何辉、黄月：《组织社会化策略与新员工工作适应研究》，载《管理学报》2015 年第 10 期。

［56］何辉、黄月：《组织社会化策略对新生代员工主动社会化行为和工作适应的影响——基于一个被中介的调节模型》，载《经济与管理评论》2016 年第 5 期。

［57］陈建安等：《从支持性人力资源实践到组织支持感的内在形成机制研究》，载《管理学报》2017 年第 4 期。

［58］ 姜贤政、张红梅：《SARS 病区医护人员的心理应激反应及对策》，载《全国传染病护理学术交流暨专题讲座会议论文汇编》2004 年版。

［59］ 徐超凡：《论警察慢性心理应激的"生理—心理—社会"三级评估与干预策略》，载《公安学刊（浙江警察学院学报）》2015 年第 6 期。

［60］ 王志红：《警察心理应激反应探析》，载《牡丹江教育学院学报》2014 年第 7 期。

［61］ 丁勇、王叶：《公安民警心理应激能力提升策略研究》，载《江苏警官学院学报》2019 年第 2 期。

［62］ 何牧、丁勇：《公安民警创伤后应激障碍应对新模式》，载《辽宁公安司法管理干部学院学报》2017 年第 3 期。

［63］ 戴天晟：《警察职业特点与警察心理应激反应及警察身心健康的探究》，载《上海公安高等专科学校学报》2003 年第 5 期。

［64］ 陈于霞：《监狱人民警察心理健康状况的调查与健康支持策略——以重庆市某监狱为例》，西南大学 2013 年硕士学位论文。

［65］ 周沃欢等：《警察心理健康现状及其应对策略研究》，载《新疆警官高等专科学校学报》2014 年第 1 期。

［66］ 林丹：《警察心理援助工作的实践与思考》，载《广州市公安管理干部学院学报》2013 年第 3 期。

［67］ 胡万年：《警察心理健康问题的成因及其应对之策》，载《公安研究》2009 年第 3 期。

［68］ 楚克群、宋国萍：《付出—回馈失衡工作压力理论的迁移、拓展与展望》，载《心理科学进展》2016 年第 2 期。

［69］ 屠佳涛：《员工帮助计划（EAP）在 KQ 公安的应用研究》，昆明理工大学 2017 年硕士学位论文。

［70］ 张宁：《组织社会化策略、组织支持感对 90 后员工离职倾向影响的实证研究》，山东大学 2018 年硕士学位论文。

［71］ 张佳楠、罗震雷：《监管民警心理健康状况分析及 EAP 实施研究》，载《云南警官学院学报》2018 年第 6 期。

［72］ 蔡骁：《EAP 在警察心理健康管理中的应用》，载《体育世界（学术版）》2019 年第 4 期。

［73］ 徐希国、王伟：《"员工援助计划"在监狱警察管理中的运用》，载《犯罪与改造研究》2014 年第 8 期。

［74］ 路志强：《陕西省监狱警察帮助项目方案设计》，西北大学 2012 年硕士学位论文。

［75］ 马艺：《EAP 在 X 市公安基层警员心理健康管理的应用研究》，天津大学 2012 年硕士学位论文。

［76］ 郭守峰：《组织支持感、职业认同感对基层公安民警工作倦怠的影响研究》，中国人民公安大学 2019 年硕士学位论文。

［77］ 刘志宏等：《公安民警职业认同感问卷的编制和信效度检验》，载《中国人民公安大学学报（社会科学版）》2016 年第 5 期。

［78］ 陈雪峰、傅小兰：《抗击疫情凸显社会心理服务体系建设刻不容缓》，载《中国科学院院刊》2020 年第 3 期。

［79］ 刘训：《应激对运动员心理疲劳的影响：一个有中介的调节模型》，载《沈阳体育学院学报》2019 年第 3 期。

［80］ 张慧等：《ICU 护士同情心疲乏对其职业认同的影响》，载《中国护理管理》2014 年第 3 期。

［81］ 李爱梅等：《工作影响员工幸福体验的"双路径模型"探讨——基于工作要求—资源模型的视角》，载《心理学报》2015 年第 5 期。

［82］ 童辉杰：《社会支持与 SARS 应激反应的验证性研究》，载《心理科学》2004 年第 2 期。

［83］ 童辉杰：《严重突发性事件应激反应的理论模型》，载《中国临床康复》2006 年第 2 期。

［84］ 林虹萍：《基层民警职业认同构成及调查研究——以江苏省南京市为例》，载《中国人民公安大学学报（社会科学版）》2016 年第 5 期。

［85］ 安徽省庐江监狱课题组：《监狱心理矫治队伍建设发展构想》，载于爱荣主编：《中国监狱矫正论坛（第 3 卷）》，江苏人民出版社 2010 年版。

［85］ 中央司法警官学院教务处［EB/OL］. http://jwc. cicp. edu. cn/homepage/index. do.

［86］ 上海政法学院教务处［EB/OL］. http：//www. shupl. edu. cn/web/jwc/index.

［87］ 山东政法学院警官学院［EB/OL］. http: /211. 64. 8. 2/jgxy/.

［88］ 罗大华主编：《犯罪心理学》（第五版），中国政法大学出版社 1997 年版。

［89］ 张传伟：《我国社区矫正京沪模式的比较分析与选择》，载《北京社会科学》2009 年第 1 期。

［90］ 中国心理学会临床心理学注册工作委员会伦理修订工作组、中国心理学会临床心理学注册工作委员会标准制定工作组：《中国心理学会临床与咨询心理学工作伦理守则》，载《心理学报》2018 年第 11 期。

［91］ Merlan, Philip, "Brentano and Freud—A Sequel", Journal of the History of Ideas, Vol.

10, No. 3 (Jun. , 1949), p. 451.

[92] Boehlich W. (Ed.) (1990) . *The Letters of Sigmund Freud to Eduard Silberstein*, 1871－ 1881, Cambridge: Harvard University Press, (Translated by Arnold Pomeranz), 1990, p. 104.

[93] Brentano, Freud, Journal of the History of Ideas, Vol. 6, No. 3 (Jun. , 1945), p. 375.

[94] Brentano, Freud, Journal of the History of Ideas, Vol. 6, No. 3 (Jun. , 1945), p. 376.

[95] Merlan, Philip, "Brentano and Freud—A Sequel", Journal of the History of Ideas, Vol. 10, No. 3 (Jun. , 1949), p. 375.

[96] Merlan, Philip, "Brentano and Freud—A Sequel", Journal of the History of Ideas, Vol. 10, No. 3 (Jun. , 1949), p. 376.

[97] Van Maanen J. , Sehein E. H. , "Toward a theory of organizational socialization", *Researeh in organizational Behavior*, 1979, 1: 209-264.

[98] Jones G. R. , "Socialization tactics, self-efficacy, and newcomers' adjustments to Organizations", *Academy of Management Journal*, 1986, (29): 262-279.

[99] Saks A. M. , Ashforth B. E. , "Organizational socialization: Making sense of the past and present as a prologue for the future", *Journal of Vocational Behavior*, 1997, 51: 234-279.

[100] Myer R. A. , Williams R. C. , Ottens A. J. , et al. , "Crisis assessment: A three-dimensional model for triage", *Journal of Mental Health Counseling*, 1992, 14: 137-148.

[101] Barksdale K. , Werner J. M. , "Managerial ratings of in-role behaviors, organizational citizenship behaviors, and overall performance: testing different models of their relationship", *Journal of Business Research*, 2001, 51 (2): 145-155.

[102] Tsai C. H. , "Mediating impact of social capital on the relationship between perceived organizational support and employee wellbeing", *Journal of Applied Sciences*, 2013, 13 (21): 4726-4731.

[103] Karasek R. , "Job demands, job decision latitude, and mental strain: implications for job redesign", *Administrative Science Quarterly*, 1979, 24 (2): 258-306.

[104] Demerouti E. , Bakker A. B. , Nachreiner F. , et al. , "The job demands-resources model of burnout", *Journal of Applied Psychology*, 2001, 86 (3): 499-512.

[105] Lonnie M. , Schaible, "The impact of the police professional identity on burnout", *Policing: An International Journal of Police Strategies & Management*, 2018, 41 (1): 129- 143.

[106] Hobfoll S. E. , "Conservation of resources－A new attempt at conceptualizing stress", *American Psychologist*, 1989, 44 (3): 513-524.

［107］ Siegrist J. , "Adverse health effects of high-effort/low-reward conditions", *Journal of occupational health psychology*, 1996, 1 (1): 27.

［108］ Jiang Q. , "Stress response of police officers during COVID-19: A moderated mediation model", Journal of Investigative Psychology and Offender Profiling, 2021, 18 (2): 116-128.

［109］ Blau G. J. , "The measurement and prediction of career commitment", *Journal of occupational Psychology*, 1985, 58 (4): 277-288.

［110］ Karasek R. , "Job demands, job decision latitude, and mental strain: implications for job redesign", Administrative Science Quarterly, 1979, 24 (2): 258-306.

［111］ Morrison E. W. , "Newcomer information seeking: Exploring types, modes, sources, and outcomes", *Academy of Management Journal*, 1993, 36: 557-589.

［112］ CarrJc, Pearson A. W. , Vest M. J. , et al. , "Prior Occupational Experience, Anticipatory Socialization, and Employee Retention", *Journal of Management*, 2006, 32 (3): 343-59.

附　录

习近平法治思想在监狱顶岗实习
学生中育人情况调查问卷

同学们好，大家实习工作辛苦了！现在请抽出 15 分钟左右的时间，来完成习近平法治思想融入实习实践育人过程的小调查，谢谢各位的配合。所做选择没有任何后续评价和影响，请放心作答，也请大家务必认真作答。再次感谢！

1. 您的姓名：[填空题] *

_____

2. 班级 [单选题] *

○1 班　　　　　○2 班　　　　　○3 班　　　　　○4 班

3. 您的性别：[单选题] *

○男　　　　　○女

4. 政治面貌 [单选题] *

○群众　　　　　○团员　　　　　○积极分子　　○党员或预备党员

5. 我来自 [单选题] *

○农村　　　　　○城镇

6. 所在实习岗位（按顺序，有几个写几个）[填空题] *

_____

概述

7. 通过实习单位和实习工作，我充分学习到"习近平法治思想，形成了内涵丰富、科学系统的思想体系，为建设法治中国指明了前进方向，在中国特色社会主义法治建设进程中具有重大政治意义、理论意义、实践意义"的重要性 [单选题] *

很不同意　　○1　　　○2　　　○3　　　○4　　　○5　　非常同意

8. 通过实习单位和实习工作，我充分学习到"习近平法治思想从历史和现实相贯通、国际和国内相关联、理论和实际相结合上深刻回答了新时代为什么实行全面依法治国、怎样实行全面依法治国等一系列重大问题"的重要性 [单选题] *

很不同意　　○1　　　○2　　　○3　　　○4　　　○5　　非常同意

9. 通过实习单位和实习工作，我充分学习到"习近平法治思想是顺应实现中华民族伟大复兴时代要求应运而生的重大理论创新成果，是马克思主义法治理论中国化最新成果，是习近平新时代中国特色社会主义思想的重要组成部分，是全面依法治国的根本遵循和行动指南"的重要性 [单选题] *

很不同意　　○1　　　○2　　　○3　　　○4　　　○5　　非常同意

关于"全面依法治国"

10. "习近平法治思想既是重大工作部署，又是重大战略思想，必须深入学习领会，抓好贯彻落实"，对这一点的认识和理解上，实习单位和实习工作对我的帮助作用 [单选题] *

没有帮助　　○1　　　○2　　　○3　　　○4　　　○5　非常有帮助

11. "坚持党对全面依法治国的领导"，对这一点的认识和理解上，实习单位和实习工作对我的帮助作用 [单选题] *

没有帮助　　○1　　　○2　　　○3　　　○4　　　○5　非常有帮助

12. "党的领导是推进全面依法治国的根本保证"，对这一点的认识和理解上，实习单位和实习工作对我的帮助作用 [单选题] ＊

没有帮助　　○1　　　○2　　　○3　　　○4　　　○5　非常有帮助

13. "全面依法治国是要加强和改善党的领导"，对这一点的认识和理解上，实习单位和实习工作对我的帮助作用 [单选题] ＊

没有帮助　　○1　　　○2　　　○3　　　○4　　　○5　非常有帮助

14. "全面依法治国推进党的领导制度化、法治化"，对这一点的认识和理解上，实习单位和实习工作对我的帮助作用 [单选题] ＊

没有帮助　　○1　　　○2　　　○3　　　○4　　　○5　非常有帮助

15. "全面依法治国是通过法治来保障党的路线方针政策的有效实施"，对这一点的认识和理解上，实习单位和实习工作对我的帮助作用 [单选题] ＊

没有帮助　　○1　　　○2　　　○3　　　○4　　　○5　非常有帮助

关于"坚持以人民为中心"

16. 通过实习单位和实习工作，我充分学习到"坚持以人民为中心"的正确性 [单选题] ＊

很不同意　　○1　　　○2　　　○3　　　○4　　　○5　非常同意

17. 通过实习单位和实习工作，我充分学习到"全面依法治国最广泛、最深厚的基础是人民，必须坚持为了人民、依靠人民"的重要性 [单选题] ＊

很不同意　　○1　　　○2　　　○3　　　○4　　　○5　非常同意

18. 通过实习单位和实习工作，我充分学习到"要把体现人民利益、反映人民愿望、维护人民权益、增进人民福祉落实到全面依法治监各领域全过程"［单选题］ *

很不同意　　○1　　　○2　　　○3　　　○4　　　○5　非常同意

19. 通过实习单位和实习工作，我充分学习到"推进全面依法治国，根本目的是依法保障人民权益。要积极回应人民群众新要求新期待，系统研究谋划和解决法治领域人民群众反映强烈的突出问题，不断增强人民群众获得感、幸福感、安全感，用法治保障人民安居乐业"［单选题］ *

很不同意　　○1　　　○2　　　○3　　　○4　　　○5　非常同意

关于"坚持中国特色社会主义法治道路"

20. "要坚持中国特色社会主义法治道路"，对这一点的认识和理解上，实习单位和实习工作对我的帮助作用［单选题］ *

没有帮助　　○1　　　○2　　　○3　　　○4　　　○5　非常有帮助

21. "中国特色社会主义法治道路本质上是中国特色社会主义道路在法治领域的具体体现"，对这一点的认识和理解上，实习单位和实习工作对我的帮助作用［单选题］ *

没有帮助　　○1　　　○2　　　○3　　　○4　　　○5　非常有帮助

22. "要立足当前，运用法治思维和法治方式解决监狱发展面临的深层次问题"，对这一点的认识和理解上，实习单位和实习工作对我的帮助作用［单选题］ *

没有帮助　　○1　　　○2　　　○3　　　○4　　　○5　非常有帮助

23. "要着眼长远，筑法治之基、行法治之力、积法治之势，促进各方面制度更加成熟更加定型，为监狱事业发展提供长期性的制度保障"，对这一点的认识和理解上，实习单位和实习工作对我的帮助作用［单选题］ *

没有帮助　　○1　　　　○2　　　　○3　　　　○4　　　　○5　　非常有帮助

关于"坚持依宪治国、依宪执政"

24. 通过实习单位和实习工作，我充分学习到"党自身要在宪法法律范围内活动"的重要性［单选题］＊

很不同意　　○1　　　　○2　　　　○3　　　　○4　　　　○5　　非常同意

25. 通过实习单位和实习工作，我充分学习到"监狱负有维护宪法尊严、保证宪法实施的职责"［单选题］＊

很不同意　　○1　　　　○2　　　　○3　　　　○4　　　　○5　　非常同意

关于"坚持推进国家治理体系和治理能力现代化"

26. 通过实习单位和实习工作，我充分学习到"法治是监狱治理体系和治理能力的重要依托"［单选题］＊

很不同意　　○1　　　　○2　　　　○3　　　　○4　　　　○5　　非常同意

27. 通过实习单位和实习工作，我充分学习到"只有全面依法治监才能有效保障监狱治理体系的系统性、规范性、协调性"［单选题］＊

很不同意　　○1　　　　○2　　　　○3　　　　○4　　　　○5　　非常同意

28. 通过实习单位和实习工作，我充分学习到"要更加重视法治、厉行法治，更好发挥法治固根本、稳预期、利长远的重要作用"［单选题］＊

很不同意　　○1　　　　○2　　　　○3　　　　○4　　　　○5　　非常同意

29. 通过实习单位和实习工作，我充分学习到"应当坚持依法应对重大挑战、抵御重大风险、克服重大阻力和解决重大矛盾"［单选题］＊

很不同意　　○1　　　　○2　　　　○3　　　　○4　　　　○5　　非常同意

关于"坚持建设中国特色社会主义法治体系"

30. "中国特色社会主义法治体系是推进全面依法治国的总抓手"，对这一点的认识和理解上，实习单位和实习工作对我的帮助作用 [单选题] *

没有帮助　　○1　　　　○2　　　　○3　　　　○4　　　　○5　　非常有帮助

31. "监狱内要加快形成完备的法律规范体系、高效的法治实施体系、严密的法治监督体系、有力的法治保障体系，形成完善的监狱党内法规体系"，对这一点的认识和理解上，实习单位和实习工作对我的帮助作用 [单选题] *

没有帮助　　○1　　　　○2　　　　○3　　　　○4　　　　○5　　非常有帮助

32. "要坚持依法治监和以德治监相结合，实现法治和德治相辅相成、相得益彰"，对这一点的认识和理解上，实习单位和实习工作对我的帮助作用 [单选题] *

没有帮助　　○1　　　　○2　　　　○3　　　　○4　　　　○5　　非常有帮助

关于"坚持依法治国、依法执政、依法行政共同推进"

33. "坚持依法治监、依法执政、依法行政共同推进"，对这一点的认识和理解上，实习单位和实习工作对我的帮助作用 [单选题] *

没有帮助　　○1　　　　○2　　　　○3　　　　○4　　　　○5　　非常有帮助

34. "全面依法治监是一个系统工程，要整体谋划，更加注重系统性、整体性、协同性"，对这一点的认识和理解上，实习单位和实习工作对我的帮助作用 [单选题] *

没有帮助　　○1　　　　○2　　　　○3　　　　○4　　　　○5　　非常有帮助

35. "要推进严格规范公正文明执法，提高司法公信力"，对这一点的认识和理解上，实习单位和实习工作对我的帮助作用 [单选题] *

没有帮助　　○1　　　　○2　　　　○3　　　　○4　　　　○5　　非常有帮助

关于"坚持全面推进科学立法、严格执法"

36. 通过实习单位和实习工作，我充分学习到"公平正义是司法的灵魂和生命"的重要性［单选题］*

很不同意　　○1　　　○2　　　○3　　　○4　　　○5　　非常同意

37. 通过实习单位和实习工作，我充分学习到"要深化司法责任制综合配套改革，加强司法制约监督，健全社会公平正义法治保障制度，努力让人民群众在每一个司法案件中感受到公平正义"的重要性［单选题］*

很不同意　　○1　　　○2　　　○3　　　○4　　　○5　　非常同意

38. 通过实习单位和实习工作，我充分学习到"要加快构建规范高效的制约监督体系"的重要性［单选题］*

很不同意　　○1　　　○2　　　○3　　　○4　　　○5　　非常同意

39. 通过实习单位和实习工作，我充分学习到"要推动扫黑除恶常态化，坚决打击黑恶势力及其'保护伞'"的重要性［单选题］*

很不同意　　○1　　　○2　　　○3　　　○4　　　○5　　非常同意

关于"坚持统筹推进国内法治和涉外法治"

40. 通过实习单位和实习工作，我充分学习到"坚持统筹推进国内法治和涉外法治"的重要性［单选题］*

很不同意　　○1　　　○2　　　○3　　　○4　　　○5　　非常同意

41. 通过实习单位和实习工作，我充分学习到"要加快涉外法治工作战略布局，协调推进国内治理和国际治理，更好维护国家主权、安全、发展利益"的重要性［单选题］*

很不同意　　○1　　　○2　　　○3　　　○4　　　○5　　非常同意

42. 通过实习单位和实习工作，我充分学习到"要强化法治思维，运用法治方式，有效应对挑战、防范风险"的重要性 [单选题] *

很不同意　　○1　　　　○2　　　　○3　　　　○4　　　　○5　　非常同意

关于"坚持建设德才兼备的高素质法治工作队伍"

43. "坚持建设德才兼备的高素质法治工作队伍"，对这一点的认识和理解上，实习单位和实习工作对我的帮助作用 [单选题] *

没有帮助　　○1　　　　○2　　　　○3　　　　○4　　　　○5　　非常有帮助

44. "要加强理想信念教育，深入开展社会主义核心价值观和社会主义法治理念教育"，对这一点的认识和理解上，实习单位和实习工作对我的帮助作用 [单选题] *

没有帮助　　○1　　　　○2　　　　○3　　　　○4　　　　○5　　非常有帮助

45. "要推进法治监狱工作队伍革命化、正规化、专业化、职业化，确保做到忠于党、忠于国家、忠于人民、忠于法律"，对这一点的认识和理解上，实习单位和实习工作对我的帮助作用 [单选题] *

没有帮助　　○1　　　　○2　　　　○3　　　　○4　　　　○5　　非常有帮助

46. "要教育引导监狱工作队伍坚持正确政治方向，依法依规诚信执业，认真履行社会责任"，对这一点的认识和理解上，实习单位和实习工作对我的帮助作用 [单选题] *

没有帮助　　○1　　　　○2　　　　○3　　　　○4　　　　○5　　非常有帮助

关于"坚持抓住领导干部这个'关键少数'"

47. 通过实习单位和实习工作，我充分学习到"坚持抓住领导干部这个'关键少数'"的重要性 [单选题] *

很不同意　　○1　　　　○2　　　　○3　　　　○4　　　　○5　　非常同意

48. 通过实习单位和实习工作，我充分学习到"监狱各级领导干部要坚决贯彻落实党中央关于全面依法治国的重大决策部署，带头尊崇法治、敬畏法律，了解法律、掌握法律"的重要性 [单选题] *

很不同意　　○1　　　　○2　　　　○3　　　　○4　　　　○5　　非常同意

49. 通过实习单位和实习工作，我充分学习到"要不断提高运用法治思维和法治方式深化改革、推动发展、化解矛盾、维护稳定、应对风险的能力，做尊法学法守法用法的模范"的重要性 [单选题] *

很不同意　　○1　　　　○2　　　　○3　　　　○4　　　　○5　　非常同意

50. 通过实习单位和实习工作，我充分学习到"要力戒形式主义、官僚主义，确保全面依法治国各项任务真正落到实处"的重要性 [单选题] *

很不同意　　○1　　　　○2　　　　○3　　　　○4　　　　○5　　非常同意

51. 你认为实习单位的工作理念是 [填空题] *

_____

52. 你认为实习单位的工作文化是 [填空题] *

_____

53. 你认为实习单位的工作作风 [单选题] *

差　　　　○1　　　　○2　　　　○3　　　　○4　　　　○5　　　　好

54. 你认为实习单位的工作纪律 [单选题] *

差　　　　○1　　　　○2　　　　○3　　　　○4　　　　○5　　　　好

55. 对实习单位进行习近平法治思想方面的描述 [填空题] *

_____